日中戦争と大陸経済建設

白木沢旭児 著

吉川弘文館

目次

図表目次

序章　日中戦争の歴史像

一　課題と方法

日中戦争（一九三七〜四五年）は、日本近現代史上きわめて重要なできごとであり、これに関する研究書、論文あるいは回想、手記も数多く発表されてきた。しかし、いまだに日中戦争とは、どのような戦争で、この期間中に中国大陸において何が起きていたのかについて、人々のあいだに共通の歴史像がもたれているわけではない。日中戦争を語るさい、必ず用いられる常套句ともいうべき語として、たとえば「長期戦」「戦時体制」「泥沼化」「点と線の支配」などがあげられる。さらに、日中戦争にまつわる事実で、現在もなお、いわゆる「歴史問題」として論争の対象とされているのは「南京大虐殺」「従軍慰安婦」「強制連行」「三光作戦」などの日本軍および日本政府・企業が行った残虐行為や戦争犯罪の問題である。書き手（語り手）により、力点の違いはあるものの、上記のキーワードは必ずといってよいほど日中戦争史叙述において用いられている。いったい、日中戦争とはどのような戦争だったのだろうか。戦時期に関する研究は近年著しく進展し、「歴史問題」の顕在化によって、日中戦争を含む昭和の戦争については、ジャーナリズムや出版界、論壇、インターネットの「世界」においておびただしい量の情報が発信されている。しかし、日中戦争の歴史像は、冒頭に記したようなものから、何も変わっていないように思われる。

この理由の第一は、やはり日中戦争は特殊な戦争だったからであろう。そもそも、戦争の相手国すなわち敵国が明確ではなく、しかも変化していたことが特殊性の一つである。同時代の日本側の視点に立つならば、中華民国国民政府を汪兆銘が樹立して以降、日本国と中華民国との戦争は終結し、中華民国国内の治安維持（「重慶政権」打倒、赤化防止、「匪賊」討伐）に日本軍が参加するという形態をとった。しかし、第二次世界大戦が始まると、日本を除く国際社会（連合国側）では、日中戦争は日本国と中華民国（蔣介石政権）との戦争として捉えられ、一九四五年八月に中華民国は戦勝国となる。さらにまた戦後、中華人民共和国が誕生すると歴史学界（とりわけ中国、日本）では、中国共産党の解放区の存在が重要視され、日中戦争は中国共産党が指導する抗日戦争として描かれることになった。二十一世紀になり、中国の歴史学界では、抗日戦争における中国国民党の役割が再評価され、中国共産党とともに国民党（蔣介石政権）も抗日戦争の主たる担い手として描かれるようになったようである。(1) ともあれ、日中戦争とは抽象的な意味での「一九三七年から四五年に行われた日本と中国との戦争」であることは確かなのだが、時代により、また書き手（語り手）により日本と戦った相手国の具体的な存在は異なっており、多様なのである。

しかし、これまでの日本における日中戦争史研究では、日本国と中華民国（汪兆銘政権）がともに対英米宣戦布告(2)をして敗戦国となったという事実は、すべて当時の日本がつくりあげた虚構であるとして歴史的事実としては却下され、当時の国際社会（連合国側）の認識のように、日本国と中華民国（蔣介石政権）が戦争し、日本国が敗れて中華民国が勝利し戦勝国となった、という解釈がなされている。しかし、このような解釈を採用すると、日中戦争のあいだに日本および中華民国（汪兆銘政権）が行ったことは、無視ないし限りなく過小評価されることになる。日中戦争下に日本軍が占領し、汪兆銘政権の管轄区域となったのは、北京、天津、済南、青島、南京、上海、武漢、広州など中国の主要都市のほとんどを包含し、鉄道路線に沿った形で奥地にも占領地は伸び、主要な炭鉱、鉱山を支配下に置いていた。もちろん、汪兆銘政権は傀儡政権にすぎず、政権基盤もきわめて弱体であった。先述した対英米宣戦布告は参戦を機に政権の統治力を上げたいという汪兆銘政権首脳者のもくろみがあってのことであった。しかし、日本軍占領地域＝汪兆銘政権管轄区域の分析を抜きに日中戦争を語ることはできないのである。

現代中国では、この問題をどのように処理しているのだろうか。中国で刊行される日中戦争史（＝抗日戦争史）は、中国共産党のたたかいと中国国民党（蔣介石政権）のたたかいを軸に歴史が描かれており、汪兆銘政権支配下の歴史は、重要視されていない。しかしながら日本における日中戦争史研究に比べると、中国側の研究は汪兆銘政権支配下の歴史についてもはるかに豊かな研究成果を生みだしている。日本における日中戦争史研究においては、中国共産党支配下および中国国民党（蔣介石政権）支配下の歴史は、一部の中国近代史専門家による研究を除いて一般には十分知られていない。かといって中国国民党（汪兆銘政権）支配下の歴史についても、研究はきわめて不十分であり、歴史像がほとんど認知されていないといってよいだろう。日中戦争がどのような戦争かが不明確である、ということの第一の理由は、日本の敵国である中国の実像がつかめていない（とりわけ日本における研究において）ということである。

また、もう一つの特殊性として、日中戦争は太平洋戦争と比較すると、主要な作戦、戦場に関するキーワードが少ないことに気づかされる。太平洋戦争では、真珠湾攻撃に始まりミッドウェー、ガダルカナル、レイテ、アッツ、サイパン、インパールなど作戦名、主たる戦場名が一般に広く知られるが、日中戦争の作戦あるいは戦場名は、たとえば徐州作戦、大陸打通作戦などがあるものの、認知度はまったく違う(3)。しかも太平洋戦争の著名な作戦のほとんどは、日本軍が敗北（玉砕を含む）したものであり、日中戦争の作戦のほとんどは、日本軍が勝利を収めているにもかかわらず、太平洋戦争の作戦・戦場の方がその後も長く、広く語り継がれているのである。この傾向――すなわち太平洋戦争では作戦・戦場が語り継がれるが、日中戦争ではそれがあまりみられないこと――は、いわゆる戦記、戦史の類から回想、手記あるいは歴史学の研究書、研究論文にいたるまで、すべてについて共通して見受けられる傾向である。日中戦争における作戦、戦場が認知されない、ということも戦う相手が不明確であることが、その理由であろう。防衛庁防衛研修所戦史室が編纂した公式戦史である『戦史叢書』では、「北支の治安戦」という語が用いられており、[4]また、笠原十九司による日中戦争史の研究書には『日本軍の治安戦』という表題が与えられている。[5]この「治安戦」という語は日中戦争の特徴をよく示している。太平洋戦争には、あまりみられない「治安戦」は、日中戦争において、日本軍占領地の内外にわたり、日本軍が行った戦闘の一つの基本形であった。

このように、日中戦争における作戦、戦場は、太平洋戦争に比べるときわめて地味で陰惨なものであった。日本軍が勝利しているにもかかわらず、英雄といえば「百人斬り」などであり、そこには作戦の妙も戦場における友情も見つけることは困難であり、戦記、戦史に取り上げることができるような話はほとんどなかったのである。敵国が不明確な戦争、作戦、戦場を誇ることができない戦争、それが日中戦争のもつ特質であった。

ところで、日中戦争の戦争目的、すなわち日本が中国を占領した目的は何だったのだろうか。それは中国の経済開発であった。中国大陸の経済建設は、日中戦争開始前からさまざまな構想や計画が作成され、開戦直後に新聞紙上を賑わせていた。そして、三八年一〇月以降の「長期戦」ということばが用いられた時期には、同時に「長期建設」ということばも用いられていた。日中戦争が行われていた約八年間に、一貫して日本側が追求したことは、占領地の経済建設だったのである。本書が着目するのは、中国占領地において展開された長期建設、経済建設である。日中戦争を「日本軍と中国軍との戦闘行為」というように狭くとらえると、その実態はわかりにくいものとなってしまう。三八年以降、日本軍と中国軍が対峙し戦闘を繰り広げるという会戦は、限定的になっているからである。しかし、日中戦争は八年間も続いたのである。この間に間断なく行われたのは先述した治安戦（「三光作戦」を含む）と長期建設、経済建設なのである。本書は、日中戦争の重要な側面である長期建設、経済建設の実態を解明することを課題としている。

二 「あの戦争」の名称

本書の表題の日中戦争は、いうまでもなく盧溝橋事件を機に始まった日本と中国との戦争を指しているが、ここで日中戦争に関連する戦争名称について整理しておきたい。まず、日中戦争の終戦についてだが、一九四五年八月一四日の日本のポツダム宣言受諾を一応の日中戦争の終戦とみなしている。(6) 四一年一二月八日に対英米戦争が始められるが、中国戦線は依然として日本と中華民国蔣介石政権および中国共産党軍との戦争が続いており、これ以後も中国戦線は日中戦争と呼ぶことにする。ただし、「日中戦争期」、あるいは「日中戦争段階」という語を用いる場合には、三七年七月の盧溝橋事件以降四一年一二月の対英米戦争開始までの間、すなわち日中戦争のみが行われていた時期を意味するものとする。四一年一二月八日以降は「太平洋戦争期」、「太平洋戦争段階」ということになる。このことを、日中戦争に即して言い換えると、日中戦争は三七年から四五年まで続き、前半は日中戦争段階、後半は太平洋戦争段階、という用い方をしている。なお、この用い方は、後述する中国における「抗日戦争」という用語・概念とも一致している。

近年、日本史学界では「アジア太平洋戦争」(「アジア・太平洋戦争」)という呼称が用いられることが多くなった。本書では、このアジア太平洋戦争の語は基本的に用いないことにしている。その理由は、アジア太平洋戦争が、四一年一二月八日以降の太平洋戦争を意味する狭義の用法と、それ以前の日中戦争および満洲事変をも含めた戦争を意味する広義の用法とが並存しているので、歴史用語としては不適切だと考えるからである。そもそもアジア太平洋戦争という語は、一九八〇年代に副島昭一、木坂順一郎らが使用したことが始まりである(7)。当初は、あくまでも四一年一二月八日以降の太平洋戦争の言い換えであり、戦争当時の名称でいうと大東亜戦争の言い換えであった。アジア太平洋戦争の語が創出された一番大きな理由は、太平洋戦争はアメリカによる命名であり、太平洋を主たる戦場とした対米戦争のみをイメージさせ、中国戦線をはじめとするアジアにおける戦争を軽視するものだ、という考え方であった。

しかし、この定義にしたがってアジア太平洋戦争の語を用いて、たとえば四一年一二月八日を境にそれ以前については「日中戦争における華北占領地」、それ以後については「アジア太平洋戦争における華北占領地」などと表記することは、かえって誤解と混乱を招くことになるだろう。華北占領地に視点を置いて考えると「日中戦争下」であるか「アジア太平洋戦争下」であるかを四一年一二月八日を境に書き分けることに意味はない。むしろ、先述した汪兆銘政権の対英米宣戦布告に着目して四三年一月九日以前を「日中戦争下」、同日以降を「太平洋戦争下」と書く方が、まだ、多少の意味はあるだろう。ただ、これでも日中戦争を叙述するさいにはほとんど必要はないので、日本側の状況や政策を説明するさいに「日中戦争段階」、「太平洋戦争段階」という語は用いるものの、華北占領地で起きている戦争は一貫して日中戦争と表記することにしている。

さらに、アジア太平洋戦争の語に混迷をもたらしたのは、二〇〇五年に刊行された『岩波講座アジア・太平洋戦争』の序文(8)において、一九二八年以降の日本と中国との戦争（山東出兵など）を含めるものという広義のアジア・太平洋戦争の定義が提起されたことである。もっとも同シリーズも収録された個別論文では、四一年以降の大東亜戦争＝太平洋戦争の言い換えとして、狭義のアジア太平洋戦争の語を用いている例が少なくないのだが、広狭二つの定義が併存してしまったわけである。広義のアジア太平洋戦争は、その後、同シリーズの序文以外にはあまり使用例をみないが、これはかつて用いられた十五年戦争の言い換えになっている。[9]あえて満洲事変から日中戦争、太平洋戦争を一連の戦争として捉えるとの立場に立つならば（これは重要な歴史認識である）、これを「アジア・太平洋戦争」と称するよりは十五年戦争と称する方が、誤解を招くことがなく用語としては明快である。[10]

本書では、一九三七年から一九四五年までの日中間の戦争を指す語として日中戦争を用いるが、「日中戦争期」と「太平洋戦争期」とではまったく状況が異なる側面もある。本書第Ⅱ部第一章で詳述するが、対英米戦争の開始によりイギリス資本である開灤炭鉱を日本軍が接収した。それ以前には、日本軍は中国資本の主要炭鉱はすべて接収し軍管理炭鉱としていたが、開灤炭鉱は、対英関係が戦争状態ではなかったので、従来通りの経営が続いていた。対英米戦争の開始によって敵産となった開灤炭鉱を日本軍が接収するわけだが、このことは「日中戦争期の開灤炭鉱」は従来どおりイギリス資本が経営しており「太平洋戦争期の開灤炭鉱」は敵産として日本軍が接収した、と説明できる。仮に広義のアジア太平洋戦争の語を用いると「アジア太平洋戦争期の開灤炭鉱」とは、どのような状態の開灤炭鉱であるのか、まったくわからなくなってしまうのである。

三　日中戦争における大陸経済建設に関する研究史

本書は、日中戦争の重要な側面である長期建設、経済建設の実態を解明することを課題としているので、この分野の先行研究についてふれておきたい。[11]日本における先駆的な研究としては依田憙家による著書があげられる。[12]雑誌論文の初出は一九七四～七五年になるが、依田は満鉄調査部編『支那経済開発方策案調査資料・其二』、『北支那産業開発計画資料（総括の部）』を用いて、日中戦争前夜の華北経済開発計画の概要を明らかにし、占領地開発の方法をめぐる「一業一社」が内地大資本を呼び込むために骨抜きになっていく過程と「開発会社」設立案が北支那開発株式会社法に結実する過程を描いている。

戦時経済研究の第一人者である原朗が、大東亜共栄圏に関する総合的な分析結果を発表したのは、一九七四年度の土地制度史学会秋季学術大会であった。[13]原は日満ブロックから「大東亜共栄圏」にいたる政策構想、貿易構造、金融構造を凝縮した記述のなかにまとめている。とくに注目したいのは興中公司に関する部分で、「開戦前における謀略的な諸活動や、開戦時における軍事的冒険的性格、開戦後の広範囲の活動と共に、満鉄全額出資の子会社でありながら満鉄の意図とは相対的に独立した行動を示し、一方で支那駐屯軍と癒着しつつ他方関西財界とも密接な連繫を保つという興中公司の性格は注目を要する」[14]という指摘で、評価が難しい興中公司について、正鵠を得た指摘である。また、興中公司に代わり華北経済開発の担い手となった北支那開発株式会社について「資本構成からみても、本国独占資本の中枢部分をなす既成財閥が一致して出資設立したものであり、支那駐屯軍もかかる方向に積極的に導いていったこと」が国家統制中心あるいは国家と新興財閥の合作による満洲経済統制のあり方と異なる、との指摘はきわめて重要である。[15]本書も、長期建設はひとにぎりの軍部や一部の対外強硬派的資本家によるものではなく、日本の官民あげての壮大な国家的プロジェクトであったと捉えており、満洲事変と日中戦争との断絶の側面に注目している。[16]

同じく大東亜共栄圏の範囲に及ぶ研究として、小林英夫の著書をあげることができる。[17]小林は、日本により占領、支配されたアジア地域を朝鮮、台湾などの植民地から満洲国、中国占領地、東南アジア占領地と全体的に概観した。華北に関する記述に着目すると、北支那開発株式会社の投融資が、戦争前期は交通業に集中したが、戦争後半には石炭業、製鉄業が増加すること、その実態面では中間財である銑鉄を現地生産に切りかえることが考案され、それが小型熔鉱炉建設計画として実行されたことを明らかにしている。[18]取り扱っている地域と分野が多いために、個々の事実に関する叙述は粗さが目立つが、先駆的な研究として評価できるものである。

一九八〇年代になると、現在も通説の地位に立つ重要な研究成果が次々と発表された。浅田喬二を中心とする共同研究の成果が著書として刊行され[19]、「序章　課題と方法」で編者の浅田は、日本帝国主義による中国経済支配の特質を把握するために資源収奪（農業資源と鉱業資源の収奪）、通貨金融工作、鉄道・交通路支配の三つの視角から分析するとしている。日本占領地に関するそれぞれの章は「日本帝国主義による中国農業資源の収奪過程」（浅田喬二）、「日本帝国主義による中国鉱業資源の収奪過程」（君島和彦）、「日本帝国主義による中国占領地の通貨金融工作」（柴田善雅）、「日本帝国主義による中国交通支配の展開」（高橋泰隆）から構成されており、実証水準もそれ以前の研究に比べて格段に上昇した。たとえば農業資源の収奪過程を扱った浅田論文は、米、小麦などの収買機構の確立とそこへの日本商社の進出、四三年一月の汪兆銘政権の対英米宣戦布告を契機とする日本帝国主義の中国支配政策の転換と、その結果として華中では全国商業統制総会（商統総会）という中国人商人の「自治機関」を中心とした収買機構が成立することなど、日本側の政策について克明に明らかにした。また、当時の占領軍の担当地区ごとの報告書に依拠して、農産物収買の実態を数値的に明らかにしたことも重要な成果である。また、鉱業資源の収奪過程を扱った君島論文は、農林水産省農業総合研究所所蔵文書のなかに収録されている大東亜省文書を活用しながら、日中戦争の初期から末期にいたる、石炭生産、鉄鉱石生産の実態をかなりの程度明らかにしている。その後の資料公開の進展により、君島が利用した文書が、戦争末期にいたる生産実績をかなり正確に記録したものであることもわかってきた（本書第Ⅱ部第一章、第二章参照）。占領地における資源収奪の評価に関しても、その後の研究に受け継がれており、本書も本研究に学ぶところが多い。

戦時期華北に関する決定版ともいえる研究は、中村隆英『戦時日本の華北経済支配[20]』である。同書は、秋元文書、愛知文書などの大蔵省財政史室所蔵文書、日満財政経済研究会文書（泉山資料）、十河信二文書（東京大学社会科学研究所所蔵）をはじめとする日中戦争関係一次史料の長年にわたる調査・分析を経て一書としてまとめたもので、今もなおこの分野の研究の水準を示すものである。後述するが、中国歴史学界においても、実証的な占領地経済史研究においてもっともよく引用される文献でもある。同書は、当時の興亜院、大東亜省、外務省の一次史料を駆使して政策決定過程を明らかにしたことに加えて、中国現地における「開発」の実績および実態についても膨大な統計数値を収集し、分析・評価していることが大きな特徴であり、それまでの占領地経済史研究の水準を政策面と実態面の両方において格段に引き上げた研究である。また、当初の計画が達成されないなかで、石炭生産の隘路の分析、石炭・鉄鉱石の対日供給から大陸内供給への転換、諸物資の海上輸送から陸上輸送への転換など政策の目まぐるしい変化も正確に跡づけられた上で、最終的には増産を放棄するにいたった戦争末期の状況が明らかにされている。本書の第Ⅱ部第一章、第二章では、中村の研究以後に利用可能となった資料も用いて若干の新知見を加えているが、華北経済支配の全体像については、中村説を修正する点はほとんど見出せなかった。

世紀転換期以降、日本における華北（中国）占領地研究は、活発に行われるようになった。それまでも大蔵省史料をはじめとする一次史料を駆使して研究を蓄積してきた柴田善雅は満洲国、中国、香港、東南アジア占領地すべてについての研究成果を一書にまとめた[21]。また、柴田は、中国占領地に進出したほぼすべての企業についても営業報告書をはじめとする経営史料を渉猟し、研究成果を『中国占領地日系企業の活動』[22]として上梓している。同書は、本書においても該当箇所で繰り返し引用させていただいた。華北とは別系統の占領権力であった蒙疆政権についても内田知行『黄土の大地　一九三七〜一九四五　山西省占領地の社会経済史』[23]、内田知行・柴田善雅編『日本の蒙疆占領　一九三七―一九四五』[24]の二つの書物が刊行され、格段に研究が進展している。

占領地経済をみるさいに前提となる占領権力については、興亜院について、本庄比佐子・内山雅生・久保亨編『興亜院と戦時中国調査　付　刊行物所在目録』[25]が刊行された。興亜院は一九三八年一二月に設立され四二年一一月には大東亜省に吸収され消滅したが「この四年に満たなかった短い存在期間に、興亜院関係の諸機関がまとめた調査報告書類は少なくとも一、九四四点に達する」[26]とのことで、その数の多さに驚かされる。所在情報と目録情報および主要文献の紹介がなされたが、これらを用いた本格的な分析はこれからの課題である。汪兆銘政権に関しては、小林英夫・林道生『日中戦争史論　汪精衛政権と中国占領地』[27]、柴田哲雄『協力・抵抗・沈黙―汪精衛南京政府のイデオロギーに対する比較史的アプローチ―』[28]が刊行された。主に汪兆銘その人や周囲の中心人物の思想分析であり、経済政策や経済的側面の実態分析は今後の課題であろう。

次に中国側における研究状況を簡単に紹介したい。一九九〇年代以降、実証的な研究方法による優れた占領地経済史が刊行されている。まず、中国社会科学院近代史研究所『日本侵華七十年史』[29]を紹介すると、日中戦争を叙述した部分の章・節構成は次のとおりである。

第十三章　全面侵華戦争

第一節　七・七事件から八・一三事件まで、第二節　戦争の拡大、第三節　戦争持久化、第四節　傀儡政権の成立

第十四章　〝東亜新秩序の建設〟

第一節　新形勢下の新方針、第二節　汪傀儡政権の出発、第三節　対蔣介石政権の〝又打又拉〟、第四節　日本軍占領地区の〝治安戦〟、第五節　侵華から南進へ

第十五章　侵華から世界分割へ

第一節　太平洋戦争の勃発と中国、第二節　〝対華新政策〟─華を以て華を制する─、第三節　侵華戦場の孤一掷

第十六章　植民統治と経済掠奪

第一節　対東北の植民統治、第二節　対東北経済の全面統制、第三節　関内淪陥区経済掠奪─〝開発〟および〝振興〟─、第四節　在台湾の植民統治

日本における日中戦争史研究と通史的な理解はほとんど共通するといっても過言ではない。ここで注目したいのは、太平洋戦争期の「対華新政策」にそれ相応の関心が向けられていることである。節の副題にあるように中国人を以て中国を制することが目的であり、統制権限を中国側（汪兆銘政権）に委譲することが行われた。記述は、資料に基づききわめて実証的に行われており、汪兆銘政権の事績に関しても日本人関係者の書き残した公文書、回顧録および当時の新聞などによって丁寧に復元している。また日本側の研究も参照されており、戦史叢書『北支の治安戦』も引用されている。「関内淪陥区経済掠奪─〝開発〟および〝振興〟─」では、臼井勝美、君島和彦、柴田善雅の研究および東亜研究所の報告書、『支那経済年報』などが活用されている。「関内淪陥区」、すなわち日本占領地の叙述には、これら日本側の資料および日本側の研究成果を利用していることが特徴である。

次に居之芬・張利民主編『日本在華北経済統制掠奪史』(30)の日中戦争に関する章を紹介すると、

第一章　〝七・七事変〟前日本対華北の経済侵略

第二章　華北淪陥区植民地経済の形成（一九三七・七～一九三九・十二）

第三章　日本対華北経済大規模〝開発〟および掠奪（一九四〇・一～一九四一・十二）

第四章　国防産業の畸形的膨張と経済の西斯化

日本占領地の経済史として時期区分をしながら詳細に論じている。第三章では第一節として「欧州大戦勃発後の形成と「日満華経済建設要綱」」と題して、一九四〇年一〇月の日満支経済建設要綱（本書第I部第三章で詳述）の意義が明確にされている。これ以外にも日本側の政策の展開過程は、当時作成された要綱、計画に即してきわめて実証的に叙述されていることが特徴である。

中国人研究者の手になる日中戦争・日本占領地経済史の決定版ともいえる書物が解学詩『満鉄と華北経済　一九三五〜一九四五』[31]であり、日本側でいうと中村隆英『戦時日本の華北経済支配』に匹敵するほどの大著である。解学詩は、吉林省社会科学院満鉄資料館において日本語資料を大量に整理・分析しており、日中戦争史に関する日本語資料の資料集編纂も継続的に行ってきた。これらの資料基盤をもとにきわめて実証的な占領地経済史を書くことに成功している。在中国資料としては日本軍の文書、興亜院文書、北京大使館文書、北支那開発株式会社はじめ企業文書が「日文檔案抄件」というシリーズ名で大量に用いられており、さらに満鉄檔案も多数引用される。同書に収録された豊富な統計表は、在日本資料のみではわからない部分も数字が掲載されており、本書第II部第二章でも利用させていただいた。

なぜ、このような叙述が可能になったのか、というと二つの理由が考えられる。第一に、編者たち中国人研究者は、日本語資料を広範に収集・分析した上で本文を執筆しているからである。注に記されている資料をみたところ、ほとんどすべてが当時の日本語資料である。ただし、所蔵機関、所在が日本であるか否かはわからない。たとえば、居之芬、張利民主編『日本在華北経済統制掠奪史』では「泉山三六蔵文書（東京大学教養学部図書館蔵）」、『大東亜戦争中帝国対華経済政策関係雑件』（日文）E〇〇五―二のように所蔵機関あるいは記号が明記され在日本資料であることがわかるものもあれば、他方では、『北支那製鉄株式会社三箇年生鉄産量表』（天津檔案館）、『天津製鉄所最近三箇年産品産量表』（天津檔案館）、『開灤製鉄所業務報告』（天津檔案館）、『華北棉産改進会移交清冊』（天津檔案館）のように在中国資料であることが明記されているものもある。しかし、これら在中国資料も日本の企業、団体が作成して現地に保存された日本語資料である（表題は中国語訳されて登録されているようである）。解学詩『満鉄と華北経済　一九三五～一九四五』では、在中国資料として多数の日本軍文書、興亜院文書、北京大使館文書、北支那開発株式会社はじめ企業文書が「日文檔案抄件」というシリーズ名で大量に用いられており、さらに日本語の満鉄檔案も多数引用されている。

第二には、日本人研究者による日中戦争史研究の活用である。中国社会科学院近代史研究所『日本侵華七十年史』では、臼井勝美、君島和彦、柴田善雅などの研究成果が引用されており、居之芬、張利民主編『日本在華北経済統制掠奪史』、解学詩『満鉄と華北経済　一九三五～一九四五』では中村隆英の書物がくり返し引用されており、中国側の日中戦争史研究の進展に大きく寄与していることがわかる。

日本人研究者による日本語で書かれた日中戦争史研究も、中国人研究者による中国語で書かれた日中戦争史・日本占領地研究も、いずれも在中国あるいは在日本の日本語資料を大量に読み込むことによってなされている。したがって、日中戦争史・日本占領地をめぐる歴史像は近接したものになるのは当然だろう。もちろん、日中の歴史学界における歴史叙述・表記の違いも存在する。日本人研究者が普通名詞として用いる開発という語に対しては、中国人研究者は必ず〝開発〟と表記する。日本人研究者が用いる汪兆銘政権は〝汪偽政権〟である。しかし、開発にしても汪兆銘政権にしても、その歴史的評価が日中間で大きく異なるわけではないことは、本章でこれまで述べてきた先行研究紹介でみたとおりである。

日本人研究者の役割としては、やはり在日本の日本語資料を徹底的に調査・分析することが重要だろう。もちろん、中国調査を行い在中国資料を閲覧・検討することも十分に意義があるが、あえて日中間のそれぞれのアドバンテージ（効率的に作業を行える）を考えると、在日本資料を調査・分析・紹介することが両国の日中戦争史研究にとっても裨益するところが大きいと考える。

なお、近年は、日中共同研究も活発に行われている。『日中戦争の国際共同研究』が継続的に刊行されており、大陸経済建設関連では内田知行「第一〇章　日本軍占領と地域交通網の変容―山西省占領地と蒙疆政権地域を対象として―」[32]、吉井文美「第九章　日本の華北支配と開灤炭礦」[33]がある。この日中国際共同研究は継続的に研究成果を刊行しており、日中戦争研究の進展ぶりを如実に示している。テーマも戦争の諸側面をさまざまな角度から取り上げており、とりわけ戦時下の中国社会の変化に着目していることは、近年顕著となった傾向といえよう。ただし、日中国際共同研究という性格のせいか、対象とする地域は、蔣介石政権統治地区が多く、日本占領地を対象としたものは少ない。日本占領地を扱ったものは上記の二編のみで、他に上海を対象とした論文は複数あるものの、共同租界を対象としており、いわゆる日本軍占領地とは異なる。日中戦争史研究が戦時下の地域社会の分析に、いわば視点が下降してきていることは歓迎されることだが、やはり日本占領地研究はこれからの課題であるようだ。なお、中国からの留学生が日本語で研究書を出版することも近年の特徴である。たとえば范力による研究（日本語）[34]は戦時中の日本が行った開発について、これを「戦争交流」として再評価しようとする試みであり、戦後中国経済への連続性の問題など、検討しなければならない論点を提示した。

また、新しい戦争史研究を提示したものとして特筆したいのは、田宮昌子著、加藤修弘解題『「北支」占領　その実相の断片　日中戦争従軍将兵の遺品と人生から』[35]である。著者は中国文学研究者だが、親族が残したアルバムを手がかりに、伯父・田宮圭川、その部下山本泉、作家田村泰次郎という山西省盂県にて従軍体験を有した三人の人物に焦点を絞り、自ら山西省盂県を訪問し、現地住民から聞き取りを行い、中国語文献を読み込み、日中戦争史を書き上げている。同書にはアルバムに収められていた写真がふんだんに用いられているが、写真集という性格にとどまらない、日中戦争史研究の新しい方法、すなわち一人一人の兵士（もちろん非戦闘員でも同様だが）の中国滞在経験とそのことの意味を問いながら、戦争史を書くという方法である。著者の言葉の、

しかし、どこまで作業が進んでも、兵役への嫌悪や占領への疑問、武力行使に当たる苦悩といったものは姿を見せなかった。出征の晴れがましさ、訓練に感じる誇り、占領地での楽しげな日常、占領や掃討作戦を正当化する論理……彼の視線や意識はどこまでも時代の枠の中に納まり続けるようであった。(36)

は、本書において第I部第一章の登場人物たちから受けた印象とも一致する。本書は、兵士の体験や意識を取り上げるものではないが、同時代人をみるさいの留意点として共有したいと考えている。

四　本書の構成

本書は、「第I部　貿易国家から生産国家へ」と「第II部　華北における経済建設の実態」という二部構成とした。「貿易国家」「生産国家」という用語は、当時の革新官僚であり有力な技術者であった宮本武之輔の東亜経済懇談会における発言からとったものである。このことばのとおり、一九三〇年代には、世界市場に向けて工業製品輸出を急拡大することによって世界恐慌の影響から脱却していった日本経済だったが、日中戦争期には、従来の「貿易立国」路線は終焉を迎え、代わって「開発」、「生産」を重視する経済成長路線が目指された。この転換過程について考察したのが第I部である。

「第一章　貿易構想の転換―英米依存体制からの脱却―」は、日満支経済懇談会および東亜経済懇談会という官民の有力者を一堂に集めた会議の議事録（速記録）を分析し、官僚（本国、植民地、占領地）、実業家たちの貿易に関する見解、大陸経済開発に関する見解を明らかにした。とりわけ、日中戦争は三八年一〇月以降「長期戦」段階に入ったといわれるが、当時の官民のエリートたちの見解のなかで、長期戦と同時に「長期建設」という語がきわめて重要な意味をもって使われていたことを指摘している。そして、この長期建設という概念にたどりついたことによって、外貨獲得目的・第三国重視の貿易政策は、しだいに色あせたものとなり、代わって長期建設の進捗によって資源問題、生産力拡充問題が解決に向かうだろうという、きわめて楽観的な経済構想が広がっていったのである。

「第二章　輸出入リンク制による貿易振興策」は、日中戦争期を特徴づける貿易政策である輸出入リンク制について、その考案の過程から実施過程およびその経済的効果を分析したものである。通説では、池田成彬蔵商相の功績とされる輸出入リンク制は、前任者である吉野信次商相のときに考案され実施されていたこと、しかし、それにもかかわらず池田成彬の功績とされるにはそれ相応の理由があったことを明らかにしている。また、羊毛・綿・人絹の輸出入リンク制の外貨獲得（外貨節約）効果を測定したところ、顕著に外貨獲得（外貨節約）がなされたことを示した。日中戦争は、いわゆる日中戦争段階においては、英米をはじめとする第三国との貿易関係・経済関係の発展を前提として各種の経済政策が行われていたのである。

「第三章　戦争の長期化と長期建設」は、外貨獲得を目的とする第三国重視の貿易政策がなぜ終焉を迎えなければならなかったのか、という問題を一九四〇年半ばの「外交転換」にスポットをあてて論じたものである。日中戦争期の長期建設論にはさまざまなバリエーションが存在した。たとえばリベラル派の代表格である石橋湛山は、三八～三九年にかけて行った講演において長期建設を肯定的に論じていたが、石橋の見解の特徴は、長期とは五〇年、一〇〇年というきわめて長いスパンなので、日本経済の状態も平時型でなければならない（戦時統制経済の拒否）というロジックであった。この講演には日中戦争批判（日本による中国侵略批判）という論点はまったく見出せない。石橋は、日本軍が蔣介石政権（重慶政権）を打倒して新政権を樹立することを心から願っていた。ただし、高度国防国家などのスローガンをふりかざし、一気に革新政策を断行しようとする勢力に対しては毅然として対峙し、平時型の経済体制を説いたのである。しかし、このような石橋的見解は、一九四〇年春のドイツ軍のヨーロッパ制圧、フランス、オランダなど東南アジア植民地宗主国の占領という事態を前に、かき消されていく。防共協定強化問題が一気に進展し、九月の日独伊三国同盟締結にいたる。本書のテーマにとって重要な日満支経済建設要綱が閣議決定されたのは一〇月三日のことである。この要綱の策定過程で、長期建設構想が、一段と明確な分業構想になるとともに自給体制の達成期限も早められていくのである。

「第Ⅱ部　華北における経済建設の実態」では、華北における長期建設、経済建設の実態を、重要資源である石炭、鉄鉱石、綿花について検討し、その後に華北農村支配の実例を示した。

「第一章　華北の石炭資源」は、華北における石炭開発の原動力、開発の具体的な方法、個別炭鉱それぞれの類型的特徴、産業史的観点からの評価を試みた章である。その結果、華北炭鉱開発および華北炭鉱の特質として、開発の自己目的的性格、労働の暴力支配的「自由市場」的性格、資材の自給自足的性格を指摘した。開発の自己目的的性格とは、炭種・規模・電化・機械化・輸送手段の有無がまったく異なる炭鉱をすべて同時進行的に開発しようとしたことに示されている。対日供給が見込めない山西省、蒙疆政権下の炭鉱でも新坑開発や電化が積極的に行われていたのである。労働の暴力支配的「自由市場」的性格とは、基本的に把頭制（請負制、間接管理）が採用され、労働者募集も把頭に委ねられたことに示されている。したがって炭鉱会社は労働移動に悩まされ続け、把頭による労工の強制的・暴力的な連行や採掘現場での暴力的支配が横行したものと思われる。その帰結が「万人坑」であった。

「第二章　華北の鉄資源と現地製鉄問題」では、華北における鉄鉱石採掘および現地製鉄事業の産業史的な分析を試みている。日中戦争下に鉄鉱石採掘はどのようにして行われて、いかなる到達点を迎えたのか、現地製鉄事業はいかにして実現したのか、どの程度の成果をあげたのか、を新資料も用いながら可能な限り明らかにすることを目指した。本来は日本内地に供給することを期待された華北の鉄鉱石だが、輸送問題が深刻化するなかで、早々とその用途は現地製鉄の原料に切り替えられた。現地製鉄は、その計画の立案段階において、日本内地鉄鋼資本の思惑と中国占領地当局の思惑が食い違い、さらに中国占領地当局においても華北と蒙疆の対立がみられ成案を得るまでに時間がかかっている。太平洋戦争期のきわめて短い期間ではあるが、華北における銑鉄生産高は急速な増加を示したが、あまりにも決断が遅すぎた。結果として現地製鉄構想は失敗に終わったという評価は変わらないが、着想それ自体は合理性をもつものであったとみることもできるだろう。

「第三章　綿花生産と流通」では華北農産資源のなかでも重要な位置にあった綿花をテーマとして、華北産綿花の日本における重要性は、対日供給（日本内地への輸出）にとどまらないこと、すなわち、中国占領地支配にとって重要な役割を与えられたことに注目している。結論として、綿花生産をめぐる経済環境が悪化しているにもかかわらず、日本側の収買量は増加傾向を示したことがわかった。その理由は、第一に、合作社の組織化および中国側産地綿花商の淘汰と日本側綿花商社・綿紡績資本による産地の直接掌握が進展したこと、第二に、占領軍特務機関および宣撫班をはじめとする軍事力を背景とした強制収買が強化されたことであった。

「第四章　華北農村掌握と農業政策」は、前章の綿花の事例を踏まえつつ、華北農村をどの程度まで、また、どのように掌握していたかを検討したものである。日本側が行った農業調査を分析した結果、華北農民の換金志向は意外に強いこと、食糧を購入するためにも兼業をも含めた現金収入が必要であったことがわかった。華北特有の農業問題の焦点は、農業生産の再建・維持（水害・旱害の克服）に加えて、農家・農民の現金需要をいかに満たすか、という点にあったように思われる。

「終章　大陸経済建設の帰結」では、戦争末期における現地占領当局が抱いた最後の開発プランを検討し、日本内地との交通が事実上遮断された後も大陸自給自足構想が提起され、対日供給に期待しないかたちでの開発が行われようとしていたことを明らかにした。

註

（1）　二〇〇四年一月にハワイで開催された「日中戦争の軍事史に関する国際会議」について、主催者側である戸部良一、波多野澄雄は参加者のあいだにみられた共通点として「例えば、初期の対日抗戦で国民政府軍がよく戦ったことは、日本側から見ても、中国側から見ても、充分に確認された。従来、中国（中華人民共和国）の研究者は国民政府軍の戦闘の実態に批判的で、中共軍の抗戦ぶりを一方的に賛美する傾向が見られたが、蔣介石の戦略方針についての批判は別として、抗戦初期の地方軍を含む国民政府軍の戦意や戦い方に関しては、これを客観的に評価しようという姿勢がかなりはっきりと示された。……日本人研究者、特に日本史研究者が目を見張ったのは、中国人研究者とりわけ中国史研究者が以前にまして実証的になったことである。かつては紋切り型の公式見解から一歩も出ようとはしないように見えたこともあったが、このシンポジウムでは自前の多様な史料を駆使し、そこから実証的かつ論理的に解釈を導き出そうとする柔軟な研究姿勢が見受けられた。日本の日本史研究者としては、そうした中国の研究成果を充分に取り込んでこなかったことを真摯に反省しなければならなかった」と記している。戸部良一・波多野澄雄「まえがき」（波多野澄雄・戸部良一編『日中戦争の国際共同研究二　日中戦争の軍事的展開』慶應義塾大学出版会、二〇〇六年）v〜vi頁。

（2）　中華民国国民政府（汪兆銘政権＝南京政府）の対英米宣戦布告は一九四三年一月九日である。汪兆銘政権の太平洋戦争への参戦要求は、四二年七月の財政部長・周仏海訪日のさいにはじめて表明された。これに対して日本側は軍部を中心に躊躇していたが、重光葵駐華大使の働きかけが功を奏し、四三年一月九日に実現、これに伴い「対華新政策」（中国への権限委譲）が実行されるのである。波多野澄雄『太平洋戦争とアジア外交』（東京大学出版会、一九九六年）七九〜八一、八八〜八九頁。

（3）一九三七年一二月の南京陥落、三八年一〇月の武漢（漢口）陥落など重要な作戦・戦場は少なくないが、太平洋戦争に比べて、これらの戦いが語り継がれることは少ない。南京戦はむしろ南京大虐殺（南京事件）の方が歴史用語として知られている。

（4）防衛庁防衛研修所戦史室『戦史叢書一八　支那事変　北支の治安戦（一）』（朝雲新聞社、一九六八年）、防衛庁防衛研修所戦史室『戦史叢書五〇　支那事変　北支の治安戦（二）』（朝雲新聞社、一九七一年）。

（5）笠原十九司『日本軍の治安戦―日中戦争の実相―』（岩波書店、二〇一〇年）。

（6）筆者も参加した共同研究の佐藤卓己・孫安石編『東アジアの終戦記念日―敗北と勝利のあいだ―』（筑摩書房、二〇〇七年）、川島真・貴志俊彦編『資料で読む世界の八月一五日』（山川出版社、二〇〇八年）の両書は一九四五年八月一五日を終戦の日とすることに異議を唱えている。この日は玉音放送が流された日ではあるが、日本政府の終戦決定は八月一四日である。さらに、各戦場や占領地の終戦（停戦）に目を向けると実に多様な終戦があることがわかる。また、中国では国民党、共産党双方による日本人「留用」が行われ、そのまま国共内戦に突入するので、個人のレベルでの終戦はさらに多様である。ともあれ、本書では、日中戦争の終結はポツダム宣言受諾の八月一四日としておく。

（7）木坂順一郎「アジア・太平洋戦争論―戦争の呼称と性格をめぐって―」（川端正久編『一九四〇年代の世界政治』〈ミネルヴァ書房、一九八八年〉所収）三七二～三七三頁。

（8）成田龍一・吉田裕「まえがき」（倉沢愛子他編『岩波講座アジア・太平洋戦争一　なぜ、いまアジア・太平洋戦争か』〈岩波書店、二〇〇五年〉所収）viii～ix頁。

（9）「十五年戦争」の語は、鶴見俊輔が最初に提唱した用語である。鶴見によれば「私のこどもの頃、満洲事変が始まった、上海事変が始まった、日支事変が始まった、大東亜戦争が始まったというように、ばらばらに、ニュースが伝わってきた。そのために、主観の側からとらえると、それぞれバラバラの戦闘行為が起こったようにうけとってきた。それでは変だと思うようになったのは、敗戦後のことで、ひと続きのものとしてとらえるほうが事実に（私の意識上の事実ではなく）あっていると思うようになった。……当時の圧倒的なベストセラーとなった遠山茂樹・今井清一・藤原彰『昭和史』（岩波新書、一九五五年）の帯に、われわれはわずか三〇年の間に二度の戦争を体験したと書いてあったので、昭和史のとらえかたとしてはこれでは困ると思った。……「十五年戦争」という呼び名を自分で考えたのは、シグムント・ノイマン（一九〇四―六二）著、曾村保信訳『現代史―未来への道標』（原著、一九四六年、日本語訳、岩波書店、一九五六年）が三十年戦争という言葉を二つの世界大戦の合間の期間をふくめて使っているのに示唆を受けたからである」とのことである。鶴見俊輔『戦時期日本の精神史　一九三一～一九四五年』（岩波書店）一〇頁。

(10) 十五年戦争の言い換えとして「アジア・太平洋戦争」の語を用いると、「柳条湖事件により関東軍が中国東北地方にて武力行動を開始しアジア・太平洋戦争が起こった」という説明になるが、従来の「満洲事変が起こった」あるいは「十五年戦争が開始される」という表現の方が誤解が生じることなくわかりやすい。

(11) 日中戦争における大陸経済の研究史については、最近刊行された久保亨編『中国経済史入門』（東京大学出版会、二〇一二年）の各章においても取り上げられているので参照されたい。

(12) 依田憙家『日本帝国主義と中国』（龍渓書舎、一九八八年）。原著論文は依田憙家「日本帝国主義の華北経済工作と華北開発計画」（『社会科学討究』第五四号、一九七四年）、同「日本帝国主義の華北占領地区経済支配」（『社会科学討究』第五九号、一九七五年）など。

(13) 原朗「Ⅲ「大東亜共栄圏」の経済的実態」（『日本戦時経済研究』〈東京大学出版会、二〇一三年〉所収）。

(14) 同右、九九頁。

(15) 同右、一〇〇頁。

(16) 満洲事変と日中戦争の「民間の受け止め方」の違いは次の証言からも明らかであろう。支那派遣軍特務部石本五雄中佐は三八年に警務連絡会議における講演で「然シ開発ニ従事スル産業関係者ノ大部分ハ現在其ノ興味ヲ北支ニ持チ満洲事変当時軍部カ資本家ノ尻ヲヒツパタク様ニ満州進出ヲ慫慂シタニ拘ラズ仲（ママ）々出テ来ナカツタノニ此ノ度ハ押ヘテモ押ヘ切レヌ程北支ニ進出シテ来ルノテアリマス」と語っている。『北支資源開発ニ就テ』（支那　参考資料二〇一、防衛研究所図書館所蔵）。

(17) 小林英夫『「大東亜共栄圏」の形成と崩壊』（御茶の水書房、一九七五年）、同『増補版「大東亜共栄圏」の形成と崩壊』（御茶の水書房、二〇〇六年）。

(18) 同右、四二一～四二五頁。

(19) 浅田喬二編『日本帝国主義下の中国―中国占領地経済の研究―』（楽游書房、一九八一年）。

(20) 山川出版社、一九八三年。

(21) 柴田善雅『占領地通貨金融政策の展開』（日本経済評論社、一九九九年）。

(22) 日本経済評論社、二〇〇八年。
(23) 創土社、二〇〇五年。
(24) 研文出版、二〇〇七年。
(25) 岩波書店、二〇〇二年。
(26) 久保亨「第一章　興亜院の中国実態調査」(同右書、所収)七四頁。
(27) 御茶の水書房、二〇〇五年。
(28) 成文堂、二〇〇九年。
(29) 中国社会科学出版社、一九九二年。
(30) 天津古籍出版社、一九九七年。
(31) 社会科学文献出版社、二〇〇七年。
(32) エズラ・ヴォーゲル・平野健一郎編『日中戦争の国際共同研究三　日中戦争期中国の社会と文化』(慶應義塾大学出版会、二〇一〇年)。
(33) 久保亨・波多野澄雄・西村成雄編『日中戦争の国際共同研究五　戦時期中国の経済発展と社会変容』(慶應義塾大学出版会、二〇一四年)。
(34) 范力『中日〝戦争交流〟研究―戦時期の華北経済を中心に―』(汲古書院、二〇〇二年)。
(35) 社会評論社、二〇一五年。
(36) 田宮昌子著、加藤修弘解題『「北支」占領　その実相の断片　日中戦争従軍将兵の遺品と人生から』(社会評論社、二〇一五年)三三四～三三五頁。

第Ⅰ部　貿易国家から生産国家へ

第一章　貿易構想の転換

――英米依存体制からの脱却――

はじめに

日中戦争期（一九三七～四一年）の日本貿易の特徴は、原朗の研究(1)によって明らかにされ、今もって通説の位置にある。原は、当該期の貿易を対円ブロック貿易と対第三国貿易に区別することの重要性を唱え、対円ブロック貿易は出超であり輸出増が見込まれたが外貨獲得にならず、他方、長期戦に必要な原料・資材・機械は英・米など第三国からの輸入に依存しており、対第三国貿易は入超であったこと、日本は軍需生産の拡大を、生産力拡充という基礎部門の増産から始めなければならなかったこと、これは、繊維を始めとする軽工業輸出が外貨を獲得し、これが重化学工業の生産を支えるという再生産構造＝日本資本主義の脆弱性のしからしめるところであった、というのである。この視角は、同時代の名和統一による「三環節論」により与えられている。名和は『日本紡績業と原綿問題研究』（大同書院、一九三七年）において日本資本主義の対英米依存、繊維産業の重化学工業代位という構造を明確に指摘した。

名和の研究が同時代に行われていたことに示されるように、また、第三国貿易を重視した輸出振興策が実行された(2)ことに示されるように、こうした日中戦争期の英米依存の貿易構造は同時代の人々に知られていた。そうであるならば、当時の人々は、その打開策をどのように考えたのだろうか。ともすれば、戦後の研究は、対米戦の結果を知っていることから、彼我の生産力水準の格差を自明のこととし、日中戦争期にそれを確認することによって戦争経済の分析を果たしてきたように思われる。いわば敗因の分析である。しかし、敗因の分析のみでは戦争を開始する契機は説明できないであろう。しかも、敗因の分析の結論は同時代の人々も既知の事項であったので、それを踏まえて開戦の分析がなされなければならないと思う。実は、当の名和統一自身が一九四一年一月に発表した論文では、英米依存からの脱却を強く主張している。

有名な排日的評論家フレダ・アトレー女史は事変直前、北支の風雲正に急ならんとする時、その著 Japan's Feet of Clay に於て次の如き暴言を吐いた。「（中略）日本は英国及び合衆国の暗黙の承諾なしには進み得ないのである。（中略）単に日本の商品を買ふことを拒絶し、石油、鉄、棉花及び機械類を日本に供給することを停止し、日本が今日でも尚得ようと思へば得ることの出来るクレディットを拒否するだけで十分な問題である。（以下略）(3)」

そして、フリーダ・アトリーの「暴言」に対して名和は「吾々も……日本経済の国際依存性、特に英米市場への強度依存性、日本経済再生産のそれによる被規定性を検出したことにより、それが日本にとつて正に最大の危機を意味することを厳粛に認識」しているので、「吾々はこの危機を何としても克服しなければならない」とし、その克服策は「解答は極めて簡単である。日本経済の自立性、アウタルキー性格の確立を措いて外には何もないのである(4)」と言い切るのである。名和の一九四〇年末時点の認識は、実は同時代の人々が到達した日本資本主義の脆弱性克服の解答であったとすれば、重要な意義をもつ発言とも評価できよう。

日中戦争は、一九三八年一〇月の漢口陥落をもって長期戦の局面に入る。長期戦段階はこれ以後約七年間続くことになるが、この間に日本の戦時体制・戦時経済は大きく変容し、「東亜共栄圏」「東亜アウタルキー」を目指す方向が確定的となった。日中戦争期の日本経済に関しては、以下のような通説的理解が定着している。第一に、日中戦争の長期戦化（＝泥沼化）は、日本の戦費支出を増大させ、軍需工業・重化学工業の急拡大をもたらしたが、資源のない日本は、戦争遂行に必要な原料・資源――たとえば石油、石炭、鉄鉱石、ボーキサイト等および高度な機械――工作機械、人造石油製造機械、自動車等をイギリス帝国圏の自治領・植民地やアメリカ合衆国からの輸入に大きく依存していたこと、第二に、英米圏すなわち第三国からの輸入の重要性が増したにもかかわらず、日本の中国侵略は英米との対立を激化させ、ついには太平洋戦争による武力的資源獲得へと帰結したこと、第三に、対第三国貿易が重要であった日中戦争段階（太平洋戦争以前）には政府・軍部も対第三国貿易の重要性を強く認識しており、これが綿・人絹をはじめとする輸出入リンク制と円ブロック向け輸出制限政策として具体化された、ということである。

日中戦争期（一九三七年～四一年一二月）と太平洋戦争期（一九四一年一二月～四五年八月）に分けて考えると、日中戦争期において日本の戦争遂行は英米への原料・資源・機械依存をますます強めることとなり、また、そのことは政府・軍部もよく認識していた。これに対して太平洋戦争期においては英米依存政策は放擲された。この対外経済政策の一八〇度の転換が、いかにしてなされたのかについてはいまだ明確な解答はなされていない。たとえば、日満財政経済研究会は戦争経済を企画したさいに、当初は英米依存を前提として「本邦経済国力判断（第一回）」を作成していたし、長期戦見通しが確定した後も「英米トノ一時的妥協」の必要を提言していたほどである。(5) たしかに「有事の際の必要なる資源」の「成し得る限り国内の自給自足」(6) とか「概ね昭和十六年を期し……有事の日満及北支に於て重要資源を自給し得るに至らしむる」(7)、あるいは「重要資源に付我勢力圏内に於ける自給自足の確立に努め以て有事の場合に於ても可及的第三国資源に依存することなからしむること」(8) などの文言に示されるように、東亜（勢力圏）における自給自足論は従来から存在していたが、そもそも自給自足の達成は将来の目標であり、しかもそれは生産力拡充計画が実行され目標を達成したあかつきに見えてくるものなのである。あらためて現実の政策決定の過程において第三国依存の放擲がいかなる経過で大勢の意見となり定着したのか、を問う必要はあるだろう。

さて、日中戦争期において政策転換はいかにして行われたのだろうか。これまでの研究および資料発掘の結果、物資動員計画および生産力拡充計画の立案過程と結果に関してはかなりの程度明らかにされてきている[9]。しかし、本章で注目したのは、政府内の政策立案過程ではなく、政府と民間経済界との公開された意見交換過程である。それは以下の理由による。第一に、日中戦争期の統制経済実施過程は、政府が一方的・専権的に決定したことを民間が飲むという方法をとらず、むしろ反対に関係省庁間の意見調整とともに主管省と民間業界団体との間に意見調整が行われ、民間の合意を経て実施に移されるのが一般的であったからである[10]。池田成彬、小林一三、藤原銀次郎など戦時期に見られる民間人経済閣僚の存在は、こうした「政財抱合」を象徴するものであったし、また、彼らも民間代表としてふるまったのである[11]。第二に、生産力拡充計画を分析した山崎志郎によると、生産力拡充の進捗度の高い分野は、新規参入企業が多く、また企業規模としても下位企業の成長が目立つということが明らかになっているが[12]、このように政府の計画を実践するのは民間企業であるために、戦時経済を総体として理解するには民間の動向を知ることが不可欠である。政府が秘密裡に決定しても、民間が実行しなければ何も起きないわけである。政府が民間に対しどのような指導・統制・誘導を行い、民間がどのような認識をもちそれに応えたか、あるいは民間はどのような意見を政府に具申したのかを知る必要がある。第三に、「公開された」という点に関わるのだが、日中戦争期には出版物の種類・部数が激増しており[13]、ある意味で日中戦争は国内においても情報戦の様相を呈していたからである。一九三〇年代から統制経済の立案・実施過程において「官民協議会」のようなものは無数に開かれており、新聞によってその概要は判明するのだが、日中戦争期にはこうした官民協議会の一部について議事録・速記録が単行本として刊行されている。このことの意味は、一九三〇年代前半の統制経済は各業界の自治的統制を建前として恐慌・不況対策を目的として行われたが、[14]日中戦争期のそれは、長期戦遂行を目的とする物資動員計画・生産力拡充計画の実践であったがために、各業界の利益と直結するものではなく、むしろ各業界の既得権益を侵す場合の方が多かった。したがって、統制に対する摩擦は大きくなるが、それだけに統制立案過程、実施過程において民間の意見聴取が必要となり、しかもそれは秘密裡になされるものもあったが、むしろ意見交換過程を公開することにより統制への理解・支持を得ようとしたものと考えられる。

前置きが長くなったが、本章の課題は、日中戦争期における日本の対外経済政策の転換、すなわち英米（第三国）依存から東亜アウタルキー志向への転換がいかなる認識のもとに行われたのか、を東亜経済懇談会という官民の意見交換の場から検討することである。

一　日満支経済懇談会

1　性　格

日満支経済懇談会は、一九三八年一一月二二日から一二月八日まで行われるが、主催者を確認しておこう。表1は、日満支経済懇談会役員一覧である。日満支経済懇談会は元蔵相賀屋興宣が委員長を務めているが、現職大臣、次官等はいっさい含まれていない。顧問は日本の主要経済団体のトップが名を連ね、実質的に懇談会を準備した懇談会準備委員には日満中央協会の関係者が多く入っている。日満支経済懇談会事務局は日満中央協会内に置かれ、一一月二日に行われた準備会では、準備委員の中沖壽（日満中央協会）が「実は此の日満支経済懇談会を開催致したいと云ふ相談の始まつたのは今年の二月でありまして……」と経緯を説明し、懇談会日程の提案をしていることから、日満中央

協会が実質的な準備を行ったとみてよいだろう。(15)

また、新聞によれば、三八年八月に東亜農林協議会という単発の懇談会が開かれたことを受けて、次は農林部門以外の日満支経済に関する懇談会を計画することとなり、日満支経済懇談会事務局が設立された、という。日満支経済懇談会は、「北支臨時政府、中支維新政府、蒙疆政府、満州国政府」および「日満支の一流財界人」を集めたもので、大蔵・商工両省は積極的に支援することになっており、一一月の懇談会開催の「終了後において会議の成果を実現し合せて三国財界の緊密な連絡を計るために政府支援のもとに東亜経済連盟が設立されるものと見られる」との観測が

表1　日満支経済懇談会役員一覧（1938年11月）

役　　職	氏　名	所属団体・役職
委員長	賀屋興宣	元大蔵大臣
顧　問	郷誠之助	日本経済連盟会会長
〃	伍堂卓雄	日本商工会議所会頭
〃	宮田光雄	日満中央協会会長
〃	明石照男	東京銀行集会所会長
〃	児玉謙次	日華実業協会会長
〃	有吉忠一	横浜商工会議所会頭
〃	安宅弥吉	大阪商工会議所会頭
〃	松本健次郎	石炭鉱業連合会会長
委　員	松井春生	東京商工会議所理事
〃	高島誠一	日本経済連盟会常務理事
〃	中山太一	大阪商工会議所副会頭
〃	吉野孝一	大阪工業会常務理事
〃	角野久造	日満実業協会常務理事
〃	田中次郎	門司商工会議所理事
〃	三浦一	新京商工公会理事
懇談会準備委員	依田信太郎	日本商工会議所副理事
〃	中沖壽	日満中央協会常務理事
〃	塚野俊郎	日満実業協会総務
〃	後藤小太郎	日満中央協会常務理事
〃	園田寛	横浜商工会議所理事
〃	中村忠彰	東京銀行集会所理事
〃	関口嘉重	東京商工会議所貿易課長
〃	雨宮和良	日満中央協会評議員
〃	村上博	日本経済連盟会主事
〃	竹井逸司	日満中央協会参事
〃	馬郡健次郎	日満中央協会評議員
〃	林十郎	日満中央協会嘱託

註　所属団体・役職の欄は原資料のまま記した。

出所　日満支経済懇談会事務局・社団法人日満中央協会編『日満支経済懇談会報告書』（1939年）。

表2　日満支経済懇談会発言者一覧（東京懇談会，1938年11月22，24日）

氏　名	所属団体・役職
呂栄寰	満洲国産業部大臣
岸信介	満洲国産業部次長
青木実	満洲国経済部金融司長
田中鉄三郎	満洲中央銀行総裁
丁鑑脩	新京商工公会会長，満洲電業㈱社長
伊沢道雄	南満洲鉄道㈱理事
殷　同	中華民国臨時政府行政院建設総署長官
謝子夷	中華民国臨時政府実業部商工科長
王子惠	中華民国維新政府実業部長
竺縵卿	中華民国維新政府実業部商工司長
吉田政治	上海日本商工会議所会頭
金永昌	蒙疆連合委員会産業部長
関口保	蒙疆連合委員会総務顧問
沢田廉三	外務次官
東条英機	陸軍次官
山本五十六	海軍次官
石渡荘太郎	大蔵次官
村瀬直養	商工次官
田　誠	鉄道省国際観光局長
安藤広太郎	農林省農事試験場長
伍堂卓雄	日本商工会議所会頭
宮田光雄	日満中央協会会長
明石照男	東京銀行集会所会長
今井五介	日本経済連盟会評議員，片倉製糸紡績㈱社長
大久保利賢	横浜正金銀行頭取
大谷登	日本経済連盟会常務理事，日本郵船㈱社長
賀田直治	朝鮮商工会議所会頭
田中完三	東京商工会議所議員，三菱商事㈱常務取締役
津島寿一	日本銀行副総裁
中川正左	東京商工会議所議員，日満実業協会常務理事
中川末吉	日本経済連盟会評議員，古河電気工業㈱社長
向井忠晴	日本経済連盟会評議員，三井物産㈱常務取締役
串田万蔵	日本経済連盟会常務理事，㈱三菱社取締役相談役
松原純一	朝鮮銀行総裁
浅野良三	日本経済連盟会評議員，鶴見製鉄造船㈱社長

註　所属団体・役職の欄は原資料のまま記した。
出所　日満支経済懇談会事務局・社団法人日満中央協会編『日満支経済懇談会報告書』（1939年）。

なされている。(16)後にみる常設機関化構想が三八年にみられるのである。

日満支経済懇談会は、一一月一八日の中国大陸関係者の来日に始まり一二月八日の解散まで行われたが、懇談会は東京（一一月二二、二四日）、名古屋（一一月二五日）、大阪（一一月二六、二七、二八日）、広島（一一月二九日）、九州・門司（一一月三〇日）、新京（一二月二日）の計九回行われた。(17)

さて、これらの懇談会のうち、東京懇談会と大阪懇談会の発言者をそれぞれ表2、表3にまとめた。東京懇談会は中国大陸からは満洲国、中華民国臨時政府（北京）、中華民国維新政府（南京）、蒙疆連合委員会（張家口）の四傀儡政権の代表者および少数ながら民間経済人、朝鮮銀行、日本からは関係省庁次官、重工業、商社、特殊銀行関係者が並び日本政府の次官たちは社交辞令的な挨拶にとどまったが、傀儡政権関係者、中国大陸民間経済人と日本側民間経済人はかなり立ち入った討論を行っている。大阪ではメンバーを縮小しつつも中国大陸四傀儡政権関係者と関西財界を構成する繊維、商社、銀行関係者が実質的な討論を行った。なお、後の東亜経済懇談会を含めて会議はすべて日本語で行われており通訳は付けられていない。(18) 中国人発言者の多くは日本留学経験者であり、報告書に記録された（速

表3　日満支経済懇談会発言者一覧（大阪懇談会，1938年11月26，27，28日）

氏　名	所属団体・役職
丁鑑脩	新京商工公会会長，満洲電業㈱社長
岸信介	満洲国産業部次長
青木実	満洲国経済部金融司長
伊沢道雄	南満洲鉄道㈱理事
殷　同	中華民国臨時政府行政院建設総署長官
王子惠	中華民国維新政府実業部長
竺縵卿	中華民国維新政府実業部商工司長
船津辰一郎	在華日本紡績同業会総務理事
金永昌	蒙疆連合委員会産業部長
関口保	蒙疆連合委員会総務顧問
原邦道	対満事務局次長
入間野武雄	大蔵省銀行局長
賀屋興宣	日満支経済懇談会委員長
中沖壽	日満支経済懇談会委員
津田信吾	鐘淵紡績㈱社長
小寺源吾	日本ステープル・ファイバー紡績工業組合理事長，大日本紡績㈱社長
庄司乙吉	大日本紡績連合会委員長，東洋紡績㈱社長
飯尾一二	在華日本紡績同業会委員長，同興紡織㈱社長
阿部藤造	又一㈱専務取締役
南郷三郎	日本棉花同業会会長，日本綿花㈱社長
栗本勇之助	政治経済研究会常任委員長，栗本鉄工所社長
小畑源之助	大阪商工協会会長，日本ペイント㈱社長
森平兵衛	大阪商業会会長，丹平商会社長
上山勘太郎	大日本除蟲菊㈱社長
村田省蔵	日本船主会会長，大阪商船㈱社長
山本武夫	日本郵船㈱大阪支店長
川上胤三	川上廻漕店主
高橋勇	東洋汽船㈱社長
小畔四郎	石原産業海運㈱
野村治一良	北日本汽船㈱社長
波多野保二	日本船主協会専務理事
大平賢作	大阪銀行集会所会長，住友銀行専務取締役
中根貞彦	大阪手形交換所委員長，三和銀行頭取
今井卓雄	信託協会副会長，住友信託㈱専務取締役
安宅弥吉	大阪商工会議所会頭，安宅商会社長
片岡安	大阪工業会理事長
角野久造	日満実業協会常務理事

註　所属団体・役職の欄は原資料のまま記した。
出所　日満支経済懇談会事務局・社団法人日満中央協会編『日満支経済懇談会報告書』（1939年）。

記に基づく）発言は正確な日本語でなされている。

2　原料問題

各地の懇談会で、最も関心を集めた話題は、新たな占領地である華北・蒙疆の原料問題であった。東京懇談会で安藤広太郎[19]（農林省農事試験場長）は、日本は綿花を毎年一三億斤ないし一四億斤輸入しているが中華民国からは五〇〇〇万斤にすぎない、華北では一〇万町歩栽培しており、今後これを二〇～三〇万町歩にする綿花増産計画があることを紹介し「前に比して相当効果もあり、増産を図ることも決してむづかしいことではない……斯うして今日日本が使用して居る棉を或る程度中華民国から供給して戴くことが出来」ると述べた[20]。謝子夷（中華民国臨時政府実業部商工科長）も「将来我々が良く提携する以上、専ら支那から棉花を取るやうにして戴きたい」と主張した[21]。

しかし、大阪懇談会では綿花商社・紡績業者が中心であったこともあり、中国綿花に対してきびしい意見も出された。小寺源吾[22]（日本棉花栽培協会理事長）は中華民国臨時政府の綿花増産八ヶ年計画が「八年間を費やして二千五百万ピクル」では日本、満洲国、中国紡績業の六割五分しか供給できないので「満足致し兼ねる」と批判した[23]。これに対して殷同[24]（中華民国臨時政府行政院建設総署長官）は「私の考へとしては或る程度までは日本の需要にしても、満洲の需要にしても我々が一手で引受けても宜いと云ふ確信を持つて居るのであります」と公約し[25]、このことは「日満の棉花需要も北支で一手に充足　互譲の精神で提携を約す」との見出しで報道された[26]。世界的な綿花産地が占領地に加わったことで、綿業関係者は中国綿花に期待していたが現状にははなはだ不満足であったのに対し、中国側は日本への綿花供給を公約したのである。

羊毛については、東京懇談会で関口保[27]（蒙疆連合委員会総務顧問）が現状では日本の期待するコリデール種、メリノ種が試験・改良の段階にあり、蒙疆地方産の羊毛はドイツ商人の手により買い付けられていることを述べ[28]、名古屋懇談会では阿部荘吉[29]（昭和毛糸紡績株式会社常務取締役）が蒙疆羊毛同業組合を組織して買付を検討しているが、実際には軍部の需要を除いて入ってこないこと、従来は「迚《とて》も支那羊毛は毛が粗くて剛くて使へない」といわれていたが、研究により「無理して使つて行かうとすれば使へるといふ自信が十分ついた」と根拠もなく宣言する他なかった[30]。羊毛は、需要側の障壁も厚かったためにオーストラリアをはじめとする第三国に依存する傾向は依然として根強かったとみてよいだろう。

これに対して重工業原料についてはきわめて楽観的な見通しが語られた。東京懇談会で浅野良三[31]（鶴見製鉄造船株式会社社長）は、「……東洋は鉄鋼業に恵まれて居らないと云ふ声を度々聞くのでありますが、最近になりまして米国に於きましても、亦「イギリス」に於きましても、原料関係から申しますと、日本及満洲又は支那が最も恵まれて居る形であるのではないかと存じます[32]」と述べている。これほどまでに鉄鋼業者の期待を喚起したのは蒙疆連合委員会管轄下に置かれた大同炭鉱と龍烟鉄鉱であった。大同炭鉱は、その埋蔵量の多さは知られていたが、一九三八年時点では「今日では原始的な状況でありまして……恐らく私共の考へて居ります供給量を輸送致しますに就きましては、現在の鉄道と致しましては全然不可能と思ふのでありまして……石炭輸送に関する所の専有の鉄道が考へられなければならぬと思ふのであります[33]」と説明されているように、開発は緒についたばかりであった。龍烟鉄鉱は第一次世界大戦中に龍烟鉄鉱公司が設立され、開発は行われていたが、蒙疆連合委員会がこれを「逆産」（敵国資産）として接収し、興中公司（後には龍烟鉄鉱株式会社）に烟筒山鉱区を採掘させていた[34]。また、蒙疆地区の石炭、鉄鉱石は「今日迄殆ど外国資本の係累がくつ付いて居ない[35]」ということが最大のメリットとされたのである。

3　貿易政策

東京懇談会では華中の石炭、鉄鉱石についても笠繆卿（中華民国維新政府実業部商工司長）と王子惠（中華民国維新政府実業部長）が賦存状況と開発計画を説明し、[36] これらを受けて今井五介[37]（片倉製糸紡績株式会社社長）は素人ながら次のように述べている。

金は「アメリカ」のやうにはない。「アメリカ」は「ゴールド」を積んで置けば身上であると思ふが、それは間違で、我が国には不用の金は積んで置かない。生産力が拡充されて、富は生産力が国内で「ゴールド」に変へることが出来る。ものを他国から買ふから「ゴールド」が要るがさうでなければ私は必要がないと思ふ、……私は此の生産力の旺盛なものが所謂富の存在力であると申して居るのであります。……又は鉄はないぢやないか、鉄飢饉と言はれるが、先刻浅野君の言はれたやうに私はもう心配がない。もう是は年を越せば安心である。殊に先刻から蒙疆支那の方面に実に世界に稀なる所の炭鉱や鉄鉱があるとすれば、私は一層意を強くする次第で、更に朝鮮に於きましても十億トンを産すると云ふ御言葉を伺ひまして更に私は意を強くした次第であります。[38]

懇談会が開かれた当時、政府は外貨獲得・輸出振興を至上命令として輸出入リンク制を実施していた。しかし、中国大陸の占領地にモノ（石炭、鉄鉱石、綿花、羊毛）が十分にあるのであれば、外貨はその分不要になるわけである。

今井の議論はあまりにも素朴であるが、ここで貿易政策をめぐる代表的な見解をみておきたい。政府側は当然のごとく外貨獲得・輸出振興を主張した。大久保利賢[39]（横浜正金銀行頭取）は「……長期建設の運行に連れまして、益々物資の需要の増加致します事は、論を俟たない」ので「是は啻に日満支内の自給自足に依つて、補つて行かれるものではございませんので、進んで物資を広く世界に求める。是が進行の速かなることを図らなければならない[40]」と述べ、外貨の重要性を指摘した。意外にもこれに対する反論は三菱商事から出される。田中完三[41]（三菱商事株式会社常務取締役）は日満支の貿易のやり方は二とおりある、として第一は各国が第三国に輸出し外貨を得てそれにより各国の開発の機材等の需要を満たすという方法であり、第二は「日満支を一つの経済の単位として、お互の間に品物の有無を相通じまして、お互の材料を以てお互の需要を充たし、又開発の機会を作つて行くと云ふやり方に於て貿易をする」という方法である。言うまでもなく前者が政府の進める輸出振興策であり、後者は日満支自給自足論である。そして田中は後者、すなわち日満支自給自足が「今日の日満支の関係に於ては最も適当なやり方ではないかと思はれるのであります」と結論づけるのである[42]。

以上みてきたように、中国大陸占領地からの原料供給の期待と現地側からの公約により政府の進める外貨獲得・輸出振興とは異なる貿易政策＝日本帝国・占領地の自給自足論が広範な合意を得つつあったといえよう。しかし、あまりにも楽観的な将来像と現実のギャップは大きく、このこともまた、参加者の口から赤裸々に語られることもあった。次にみる治安問題がその一つである。

4　治安問題

一九三八年段階の特徴として治安問題が公然と語られたことが指摘できる。これは、一一月二六日の大阪懇談会における殷同発言から始まった。同年十月の漢口陥落により蔣介石の国民政府軍との戦争は一段落を告げたが、これに関して殷同は、

そこで今の処に於ては私の個人の意見としては戦争といふものはこれで一段落ぢやないかと考へてゐるのであります。といふのは今の国民党として殆ど根拠となるべき地方はありませぬ。謂ば一地方政権に転落するといふや

うな状態になつてゐるのであります。つまり日本の相手がなくなつてゐるやうな気がしてゐるのであります。それについて軍隊が出て私の方の治安までこれを維持するといふやうなことは私は適当ではないと考えて居ます[43]。と述べ、日本軍が撤退し傀儡政権（中国人側）に治安維持を任せることを主張した。これは、直前に津田信吾[44]（鐘淵紡績株式会社社長）が中国人による治安維持を主張したことを受けての発言だったが、津田の発言は必ずしも日本軍の撤退を想定はしていない[45]。この日はとくに反響もなかったが、翌二七日の懇談会席上、殷同は、『大阪毎日新聞』の朝刊に自分の発言と反対のことが書いてあると話を蒸し返してしまう[46]。すなわち、『大阪毎日新聞』には「治安は日本が占領地の軍事管理を解かない間は支那の民衆にやらしてもだめだ」と書かれたというのである[47]。殷同は、改めて自分の発言は「支那の人にやらして貰はなければならぬといふこと」だと強調した[48]。

これに決着をつけたのは中国通・船津辰一郎[49]（在華日本紡績同業会総務理事）であった。船津は、まず、中国傀儡政権側の意見を次のように説明する。日本の軍隊は「匪賊」を討伐するとして一定地域を包囲して撃滅するが、往々にして「匪賊」は逃げており、残った「良民」が玉石混淆にやられてしまう、日本軍に「匪賊」と「良民」を見分けるのは無理である、それで中国側で武装警察隊を組織して「匪賊」討伐に当たらせるべきだ、というのである。これに対して船津の見解は、中国側の武装警察隊は通州事件[50]の「苦い経験」があるのでつくることはできない、よって日本軍の撤退は不可だというのである[51]。日中戦争における村の「掃討」の実態を窺わせる発言であり、同時代の人々がどの程度この実態を知りえたのか、ということも示唆しているが、日本軍の進退をめぐる問題は、これを最後に話題にはのぼらなくなった。

二　東亜経済懇談会の成立

1　常設機関化

表4　東亜経済懇談会役員一覧（1939年11月28日現在）

役　職	氏　名	所属団体・役職
会長	郷誠之助	日本経済連盟会会長
日本本部長	八田嘉明	日本商工会議所会頭，東京商工会議所会頭
満州本部長	丁鑑脩	新京商工公会会長，満洲電業㈱社長
蒙疆本部長	寺崎英雄	蒙疆銀行副総裁
華北本部長	曹汝霖	中華民国臨時政府行政委員会顧問
華中本部長	陳紹女爲	上海恒産会社社長
顧　問	池田成彬	内閣参議
〃	小倉正恆	住友鉱業㈱会長，住友化学工業㈱会長
〃	賀屋興宣	北支那開発㈱総裁
〃	伍堂卓雄	商工大臣
〃	酒井忠正	農林大臣
〃	南条金雄	日本郵船㈱取締役
〃	宮田光雄	日満中央協会会長
〃	三好重道	三菱石油㈱社長
〃	結城豊太郎	日本銀行総裁
常任委員	八田嘉明	日本商工会議所会頭，東京商工会議所会頭
〃	安宅弥吉	大阪商工会議所会頭
〃	青木鎌太郎	名古屋商工会議所会頭
〃	榎並充造	神戸商工会議所会頭
〃	田中博	京都商工会議所会頭
〃	有吉忠一	横浜商工会議所会頭
〃	郷誠之助	日本経済連盟会会長
〃	藤原銀次郎	全国経済団体連合会会長
〃	片岡安	大阪工業会理事長
〃	柳父昌一	東亜経済建設促進中国四国連盟会長
〃	出光佐三	北九州経済団体連盟会
〃	徳田昂平	東京商工会議所副会頭
〃	中山太一	大阪商工会議所副会頭
〃	中川正左	日満実業協会常務理事
〃	明石照男	東京銀行集会所会長
〃	大平賢作	大阪銀行集会所会長
〃	平生釟三郎	鉄鋼連盟会長
〃	松本健次郎	石炭鉱業連合会会長
〃	津田信吾	大日本紡績連合会会長
〃	辛島淺彦	日本人絹連合会理事長
〃	藤山愛一郎	日本糖業連合会理事長
〃	村田省蔵	日本船主協会会長
〃	井上匡四郎	帝国鉄道協会会長
〃	水野錬太郎	港湾協会会長
〃	山田斂	帝国農会会長
〃	有馬頼寧	産業組合中央会長
〃	鶴見左吉雄	商業組合中央会会長

役　職	氏　名	所属団体・役職
〃	鈴木島吉	工業組合中央会会長
〃	中野金次郎	日本実業組合連合会会長
〃	戸沢芳樹	信託協会会長

註１　この他に常任委員と同じ団体から参与25名が出ている。
２　所属団体・役職の欄は東亜経済懇談会編『東亜経済懇談会第一回大会報告書　昭和十四年十二月』（1940年）に記載されているものを優先し，不明のものを他の資料から補った。

出所　拙稿「日中戦争期の貿易構想」（『道歴研年報』第６号，2006年）。原資料は，東亜経済懇談会編『東亜経済懇談会第一回大会報告書　昭和十四年十二月』（1940年）。所属団体・役職は他に帝国秘密探偵社編『第十四版 大衆人事録　東京篇』（1942年），帝国秘密探偵社編『第十四版 大衆人事録　外地満支海外篇』（1943年），支那問題辞典編輯部編『支那問題辞典』（中央公論社，1942年）。

日満支経済懇談会は成功裡に幕を閉じたが、開催当初から新聞各紙はその意義を評価するとともに「短時日であることは、いかにも遺憾」（『東京朝日新聞』）(52)、「今回の懇談会が単なる三国相互の精神的協調や形式的意見交換に止まることなく、少なくとも今後の具体的問題の企画並に実行に当るべき三国共同の中枢機関設置につき至急具体案を決定して置くことが肝要であらう」（『中外商業新報』）(53)と、持続的な懇談の場を求める見解を表明していた。日本商工会議所が日満支経済懇談会の恒久組織化にそなえて東亜経済委員会を設けた(54)。翌年には名称を「東亜経済懇談会」と変えて五月一七日開催の官民合同準備協議会において東亜経済懇談会を常設機関として設置することが決定された。東京では日本商工会議所、日本経済連盟会が、大阪では大日本紡績連合会、大阪商工会議所、大阪工業会が中心となり組織作りを行うこと、官庁側では大蔵・商工両省が全面的に支持することが報道されている(55)。政府・大蔵省が東亜経済懇談会を管轄しており、初年度は第二予備金から八万円の補助金を計上している(56)。

七月三日には創立打合会において発起人代表が選ばれ(57)、一〇日に創立総会が行われた。ここにおいて常設機関たる社団法人東亜経済懇談会が結成された。表4は結成当時の役員一覧である。日満支の常設機関設置に熱心であった日本経済連盟会から郷誠之助が会長に据えられ、日本本部長は同じく設置に当たった日本商工会議所会頭・八田嘉明を、各地本部長は蒙疆を除いて中国人実業家・政治家を当てている。顧問は前蔵相、現商相・農相に三井、三菱、住友系財界人を当て常任委員は各団体の代表が名を連ね、日本の経済関係省庁・経済界は網羅的に参加する形となった。

東亜経済懇談会は、第一回大会を三九年一二月に、第二回総会を四〇年一一月に行い、その他に日満貿易懇談会(四〇年七月)、第一回日満経済懇談会、日満交通懇談会、東亜農業懇談会などを企画・開催している。以下では第一回大会、第二回総会の討議内容をまとめて検討し、当該期における貿易構想の一端を明らかにすることにしたい。

表5　東亜経済懇談会主催会議一覧(1939～41年)

会　　議　　名	年　月　日
東亜経済懇談会第1回大会(於：東京市)	1939年12月5～7日
総会	12月5，7日
第一分科会(農業)	12月6日
第二分科会(鉱業)	12月6日
第三分科会(工業)	12月6日
第四分科会(貿易)	12月7日
第五分科会(金融)	12月6日
第六分科会(交通)	12月7日
名古屋座談会，大阪座談会，九州座談会	12月11～16日
日満経済懇談会(於：東京市)	1940年5月22～24日
総会	5月22日
交通分科会	5月22日
鉱工業分科会	5月23日
商業貿易分科会	5月23日
金融分科会	5月23日
農業分科会	5月24日
分科会報告	5月24日
広島座談会，九州座談会	月日不詳
日満貿易懇談会(於：大阪市)	1940年7月26～28日
総会	7月26，28日
繊維製品分科会	7月26日
雑貨分科会	7月27日
金属製品分科会	7月27日
農産品分科会	7月28日
日満支貿易ニ関スル打合	7月28日
日満交通懇談会(於：新潟市)	1940年9月28～29日
東亜農業懇談会(於：東京市)	1940年10月29～31日
人口部会	10月29日
需給部会	10月30日
増産部会	10月31日
部会報告	10月31日
東亜経済懇談会第2回大会(於：東京市)	1940年11月25～30日
総会	11月25，30日
農業部会	11月26日
交通部会	11月26日
鉱業部会	11月27日
金融部会	11月27日
重工業部会	11月28日
軽工業部会	11月28日
貿易部会	11月29日
大阪座談会，九州座談会	12月3～6日
官民貿易懇談会(於：大阪市)	1941年5月26～27日

会　　議　　名	年　月　日
東亜経済懇談会第３回大会(於：東京市)	1941年12月４～６日
開会式	12月４日
貿易ヲ主トスル懇談	12月４日
鉱工業ヲ主トスル懇談	12月５日
農業ヲ主トスル懇談	12月５日
各地域意見交換座長報告・閉会	12月６日
名古屋座談会，大阪座談会，広島座談会，九州座談会	12月10～15日

出所　東亜経済懇談会『東亜経済懇談会第一回大会報告書　昭和十四年十二月』(1940年)，東亜経済懇談会『日満経済懇談会報告書　昭和十五年五月』(1940年)，東亜経済懇談会『日満貿易懇談会速記録　昭和十五年七月』(1940年)，東亜経済懇談会『日満交通懇談会速記録　昭和十五年九月』(1940年)，東亜経済懇談会『東亜農業懇談会速記録　昭和十五年十月』(1940年)，東亜経済懇談会『東亜経済懇談会第二回総会報告書　昭和十五年十一月』(1941年)，東亜経済懇談会『官民貿易懇談会速記録　昭和十六年六月』(1941年)，東亜経済懇談会『東亜経済懇談会第三回大会報告書　昭和十六年十二月』(1942年)。

2　懇談会の開催

東亜経済懇談会は年一回開催する大会の名称であるとともに常設機関・社団法人としてさまざまな懇談会を開催した。東亜経済懇談会設立から太平洋戦争開始までの東亜経済懇談会主催の主な懇談会は表5のとおりである。毎年一一月ないし一二月に総会・大会を大規模に開催しつつ、問題ごとの懇談会をたびたび開催し、とりわけ一九四〇年には頻繁な開催ぶりが目立つ。分科会の置き方を見ると、いかなる問題群が議論の対象とされたのかがわかる。貿易、交通、農業、鉱工業といったテーマは繰り返し設定されていて討論が積み重ねられた。地方への配慮も見られ、大会に付随して各地座談会が行われ、日満貿易懇談会、官民貿易懇談会が大阪市で、日満交通懇談会が新潟市で開催されている。大阪は言うまでもなく日満貿易、日中貿易の拠点であり、当時の円ブロック輸出制限問題の矢面に立っていたことから、当地にて開催し地元業者の参加を企図したことが理解できる。新潟は、当時争点となっていた日満最短交通路(58)の日本側の起点とすることを政府が決定したこともあり、新たな大陸交通の要衝として注目されていた。

ところで、東亜経済懇談会を設立するさいには「日満支経済」のための「中枢機関」という表現がなされていた。しかし、実際に設立された東亜経済懇談会の各種懇談会を見ると、参加者・発言者ともに民間人が多く、この場において日満支三国の政策が決定されたわけではない。東亜経済懇談会自身の自己規定も「日満支三国共存共栄互助連環の経済機構確立に協力する目的を以て三国朝野の代表者相諮り、東亜経済建設を始め国策に協力する機関として」設立された、としている。[59] 松本俊郎の研究[60]によれば、四〇年一〇月の閣議決定「日満支経済建設要綱」を具体化するために企画院は日満支経済協議会を設立した。これは政府（日本、満洲国、中華民国）、民間経済人、学識経験者が構成メンバーとなり日満支を通じた生産目標などを審議するものとされており、まさに日満支経済の中枢機関としての性格を持つものであった。そして、日満支経済協議会は四一年九月ごろから活動を開始するが、その機構図の末端に東亜経済懇談会が記載され、松本俊郎の表現を借りると東亜経済懇談会は「連絡、広報の任にあたる行政組織に対しての補助的外郭団体であった」という。すなわち、当初は常設機関、中枢機関を、という要望に応える形で東亜経済懇談会が設立されたが、実態としては民間人中心の行事（イベント）開催団体にすぎず、四〇年一〇月以降に改めて日満支経済中枢機関の必要が高まり日満支経済協議会が生まれた、というように解釈できよう。したがって、東亜経済懇談会は常設機関となったことは間違いないが、中枢機関という実態はなく、常設のイベント開催機関というのが本来の性格であろう。

三　英米依存をめぐる諸見解

1　対第三国輸出振興の強調

一九三九年一二月に開かれた東亜経済懇談会第一回大会では、まず日本政府関係者が当時の国策であった外貨獲得・対第三国輸出振興の線に沿った発言を行っている。たとえば、堀義臣（商工省貿易局第一部長）が「支那事変を解決し、東亜新秩序建設といふ重大事業を遂行する為に、……非常に大きな消費を為さなければならない外に、緊急な建設資材の輸入を確保しなければなりませぬ関係上、外貨資金の獲得が欠くべからざる事業」なので「輸出せられて外貨となり、さうして重要資材の輸入に当てられるべき各種の商品が、日本国内に於ける消費を禁止し或は制限致しまして、第三国に輸出せしめる」ことの重要性を強調しているのは、その典型である。(61) 堀はこれに続けて、なぜ円ブロック向け輸出の制限が必要か、を説いているが、対第三国輸出を重視するいわゆる輸出振興策の当然の帰結として、対円ブロック向け輸出は制限されるべきものであった。

三九年一二月においては、円ブロック側からも対第三国貿易の重要性が強調された。満洲国の横山龍一（満洲国総務庁参事官）は、満洲国では「資源開発に必要なる機材を諸外国から輸入するといふ為に、相当外貨を必要とする」が、「第三国貿易の輸出物資」は大豆なので「対独其の他ヨーロツパに対する供給の増加に付いて各種研究の結果最近、大豆の専管制度を実施致しまして、之が輸出の調整増進を図るといふ制度を確立した」としている。(62)

これに対してまず円ブロック側から反論がなされる。寺崎英雄（東亜経済懇談会蒙疆本部長、蒙疆銀行副総裁）はやり玉にあげられている綿糸布、雑貨は蒙疆に入った後に「必ずしも地域内の消費に供せられるものではありませぬで、実は西北─寧夏、甘粛等の奥地貿易の資料として使用せられ」奥地から羊毛、阿片、牛皮などの重要物資が獲得できる、とその重要性を述べ、画一的な制限策に反対した。(63)

しかし、民間から出された意見は、やや趣を異にしていた。前年の日満支経済懇談会につづき田中完三（三菱商事株式会社常務取締役＝三九年当時）は「……外貨の獲得といふやうな点から見ますと、稍々重要性が乏しいかのやうに考へられるのでありますけれども、併し今日、此の日、満、支三国間に於ける経済協同体といふ点から見ますと、此の円ブロツク内の貿易が最も重要性を持つて居るものであります」(64) と円ブロック貿易の方を持ち上げる。もっとも田中の発言は、これに続けて日満支三国がいずれも輸入超過の国であることから、「御承知の如く、欧州動乱が勃発致しまして以来、第三国に対する貿易は可成り好都合な状態に置かれて来て居るのであります。是は誠に千載一遇の秋でありますが、此の好機を逸しないやうに、三国（日満支をさす…引用者）共に第三国輸出といふことに努力する必要があると思ふのであります。……我が三国共に資源の開発であるとか、生産の拡充であるとか、軍備の充実であるとかいふことの為に、多大の資材を第三国から輸入せねばならぬ状態にあるのであります」と第三国輸出の可能性が広がっていることを説いている。(65)「欧州動乱」（第二次世界大戦）の勃発が、かつての第一次世界大戦同様、日本の輸出市場を拡大するだろうというきわめて楽観的な見通しとともに、円ブロック貿易への高い評価が特徴である。

ここで、民間経済人の見解を追跡するさいに留意しなければならないことは、彼らは学者でも思想家でもないため、その発言に必ずしも一貫性がなく、しばしば時と場所により変わることである。ただし、まったく場当たり的かというと、そうではなく機会主義的な対応の背後にひとつの業界の立場が貫かれていることもある。田中完三の場合、政府側の第三国重視の合唱に対して、民間の立場から円ブロック（日満支）の重要性に注意を喚起しつつ、他方において「欧州動乱」が対第三国輸出の「千載一遇の秋」であることを指摘するという論理構成に、商社として内外情勢を睨んでの発言という特徴がみられる。

2　円ブロック向け輸出制限策への批判

対第三国輸出振興策の裏返しとして円ブロック向け輸出制限策が採られていたが、これに対しては当然のごとく関西財界の反発がみられた。政府は、一九三九年九月に輸出入品等臨時措置法に基づく商工省令第五三号「関東州、満洲国及中華民国向輸出調整ニ関スル件」（いわゆる関満支輸出調整令）を公布した。そのなかに円ブロック向け輸出は三九年六、七、八月三ヶ月間の輸出実績により許可するという条項があった[66]。中山太一（大阪商工会議所副会頭）は業者の実情を踏まえて「大部分が六、七、八の三ヶ月は、生産、輸出共に最閑散期である。又船腹の不足に依つて出荷停止をして居る期間である。その上天津地方の水害に依る積戻しがあり、又その為積込を差控へたものもある」ので、実績評価は「過去半年間或は一年平均に依つて之を決定する弁法を至急に設けて戴きたい[67]」と主張した。これは、至極もっともな主張であり、政府はこの後、中山の発言どおり、実績評価を三八年九月から三九年八月までの一ヶ年間に改めている[68]。

ただ、関西財界の主張のなかでこの問題は「応急処置」であったが、より根本的な問題は中山の大阪座談会での次の発言に表れている。

殊に欧州動乱のため三国（日満支三国…引用者）共に各国よりの物資輸入が困難であります時に於いて、努めて各種の必要な資材を三国間に於て調弁せねばならないこととなるのであります。よつてこれが実現を容易ならしめるためには関満支輸出統制令（関満支輸出調整令のこと…引用者）の一部を緩和をも要望し、出来る限りわが国より満支輸出の支障を除去しまして、之を潤沢に輸出し得ることに努むると共に、一方わが国が従来第三国より輸入せる幾多の原材料も出来得る限り、満洲国及び中国の産物をもつてこれに代らしめ、却つて第三国より輸入品はこの機会に防遏出来るやうに三者一体となつて経済的に一大飛躍の基因を確立せねばならぬのであります[69]。

ここでは、田中完三（三菱商事株式会社常務取締役）が指摘した欧州動乱の対第三国輸出への好影響とは反対に、第三国からの原材料輸入が途絶するだろうとの悲観的見通しが示されており、その後の事実は中山の見通しの正しさを証明したのである。政府が対第三国輸出振興、円ブロック向け輸出制限を行っていた三九年において、これに対する民間の反応はどちらかというと批判的であり、円ブロックの位置づけ、評価は民間において高かった、と結論づけることができるだろう。

3　第三国重視政策への批判

翌一九四〇年には日本政府側の論調が変化した。同年夏からのヨーロッパ戦線におけるドイツの破竹の進撃と九月の日独伊三国同盟締結は、第三国貿易の可能性をなお一層狭めることとなり、一一月に日本政府は日満支経済建設要綱を発表し（閣議決定は一〇月）、明確に方針転換を表明した。第三国重視政策に対する批判、あるいは円ブロック（日満支）、あるいは東亜共栄圏を重視すべし、との主張は、早くも一九四〇年七月時点に大陸側から提起された。七月二六日開催の日満貿易懇談会において満洲国政府側の発言として「従来……日満間よりも対第三国に主力を注ぐ傾向があつたが、これは実に両国を通じての重大なる過誤であつた」(70)ということが新聞に報道されている。また、満洲国政府の隠岐猛男（満洲国経済部物価科長）は、日満貿易懇談会席上にて、満洲国が従来「日本からの物資の輸入といふことには別段何等の力を加へなかつた」し、「対欧州問題に政策の大部分を費やして居つた」とした上で、

即ち第三国と申しても世界は殆ど英米のブロックでありまして、これ等の諸国に我々が円をリンクして作りました処の労働の結晶を安い儲けで態々《わざわざ》困つたから売るといふやうなことで、彼等の不当の高価の製品を買入れるといふことは徒らに国力を消耗せしめるのみである。……日本は英米依存主義を廃棄して東亜の安定勢力として独立の勢力を保つといふことを口で言ひながら今迄のやつて居つた処は経済物資的には彼等に対する依存主義であり、隷属主義であるといふことを考へついたのであります(71)。

と第三国重視政策の誤りを認識したことを高らかに宣言した。四〇年七月というのは、この種の意見として早い例である。

四〇年一一月に発表された日満支経済建設要綱は、今後一〇年間に日満支三国一環の自給自足とともに東亜共栄圏の建設を促し、東亜の世界経済上の地位を強化確立することを謳い、英米をはじめとする第三国への依存を克服することを明言した画期的な方針であった。[72] 同年一一月に開催された第二回東亜経済懇談会大会では、日満支経済建設要綱を歓迎・賞賛する意見が続出した。たとえば星野直樹[73]（日本政府代表、企画院総裁）は「大東亜共栄圏の確立」が「必然の趨勢」となり、その中核となる「日・満・支広域経済を確立」するために「物資の対外依存度を少からしめる」ことが必要であるとする。[74] 岸信介[75]（商工次官）も「従来日本と致しましては非常に重要なる資源・原料・材料と云ふやうなものを専ら海外に依存して参つたのでありますけれども、今後一定の計画の下に……東亜に於ける自給自足の経済確立に邁進すると云ふ大きな国策が樹てられ」たと説明した。[76] もっとも発言した二人は日本政府復帰直後の「満洲組」であったから、日満支ブロック自給自足論が必要以上に強く主張されたきらいがある。満洲国側からは日満独貿易協定はあるもののドイツからの輸入は期待できない上に「外貨がありましてもアメリカから輸入致したいと思ふ鉄とか石油とか銅とかいふやうなものが買へなく」なったので外貨獲得策は再検討を要する、と主張している。[77]

また、民間から太田静男（三井物産株式会社常務取締役）が、日本と円ブロックとの貿易が日本側の大きな輸出超過となっているが、これに対して「日本としましては是と云ふ代償物を貰つて居ない」が「輸出品を製造致しまする原料の大きな部分は、第三国から日本が輸入を致しましたものでありまして、それに対しまして金貨或ひは物を以て支払つて居る」ので「詰りお客さんへは掛けで売つて置いて仕入先へは現金を払つて居る」[78]と喝破した。桑原幹根（日本商工会議所理事）は、

従来は外貨さへ獲得して居りますれば、如何なる必要物資でも之を容易に輸入することが出来たのであります。然るに今日に於きましては第三国が或ひは軍事上、或ひは政治上の理由に基きまして、特定物資の輸入禁止を行

って居るのでありまして、外貨の獲得のみを狙ひまする所の輸出振興は最早目的を見失つてしまつたと云つて差支へないと考へるのであります。(79)

と指摘している。

ただし、このときに噴出した第三国重視政策批判、東亜共栄圏自給自足論は、必ずしもアジアに対する日本の軍事行動を前提としているものではなかった。先に紹介した桑原幹根は続けて「自由磅禁止のため、弗磅両ブロックを通じての貿易調整は最早考えられなくなつた」ので「早晩米国経済の依存から脱却すべきことは疑ひもなく、今後我が国貿易の赴くべき必然の方向である」としている。すなわちイギリスのポンド政策の転換によって、日本が従来とってきた対ポンド出超、対ドル入超の相殺がほぼ不可能となったので、対英米依存を脱却しなければならなくなった、という理解である。したがって、決済が可能であれば対英米貿易の余地は残されるわけで、その妙案として桑原は、

南方地域を東亜経済圏内に維持確保致しますことは、啻に石油・ゴム・錫・鉄鉱・ボーキサイト等の資源的参加を期待出来るばかりでなく、又米国がゴム・錫等の物資を此の地域に仰がなければならぬ已むを得ない立場にあるのでありますから、日本は此処に各種の生活必需品を送つて居るのでありますから、斯くて日本と南方諸地域と米国との間に三角的な求償関係を結びまして、米国より軍需及び建設資材を日本に送出せしめると云ふ物資の交流方法も考へ出せるのであります。(80)

という日本―南方地域（東南アジア）―アメリカ合衆国の三角貿易を提唱していたのである。もっとも、これは仏印進駐や日独伊三国同盟締結後という情勢からすると、まったく実現の可能性はなかったとみてよい。

第三国貿易重視・輸出振興策は、一九三九年末におけるイギリスのポンド政策の転換（スターリングブロックの閉鎖、交換性の否認）、翌四〇年春以降の第二次世界大戦の本格化（ドイツのヨーロッパ大陸制覇）を受けて、行き詰まり、転

換を余儀なくされた。そのさい、民間あるいは満洲国側は原理的に第三国重視策が誤っていたとして、第三国貿易の行き詰まりを歓迎し、円ブロック重視、東亜自給自足を志向する貿易政策を本来のあるべき貿易政策として賛同を示したのであった。四一年一二月に行われた東亜経済懇談会第三回大会において元興亜院技術部長の宮本武之輔（企画院次長）は次のように述べた。

……今日迄の如く東亜の諸国家が貿易国家として外国から沢山の品物を輸入するそして外国へ又沢山の品物を輸出する。斯う云ふ貿易国家体制を続けて居ります限り其処に経済の独立もなければ、又国防の独立を確保する事も出来ないのであります。従ひまして、共存の理想—目標と致しまする処のものは、貿易国家体制から一日も速かに脱却を致しまして、そうして所謂民族国家・生産国家を建設する事でなければならないと思ふのであります。(81)

太平洋戦争開戦前に、国際貿易の必要性そのものに疑義を呈する見地にまで到達していることに注目してよいだろう。本書第Ⅰ部のタイトルである「貿易国家から生産国家へ」はここから拝借した。第三国重視政策から東亜自給自足論に転ずるためには、東亜において生産力拡充物資あるいは消費物資が十分に供給可能であることが必要条件となる。それこそが日中戦争のスローガンであった長期建設にほかならない。次節では長期建設の具体的な考え方をみていくことにしよう。

四　長期建設の現状と見通し

1　資源への期待

満洲事変勃発当時においては、満洲の豊富な資源の存在が日本国内で喧伝され、過大な期待が抱かれた。しかし、

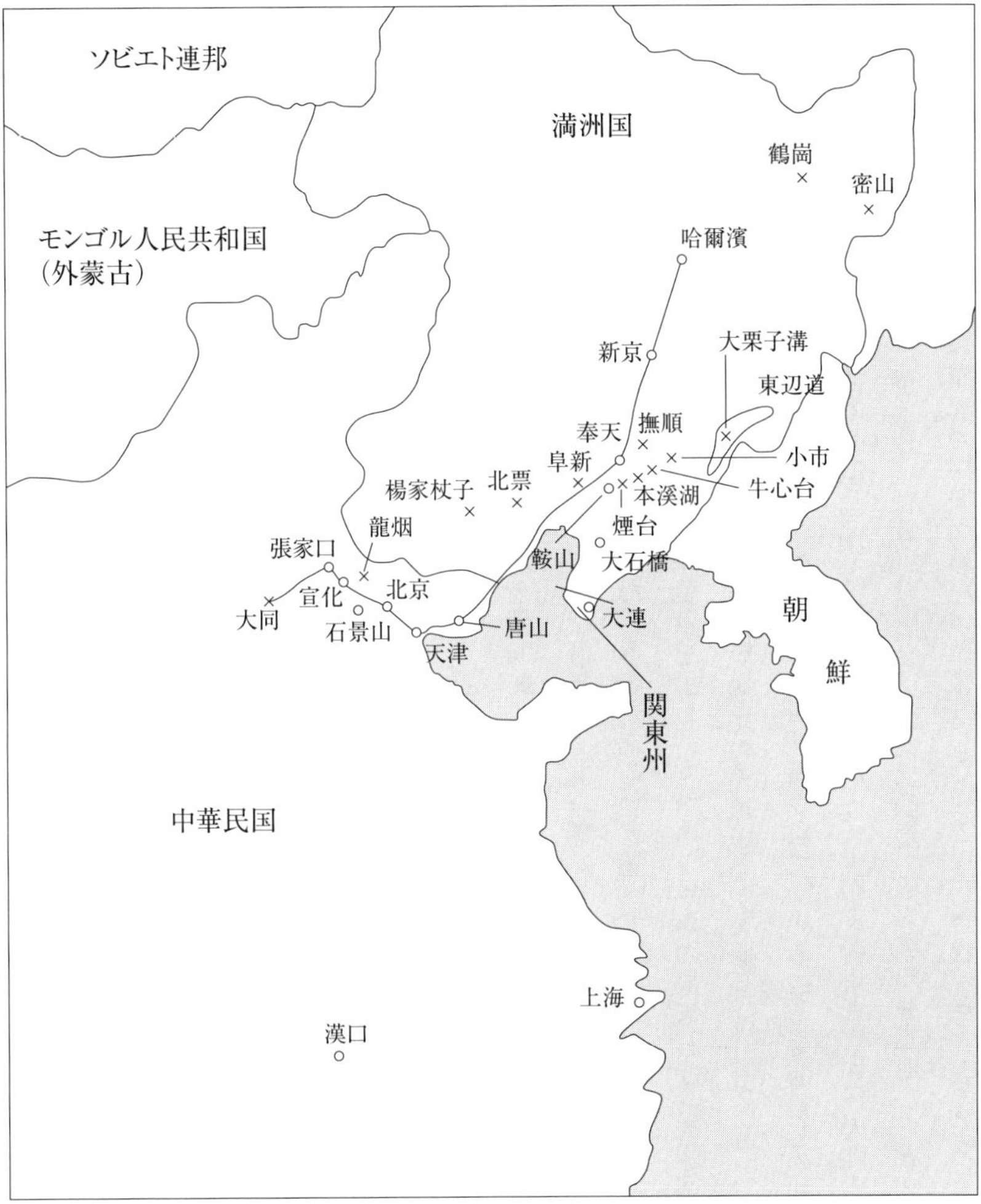

図１　満洲国・華北の主要都市と鉱山資源

出所　『満洲帝国分省地図並地名総攬（満洲建国十周年記念版）』（国際地学協会，1942年刊。国書刊行会，1980年復刻），社団法人地図研究所編『大東亜共栄圏地図帖』（日本統制地図株式会社，1944年），山本熊太郎『概観東亜地理　中華民国篇』（柁谷書院，1941年）により作成。

満洲国が成立し、実際に満洲開発が進展するにつれて満洲熱は急速に冷却し、資源も当初期待したほどには存在しないことが明らかになり、このことが華北進出の衝動をもたらした、とされている。日中戦争の長期戦化は長期建設の課題を生ぜしめ、中国大陸の資源が華北・華中・華南・蒙疆といった地域別に調査・検討されるようになった。東亜経済懇談会における主たる議題の一つは中国大陸の鉱産資源の賦存量の把握と開発の進展度の状況報告であった。

まず、かつて期待が持たれた満洲国について、あらためて資源の賦存状況が確認される。なお、引用資料中の地名については判明したかぎり図1に記載しているので参照されたい。八木聞一（株式会社昭和製鋼所理事）は、第一に、石炭について「鶴崗・阜新・密山・札賚諾爾等一箇所に於て夫々四十億瓲を超ゆる大炭田」をはじめとして「撫順・北票・西安・本渓湖・東辺道それら一帯の推定埋蔵量二百億瓲に達します大炭田」を有すること、しかもそれらのなかには製鉄用に適する瀝青炭を多量に含むことを指摘している。第二に、鉄鉱について「古くからよく開発せられて居ります鞍山・弓張嶺一帯・廟児溝を中心と致します奉安線地区の鉄鉱に加へますに、新に世紀のホープと致しまして時代の脚光を浴びつゝある大栗子溝を始めとする東辺道一帯の富鉱等実に多種多彩、而も質に於きまして優秀なるのみならず、又量に於きましても洵に豊富なるものがある」と述べている。第三に非鉄金属資源について「楊家杖子の鉛・亜鉛・モリブデン」が東洋随一の埋蔵量を示し、マグネシウムの原鉱石である菱苦土鉱は「大石橋を中心として無尽蔵に賦存し、而も品質優良、恐らくは世界無比の大鉱床であると言はれて居り」、アルミニウムの原料である礬土頁岩は「煙台・牛心台・小市等一帯の地域に多量埋蔵されて」いることを誇らしく報告している。[82]石油についても横山龍一（満洲国総務庁参事官）が「……阜新で昨年（一九三九年…引用者）天然の油兆地を発見致しまして、是が試掘に従事中でありましたが本月（五月…引用者）十二日試掘中に東坑の油兆地からガスの噴出を見まして、それと同時に其の箇所に於て天然原油の採掘を見た」と報告した。[83]こうした状況を素人ながら石田武亥（奉天商工公会会長）

は「掘りさへすれば幾らでもあるのだ、日本の貧弱な重工業資源から見たならば、掘りさへすれば、幾らでも出る満洲を持つことは如何に心強いことであるかと云ふことを考へて貰はなければならぬ」と豪語していた。[84]久しく冷めていた満洲熱がふたたび盛り上がっていることが確認できる。

もちろん、なんと言っても日中戦争期の長期建設の主役は華北である。周玨《しゅうかく》（東亜経済懇談会華北本部長代理）は「昨年（一九三八年…引用者）三月、華北産業部門の開発に関する最高方針を協議する目的を以て臨時政府代表王克敏氏と当時の日本北支那方面軍司令官寺内閣下の唱導に依り設立せられたる日華経済協議会に於ても華北に於ては交通通信等の充実と共に、石炭、鉄、工業塩、礬土頁岩等の開発は之を統制事業として強力化し、且つ合理化するの基本方針を樹立して」いることを報告した。それらのなかでも最も重要な石炭は「……現在の運輸状況に鑑み、先ず搬出の容易なるものに重点を置き、順次各地の開発に着手することを目標として居りまして……主要炭礦はそれ〳〵北支那開発株式会社の子会社として本格的開発の緒に就かむとして居ります」と述べている。[85]一九四一年の第三回大会において賀屋興宣（大蔵大臣）は「……華北に於ける石炭資源は二千億噸と称せられ……今日東亜共栄圏が其の一環たる中華民国に期待致して居りまする主要物資は此の石炭を始め、鉄鉱石・塩・棉花・礬土頁岩等でありまして、其の生産額は年々飛躍的の増加を見て居るのであります」と述べている。[86]

華北に隣接する蒙疆も重要な地域であった。馬永魁（蒙古連合自治政府代表）は、「第一の鉱産資源には已に御承知の通り、鉄と石炭と石綿及び雲母等があります。只今迄の調査によりますと、鉄の埋蔵量は二億二千万噸、石炭は二百四十億噸と称せられて居るのであります[87]」と報告している。

こうした、鉱産資源の賦存量に関するきわめて楽観的な見通しがあったからこそ、第三国依存の貿易政策は批判され、東亜自給自足を目標とする長期建設が本来あるべき政策とされたのである。四一年の第三回大会では日本政府メンバーである津田広（商工省鉱産局長）も「寧ろ考へやうに依りまするると、第三国よりの輸入の杜絶は大東亜の当然往くべき途を推進して呉れました絶好のチャンスであつた[88]」とまで言い切る有様であった。

2　石　炭

石炭賦存状況について勝俣英（三菱鉱業株式会社常務取締役）は「東亜共栄圏の石炭の埋蔵量は――仮に英領印度及び豪州を除外しましても――三千億瓲と称せられまして、其の内の九〇％は日・満・華三国に賦存して居ります。殊に其の内八〇％は中華民国にあります。而も其の大部分は北支に存在するのであります[89]」と要領よく説明している。

一九三九年に発生した「石炭飢饉」は、東亜経済懇談会席上においても民間からの戦時統制批判を呼び起こした。斯波孝四郎（三菱重工業株式会社社会長）は「……現今満州に於て各工業者その他が非常にそれ等の資源の獲得に困難を感じて居る。例へば石炭の本場と迄申されて居る満州国で冬の如きは石炭がなくて寒空に震へて居つたといふやうな事実も沢山あります」とした上で、「どうも一方増産といふ御報告があるにも拘らず民間の者に一向石炭が手に入らぬといふやうな事情から考へますと、要するにこれは統制の大いなる欠陥であるといふことを考へて居る」と石炭不足の原因は統制の不合理・不始末だと批判した[90]。また、津田信吾（大日本紡績連合会会長）も「内地の多くの人には二百億瓲埋蔵力を有する満州国を親類に持ちながら石炭飢饉に見舞はれると云ふことは考へられない」にもかかわらず「石炭飢饉は内地のみでなく、満州に於いても極度の飢饉に襲はれまして、両国の産業上に大損害を蒙つた」ことを指摘し、その原因は物資動員計画（物動計画）の欠陥だとした。すなわち「物動計画なるものは当局過去の数字、統計に捉はれ、而も現在並に将来の需給測定に対しては常に考察いたし難い処に其の欠陥がある」というのである。過去の実績に拘泥した物動計画の数値では、新たに興る石炭需要に対応できないということである。提言としては

「統計は死物でありまして、経済は活動を致して居るのであります故に万全を期し難いと致しましても当業者の意見をお聴きとり下され……」という民間の声を聞け、との主張を行った。[91]

石炭飢饉について、石炭を統制する側である古田慶三（昭和石炭株式会社社長）は、「過去十年の間には約二倍半の需要増加を見るに至つた」ので輸入の必要が高まったこと、石炭を増産しようにも「如何せん、段々一般資材が不足をし、又労力も足りない為に思ふやうに増産を実現し得ないといふ困難な状態にある」と弁明した。[92] しかも満洲炭は満洲国内の製鉄・人造石油・化学工業等の需要が増加することが見込まれていたために、その対日供給力は多くを期待できない状況にあった。[93]

いわゆる蒙疆政権[94]の管轄下に入った山西省大同炭鉱は、その埋蔵量からみて最も期待を集めた炭鉱であった。山際満寿一（蒙古連合自治政府代表、龍烟鉄鉱株式会社理事長）は次のように大同炭鉱を紹介している。

大体大同炭田の層は六乃至七度の傾斜を以て、採炭に非常に楽であるばかりでなく、天井盤が非常に頑強でありまする為に殆ど坑木と云ふものを使はずに採掘を進めて居りますし、尚且つ「ガス」の発生とか湧水と云ふものが非常に少いので、今日の如く日本の石炭不足と云ふやうな場合に可なり大きく御手伝ひ出来るんだと云ふ風な立場になると考へるのであります。……大体百二十億瓲の埋蔵量と云ふやうな数字を持つて居りますので、若し一箇年に三百万瓲づゝ採掘して行くと致しましても二百何十年も続くと云ふやうな算定でありまして、現況に於きましては日産四千瓲を超えて居るやうな状態でありますが、現在更に三本斜坑を下して居りますので、来年度から是が出炭をすると云ふやうな状況になつて居ります。[95]

実際に採掘が容易であったか否かは本書第Ⅱ部第一章において検討する。四一年の東亜経済懇談会第三回大会では武藤公平（大同炭礦株式会社理事）が「……開発計画が今年やつと完成を致しました。従ひまして之に要する労務者も最近は大体一〇〇%の労務者を得つゝありますので、本年は既開発の炭坑に更に新規開発の山を入れまして初期の計画通りの出炭量を見ることになつて居ります。何れに致しましても埋蔵量は殆ど無尽蔵でありまするし、ガス或は出水等、斯ういつたものは殆ど絶無であります」[96]ときわめて楽観的な見通しを述べていたのである。

3　鉄鉱石

国内生産量の多い石炭と異なり、当初から輸入依存度の高かった鉄鉱石については、第三国からの供給が不可欠であった。中松真卿（日本製鉄株式会社社長）は「東洋方面に於て鉄鉱石の賦存状態を見て見ますと云ふと、南洋方面、或は「マレー」とか、「フイリツピン」とか、或は仏領印度支那、或は南洋諸島、又遠く印度、豪州と云ふやうな地方に迄も鉄鉱石が分布せられて居るのでありまするが、御承知の通り我が国は四面海を以て環らして居ると云ふ状況にあります為に、水運の便利が頗る宜しい」ので「比較的恵まれて居る……非常に便利な地位に置かれて居るのであります」[97]と近隣諸国からの輸入鉄鉱石により日本の製鉄業が成り立っていることを確認している。このとき中松は、日本は国内に鉄鉱石は少ないが、四方を海に囲まれ港湾にめぐまれていることを「比較的恵まれて居る」と認識しているのである。

一九四〇年を機とする第三国貿易重視政策の転換は、鉄鉱石給源の見直しを余儀なくさせた。四一年の第三回大会で小日山直登（鉄鋼統制会理事長）は、

日本を中心と致しました最近までの鉄鋼業は御承知の通り、相当多量の製鉄原料である鉱石をヒリツピン・マレーの領域から輸入して居たのであります。同時にアメリカからも相当のスクラツプを輸入致しまして製鉄事業をして居りました。謂はゞ斯かる関係に於きましては外国依存性の多分にあつた鉄鋼業であつたのであります。

然るに極く最近、少なくとも現在の実情は全く是等の外国依存性を断ち切りまして、自主的鉄鋼業の運営を致して居ります。[98]

と説明する。しからば鉄鉱石の中国大陸からの供給は可能だったのだろうか。例のごとく賦存量に関する楽観論は存在した。住友出身の小畑忠良（企画院次長）は、

支那に於きましては、中支の揚子江筋に賦存致して居ります有名な数多の鉱床は申すに及ばず、北支の龍烟付近・南支の海南島、世人の遍く知つて居りまするものだけを拾つて見ましても、既に東亜をして大製鉄の基地たらしむる鉄鉱の供給は十分であると思はれるのでございまするが、……更に今後発見せらるべき大陸の処女鉱床の賦存に想ひを致しまする秋、私は東亜こそ世界に冠絶せる鉄鉱の宝庫たるの観を深くするのでございます。[99]

と既知の鉄鉱石資源に加えて当時の新発見であった海南島の鉄鉱石と「今後発見せらるべき大陸の処女鉱床」にまで想像を巡らせ、東亜は鉄鉱の宝庫だと太鼓判を押したのである。

鉄鉱石に関しては、賦存量如何の問題に加えて中国大陸の鉄鉱石が貧鉱が多いという問題点が指摘されていた。最も古くから知られ開発も進んでいた鞍山について、八木聞一（株式会社昭和製鋼所理事）は「鞍山地区に於きましては、今の二十億瓲の鉱石の大部分が貧鉱と称されて居る鉱石」だと説明している。[100]満洲国で新たに発見された「本渓湖・大孤山・其の他東辺道付近」についても「是がどうも主として貧鉱で、稍々茂山（朝鮮の…引用者）と似たものでありますが茂山より少しやり難いが、併し量は素晴しく多く十数億トンを予想せられて居るのであります[101]」と説明されている。ただし、この問題は適切な貧鉱処理法を確立することにより対処可能な問題とされていた。

4　製鉄業

中国で産出された鉄鉱石は、原石のまま日本に向けて搬出することに加えて、中国・満洲国に立地する製鉄工場に供給することが行われていた。華北・蒙疆最大の埋蔵量を誇る蒙疆政権管轄下にある察哈爾省・龍烟鉄鉱の場合、現在は「日々三十トン貨車八十輛の輸送を継続して居ります。其の内訳は十輛三百トンを華北の石景山製鉄所へ供給して居ります。六十輛宛が塘沽を経て日本に供給して居るやうな次第であります(102)」といわれるように、石景山製鉄所向け三〇〇トン、日本向け一八〇〇トンという割合になる。

石景山製鉄所とは、一九一九年（民国八年）三月に龍烟公司煉鉄廠として着工され、その後第一次安直戦争・奉直戦争の戦禍や第一次世界大戦後の不況の影響で完成を見ないまま放置されていたものが北伐完成後に蔣介石政権により接収され、日中戦争中の三八年四月に興中公司が軍の命令を受けて修復工事に当たり同年一一月二〇日に火入れを挙行したという歴史をもっている(103)。日中戦争期には、鉄鉱石原石の対日輸出か現地製鉄による銑鉄の対日輸出かという問題が鉄鋼業界や政府・軍のなかで論争となっている（本書第Ⅱ部第二章参照）。石景山製鉄所自身が作成した資料によると、三八年一一月二〇日から四〇年八月三〇日までの約二一ヶ月間の銑鉄生産量は五六六〇万七六七五トン、それに要した鉄鉱石は一億九五七万七八六トンであった(104)。約一億トンの鉄鉱石を用いて約五千七百万トンの銑鉄ができる――換言すれば銑鉄は鉄鉱石の半分近くの重量に減るのである。

東亜経済懇談会席上でもこの問題は取り上げられた。山際満寿一（蒙古連合自治政府代表、龍烟鉄鉱株式会社理事長）は、

……本年度（一九三九年度…引用者）の日本政府の生産拡充計画に依て数字を決められて居りますが、十月末日

現在に於きまして今年度の計画数字に対して山元の採鉱実績が一〇二・二パーセントと云ふ実績を挙げて居りますが、不幸京包線の八達嶺の水害で一箇月鉄道輸送が杜絶され、それに引続いて塘沽の水害に依る配船状況の杜絶等に依りまして、鉄道の輸送実績は四五・四パーセント、船舶輸送の実績は概ね三五・四パーセントの成績を以て日本へ供給致しました[105]。

と対日輸送の困難を報告している。ここで注目したいのは、臼井千尋（蒙疆興業股份有限公司董事長）が「御承知のやうに龍烟鉄鋼《ママ》は既に開発三年、着々成績を挙げ昨年（三九年…引用者）は一一一・九％の生産成績を得ましたが、然るに対日供給は三六・九％と云ふ芳しからぬ成績を残して居る」という事実を指摘した上で「（銑鉄とすることによって…引用者）例へば鉱石だけの半分に節約されただけでも八達嶺の嶮や海運の現状を思ふ時是非御配慮をと当局に御願ひしたいのであります[106]」と蒙疆地域に製鉄工場を設置し、現地製鉄をした上で銑鉄を対日供給したいという希望を述べていることである。

おわりに

本章の結論をまとめておきたい。第一に、東亜経済懇談会に集まった官民の関係者は、一九四〇年には第三国重視の貿易政策（同時に円ブロック向け貿易制限策）に対し批判的な意見を述べるようになり、英米依存よりも東亜自給の方が本来あるべき姿である、との共通認識が形成されたことである。もちろん日本政府関係者は四〇年一一月の日満支経済建設要綱発表以後に揃って論調を変えているが、民間人や大陸関係者は日本政府関係者よりも早くから第三国貿易重視策批判を展開する、という時間的ずれがみられる。第二に、英米依存から東亜自給へと転換することが可能だとの判断の根拠には、大陸における長期建設の進捗があったことである。石炭、鉄鉱石、石油などの重要資源の埋蔵・賦存状況についてはきわめて楽観的な見通しが繰り返し論じられた。これに加えて日々の産出・輸送状況についても断片的ではあるが報告されている。すでに内地政府も傀儡政権も詳細な生産統計・貿易統計を公表することをやめている時期にもかかわらず、日々の産出・輸送状況が言及されていることは重要であり、しかも四〇年・四一年という時期には生産は増加傾向にあったのである。ただし輸送問題がネックであることはこの時点でもわかっており、これについてもある程度の事実が報告されている。そして、第三に長期建設をスムーズに進めるために、大陸を単なる資源供給地と位置づけるのではなく、ある程度の重工業化を推進すべし、との主張がみられたことである。

「はじめに」でふれた名和統一の四一年一月の見解は、その意味では、同時代の代表的なものであった。日本資本主義の英米依存構造を鋭く見抜いた名和であったからこそ、本来の国民経済は再生産が自律的に行われるべきである、との認識をもっていたはずである。四〇年以降の事態は、本来あるべき国民経済の再生産構造を構築する絶好の機会であった。本章に登場した人物はほぼ全員が同時代の新進気鋭の高学歴エリートたちである。太平洋戦争は無知や無謀の所産ではなく、同時代の最高の英知を傾注した結果である可能性は棄てきれない。もちろん開戦決定そのものは、民間経済人や傀儡政権関係者の与り知らないところで行われたが、「東亜共栄圏」への志向は日本帝国の経済社会に確実に定着していた、といえるだろう。

註

本章で頻繁に用いる資料は以下のように略記する。
日満支経済懇談会事務局・社団法人日満中央協会編『日満支経済懇談会報告書』（一九三九年）＝『日満支経済懇談会報告書』
社団法人東亜経済懇談会『東亜経済懇談会第一回大会報告書　昭和十四年十二月』（一九四〇年）＝『第一回大会報告書』

社団法人東亜経済懇談会『日満経済懇談会報告書　昭和十五年五月』（一九四〇年）＝『日満経済懇談会報告書』
社団法人東亜経済懇談会『日満貿易懇談会速記録　昭和十五年七月』（一九四〇年）＝『日満貿易懇談会速記録』
社団法人東亜経済懇談会『東亜経済懇談会第二回総会報告書　昭和十五年十一月』（一九四一年）＝『第二回大会報告書』
社団法人東亜経済懇談会『東亜経済懇談会第三回大会報告書　昭和十六年十二月』（一九四二年）＝『第三回大会報告書』
猪野三郎監修『大衆人事録　第十四版　東京篇』（帝国秘密探偵社、一九四二年）＝『東京篇』
猪野三郎監修『大衆人事録　第十四版　外地、満・支、海外篇』（帝国秘密探偵社、一九四三年）＝『外地篇』
猪野三郎監修『大衆人事録　第十四版　近畿、中国、四国、九州篇』（帝国秘密探偵社、一九四三年）＝『近畿他篇』
猪野三郎監修『大衆人事録　第十四版　北海道、奥羽、関東、中部篇』（帝国秘密探偵社、一九四三年）＝『北海道他篇』

（1）　原朗「日中戦争期の外貨決済（一）〜（三）」（『経済学論集』〈東京大学〉第三八巻第一号〜第三号、一九七二年。後に原朗『日本戦時経済研究』〈東京大学出版会、二〇一三年〉に収録）。

（2）　一九三八年五月〜三九年一月まで池田成彬が兼任大蔵・商工大臣を務めた時期に該当することから、松浦正孝は輸出振興を含む一連の政策を「池田路線」と名付けている。本章は、第三国貿易重視の輸出振興策に対する池田蔵商相の役割が大きいという点では松浦説を継承しているが、「池田路線」という概念（用語）は用いない。池田退陣後、あるいは池田路線が破綻する漢口陥落後もそれなりに第三国重視の輸出振興策が続いていることを重視するからである。

（3）　名和統一「日本経済機構分析と現階的課題（二）」（『科学主義工業』第五巻第一号、一九四一年一月）。「フレダ・アトレー」はフリーダ・アトリー（Freda Utley）でJapan's Feet of Clayについてはフリーダ・アトリー著、石坂昭雄・西川博史・沢井実訳『日本の粘土の足』（日本経済評論社、一九九八年）を参照されたい。

（4）　このあと、論文は「英米依存経済」は日本の「半植民地性」の表現に他ならず、ここからの「完全解放」を通じて「日本民族を亜細亜に於ける最も進歩的な民族、指導的な民族としてその資格を賦与され得る」と続いている。名和統一「日本経済機構分析と現階的課題（二）」（『科学主義工業』第五巻第一号、一九四一年一月）。

（5）　日満財政経済研究会「長期戦下ノ対英米経済政策（中間報告）」（一九三九年二月）（日本近代史料研究会編『日満財政経済研究会　資料―泉山三六氏旧蔵―』第二巻〈一九七〇年〉所収）。

（6）関東軍司令部「満州産業開発五年計画綱要」（一九三七年一月）（『現代史資料8　日中戦争1』みすず書房、一九六四年、七一九頁）。

（7）陸軍省「重要産業五年計画要綱」（一九三七年五月二九日）（『現代史資料8　日中戦争1』みすず書房、一九六四年、七三〇頁）。

（8）『現代史資料8　日中戦争1』（みすず書房、一九六四年）七七三〜七七五頁。

（9）たとえば研究では山崎志郎「生産力拡充計画の展開過程」（近代日本研究会編『年報　近代日本研究9　戦時経済』山川出版社、一九八七年）、資料集としては原朗・山崎志郎編集・解説『生産力拡充計画資料』（全九巻。現代史料出版、一九九六年）、原朗・山崎志郎編集・解説『初期物資動員計画資料』（全一二巻。現代史料出版、一九九七〜九八年）など。

（10）たとえば綿業リンク制を実施するにあたって商工省は紡績会社、綿花輸入商社の代表を招集して官民協議会を繰り返し行った。羊毛リンク制との内容の違いも紡績業者の意向によるものと考えられている。寺村泰「綿業輸出入リンク制下における紡績業と産地機業」（近代日本研究会編『年報　近代日本研究9　戦時経済』山川出版社、一九八七年）。紡績業が特殊だったのではない。人絹リンク制の場合も人絹糸を製造する人絹会社（すべて大企業）のみならず産地織物業者（ほとんどが地方中小企業）の団体である日本輸出人造絹織物工業組合連合会とも事前の協議を重ねている。福井県編『福井県史　通史編六　近現代（二）』（一九九六年）。

（11）松浦正孝は池田成彬の「民間性」を指摘している。松浦正孝『日中戦争期における経済と政治』（前掲）。藤原銀次郎については、藤原銀次郎述、下田将美著『藤原銀次郎回顧八十年』（大日本雄弁会講談社、一九四九年）に彼の民間経済人としての自己認識が如実に示されている。

（12）このことを明らかにした山崎志郎は「設備拡充計画の主要な担い手を見ると、国家セクターを有する場合などの国策的企業、優良鉱区を有する鉱山会社以外は、寧ろ当該産業における中心的企業とは別の下位ないし新興企業などが中心であり、いずれの部門でも野心的ともいえる事業計画が重要な役割を果していた」と結論づけている。山崎志郎「戦時工業動員体制」（原朗編『日本の戦時経済　計画と市場』〈東京大学出版会、一九九五年〉所収）七一頁。

（13）佐藤卓己は一九四〇年をピークとする雑誌売り上げ部数の増加をもって「出版バブル」と指摘している。佐藤卓己『言論統制』（中公新書、二〇〇四年）四〇頁。また、当時の雑誌記事目録によると日中戦争期・太平洋戦争期の執筆者は実人数で一万九八七六人に達するのである。福島鑄郎・大久保久雄編『シリーズ大東亜戦争下の記録Ⅱ　大東亜戦争書誌』（上、中、下。日外アソシエーツ、一九八一年）、福島鑄郎・大久保久雄編『シリーズ大東亜戦争下の記録Ⅱ　戦時下の言論（上）あ〜そ』（日外アソシエーツ、一九八二年）、福島鑄郎・大久保久雄編『シリーズ大東亜戦争下の記録Ⅱ　戦時下の言論（下）た〜わ』（日外アソシエーツ、一九八二年）。

（14）拙著『大恐慌期日本の通商問題』（御茶の水書房、一九九九年）。

（15）『日満支経済懇談会報告書』一〇頁。

（16）『大阪毎日新聞』一九三八年一〇月七日、神戸大学新聞記事文庫データベースによる。

（17）『日満支経済懇談会報告書』一七〜二五頁。

（18）通訳がいないことは、一九三九年一二月六日東亜経済懇談会第二分科会（鉱業）における座長・松本健次郎の発言で判明する。『第一回大会報告書』一一五〜一一六頁。

（19）一八七一年生まれ、東大農学部卒、東大教授・農学博士。『東京篇』。なお、安藤広太郎については、日本における農業技術者の頂点に立ち、農業試験場関係の人事に強い影響力を保持していたことが山本晴彦の研究によって明らかにされている（山本晴彦『帝国日本の農業試験研究―華北産業科学研究所・華北農事試験場の展開と終焉―』農林統計出版、二〇一五年）。安藤自身は東京の農業試験場本場に勤務しているが、中国占領地における農業試験研究機関の設置に関与し、日満支経済懇談会、東亜経済懇談会では常連メンバーとして中国における綿花増産について発言している。

（20）一一月二二日、東京懇談会、『日満支経済懇談会報告書』七一頁。

（21）一一月二二日、東京懇談会、『日満支経済懇談会報告書』七六頁。

（22）一八七九年生まれ、慶大理財科卒、大日本紡績株式会社社長、その他多数の繊維企業役員を兼任。『近畿他篇』。

（23）一一月二六日、大阪懇談会第一分科会第二部会繊維工業、『日満支経済懇談会報告書』二〇二頁。

（24）一八八九年生まれ、日本陸軍通信学校卒、陸軍清河絨毛工廠指導者、陸軍部科長、山東省魯大公司支配人、河北塩務監督員、北寧鉄路局長など歴任。支那問題時点編輯部編『支那問題辞典』（中央公論社、一九四二年）。

（25）一一月二六日、大阪懇談会第一分科会第二部会繊維工業、『日満支経済懇談会報告書』二〇五頁。

（26）『大阪朝日新聞』一九三八年一一月二七日。

（27）一八九九年生まれ、東大独法科卒、満州国総務庁長秘書官、蒙政部総務司長、警察副総監など歴任。『外地篇』。

（28）一一月二二日、東京懇談会、『日満支経済懇談会報告書』七五頁。

(29)　一八九九年生まれ、東大経済科卒、三五年昭和毛糸紡績入社。大日本紡績連合会会長を務めた阿部房治郎の次男。『北海道他篇』。
(30)　一一月二五日、名古屋懇談会、『日満支経済懇談会報告書』一三六頁。
(31)　一八八九年生まれ、ハーバード大卒、浅野総一郎の弟として浅野系企業多数の役員を兼任。『東京篇』。
(32)　一一月二二日、東京懇談会第一日一般問題並産業関係、『日満支経済懇談会報告書』五八頁。
(33)　一一月二二日、東京懇談会第一日一般問題並産業関係における関口保の発言、『日満支経済懇談会報告書』六三頁。
(34)　山本熊太郎『概観東亜地理　中華民国篇』（柁谷書院、一九四一年）一四六頁。
(35)　一一月二四日、東京懇談会における寺崎英雄（蒙疆銀行副総裁）の発言、『日満支経済懇談会報告書』一〇〇頁。寺崎英雄は一八八八年生まれ、東大政治科卒、高文合格、大蔵省事務官を歴任後満州国監察院審計部長、審計局長官など歴任。『外地篇』。
(36)　一一月二二日、東京懇談会第一日一般問題並産業関係、『日満支経済懇談会報告書』五八〜六三頁。
(37)　一八五九年生まれ、片倉兼太郎の兄、製糸企業多数の役員を兼任。『東京篇』。
(38)　一一月二二日、東京懇談会第一日一般問題並産業関係、『日満支経済懇談会報告書』六九頁。
(39)　一八七八年生まれ、東大独法科卒、横浜正金銀行ロンドン支店支配人など歴任、大久保利通の四男。『東京篇』。
(40)　一一月二四日、日満支経済東京懇談会第二日金融、為替関係、『日満支経済懇談会報告書』八七頁。
(41)　一八八六年生まれ、東京高商卒、三菱商事入り。『東京篇』。
(42)　一一月二四日、日満支経済東京懇談会第二日貿易、交通関係、『日満支経済懇談会報告書』一一一頁。
(43)　一一月二六日、日満支経済大阪懇談会第二日第一分科会第一部、一般産業、『日満支経済懇談会報告書』一九七頁。
(44)　一八八一年生まれ、一九〇七年慶大理財科卒、鐘紡に入り淀川支店工場長、取締役副社長を経て三〇年社長に就任。『近畿他編』。
(45)　一一月二六日、日満支経済大阪懇談会第一日第一分科会第一部、一般産業、『日満支経済懇談会報告書』一九四頁。
(46)　なぜならば、同じ発言のなかに天津の英仏租界を日本軍が接収し、管理下に置くべし、といういかにも対外硬派の津田らしい主張があるからである。この部分は永井和『日中戦争から世界戦争へ』（思文閣出版、二〇〇七年）二三三頁に引用されている。
(47)　ちなみに『大阪朝日新聞』には「武力一本による治安維持の時代はすでに過ぎ……一刻も早く治安維持の全権をわれわれに委ねられるのを希望してゐる」とほぼ正確に書かれている。『大阪朝日新聞』一九三八年一一月二七日。
(48)　一一月二七日、大阪懇談会第二日第二分科会金融、『日満支経済懇談会報告書』二二二頁。

(49) 一八七三年生まれ、佐賀松蔭学舎卒、外務省入り、中国各地に駐在。『外地篇』。対中和平工作「船津工作」で名が知られ、外務省きっての「支那通」であった。
(50) 一九三七年七月二八日、冀東防共自治政府の保安隊が日本軍により誤爆を受け、翌日、報復のため挙兵、日本軍守備隊、特務機関員、居留民など二百余人が殺害された事件。
(51) 一一月二七日、大阪懇談会第二日第三分科会貿易、『日満支経済懇談会報告書』二三一～二三二頁。
(52) 社説「日満支経済懇談会開く」(一九三八年一一月二三日)。
(53) 社説「日満支経済懇談会の使命」(一九三八年一一月二三日)。もっともこれらの社説は日満支経済懇談会初日を受けてのものなので、懇談会の実際の内容如何にかかわらず、常設機関化の方針を知った上で書かれている。
(54) 『大阪朝日新聞』一九三八年一二月一五日。
(55) 『中外商業新報』一九三九年五月一八日夕刊。
(56) 一九三九年一月一四日に大蔵大臣からの申請が裁可された。JACAR(アジア歴史資料センター)Ref. A02030135700、公文類聚・第六三編・昭和十四年・第八五巻・財政九、会計九(臨時補給一～特別会計第二予備金支出)(国立公文書館)。
(57) 『中外商業新報』一九三九年七月四日。
(58) 日本と満洲国を結ぶ交通路として従来の大阪―大連―満鉄本線経由という「大連ルート」あるいは大阪―釜山―朝鮮国鉄経由の「朝鮮ルート」に加えて、日本海側諸港(新潟、伏木、敦賀等)―朝鮮北部諸港(清津、羅津、雄基)―吉会線経由の「日本海ルート」が開発されていた。朝鮮北部諸港が近代的大規模港湾として築港が進められたことに対応して、日本海側諸港においても築港計画がつくられ、どこを拠点として重点開発するかが議論されていた。福井県編『福井県史　通史編六 近現代二』(一九九六年)三二六～三四三頁、芳井研一『「環日本海」地域社会の変容―「満蒙」・「間島」と「裏日本」―』(青木書店、二〇〇〇年)を参照。
(59) 東亜経済懇談会『東亜経済懇談会要覧　昭和十五年十月』(一九四〇年)一頁。
(60) 松本俊郎「第二次大戦期の戦時体制構想立案の動き―「美濃部洋次文書」にみる日満支経済協議会、大東亜建設審議会の活動―」(『岡山大学経済学会雑誌』第二五巻〈第一・二号〉、一九九三年)。
(61) 一九三九年一二月七日、第四分科会(貿易)、『第一回大会報告書』一九九頁。堀義臣は一八九六年生まれ、一九二一年東大独法科卒、商工省に入り鉱山局燃料課長、福岡鉱山監督局長、特許局意匠商標部長、貿易局第一部長、商工省振興部長等歴任。『東京篇』。

(62)　一九三九年一二月七日、第四分科会（貿易）、『第一回大会報告書』二一三頁。横山龍一は一九〇三年生まれ、二七年東大政治科卒、大蔵省に入り長崎税務署長、関東庁財務部財務理財課長、税務課長を経て三九年満洲国に転じ、財政部理財科長、金融司金融科長等を経て現職。『外地篇』。

(63)　一九三九年一二月七日、第一回大会第四分科会（貿易）、『第一回大会報告書』二二八〜二二九頁。寺崎英雄の経歴については註(35)参照。

(64)　一九三九年一二月七日、第四分科会（貿易）、『第一回大会報告書』二〇六頁。

(65)　一九三九年一二月七日、第四分科会（貿易）、『第一回大会報告書』二〇九頁。

(66)　大蔵省昭和財政史編集室『昭和財政史　第十三巻 国際金融・貿易』（東洋経済新報社、一九六三年）三六九〜三七〇頁。

(67)　一九三九年一二月七日、第四分科会（貿易）、『第一回大会報告書』二三〇〜二三一頁。中山太一は一八八一年生まれ、クラブ化粧品製造本舗株式会社・中山太陽堂株式会社・太陽堂薬品株式会社・プラトン株式会社社長、大阪商工会議所議員、大阪実業組合連合会会長、貴族院議員。『大阪篇』。

(68)　大蔵省昭和財政史編集室『昭和財政史　第十三巻 国際金融・貿易』（東洋経済新報社、一九六三年）三六九〜三七〇頁。

(69)　一九三九年一二月一二日、大阪座談会、『第一回大会報告書』四三八〜四三九頁。

(70)　『中外商業新報』一九四〇年七月二七日。

(71)　一九四〇年七月二六日、総会、『日満貿易懇談会速記録』二一〜二二頁。隠岐猛男は一九〇五年生まれ、二九年東大経済科卒、南満工専講師、満鉄奉天地方事務所庶務係長歴任、一九三九年満洲国に入り経済部理事官を経て現職。『外地篇』。

(72)　小倉一郎『概観昭和交易史　事業と経済』（翼書房、一九四四年）七〇〜七二頁。なお、同要綱の作成過程については第Ⅰ部第三章においてふれることにする。

(73)　一八九二年生まれ、東大法科卒、大蔵省事務官歴任、満洲国総務部国有財産課、財政部理事官、総務司次長、総務司長、国務院総務庁長など歴任後、一九四〇年七月無任所大臣企画院総裁。『東京篇』。いわゆる〝二キ三スケ〟の一人。

(74)　一九四〇年一一月二五日、第二回総会、『第二回大会報告書』八八頁。

(75)　一八九六年生まれ、東大独法科卒、農商務省、商工省事務官歴任、満洲国実業部総務司長、産業部次長、歴任後、一九三九年一

〇月商工次官。『東京篇』。いわゆる〝二キ三スケ〟の一人。

(76) 一九四〇年一一月二八日、第二回総会重工業部会、『第二回大会報告書』四七二頁。

(77) 一九四〇年一一月二九日、第二回総会貿易部会における山梨武夫（駐日満洲国大使館参事官）の発言。『第二回大会報告書』六二八～六二九頁。山梨武夫は一九〇二年生まれ、東北大法文学部卒、大蔵省事務官を歴任後、満洲国財政部会計科長、同塩務科長専売総局総務科長を歴任。『東京篇』。

(78) 一九四〇年一一月二九日、貿易部会、『第二回大会報告書』六七四頁。太田静男は一八八三年生まれ、名古屋商業卒、三井物産に入り香港支店長代理、神戸穀肥本部長代理、同副部長、大連支店次長、本店穀肥部長、紐育支店次長、大阪支店次長等歴任。『東京篇』。

(79) 一九四〇年一一月二九日、貿易部会、『第二回大会報告書』六四三頁。桑原幹根は一八九五年生まれ、一九二二年東大法学部卒、内務省に入り山口・広島各県事務官、警察講習所教授、内務事務官、同書記官、警保局図書課長、兵庫・福島各県書記官、内閣東北振興事務局書記官兼内閣調査官、内閣調査局調査官、内閣東北局長等を歴任し、三八年退官。『東京篇』。

(80) 一九四〇年一一月二九日、貿易部会、『第二回大会報告書』六四六頁。

(81) 大東亜共栄圏経済建設講演会、一九四一年一二月六日、『第三回大会報告書』六五八頁。宮本武之輔は一八九二年生まれ、一九一七年東大土木工学科卒、内務技手、内務技師、東京高等工業学校土木科長、興亜院技術部長等歴任。猪野三郎監修『大衆人事録第十三版　東京篇』（帝国秘密探偵社、一九四〇年）。戦時期に技術者・技術官僚として著書も多数発表しその名を知られるようになる。宮本武之輔に着目した研究としては、大淀昇一『宮本武之輔と科学技術行政』（東海大学出版会、一九八九年）がある。

(82) 一九四〇年一一月二八日、重工業部会、『第二回大会報告書』四九八～五〇〇頁。八木聞一は一八九七年生まれ、一九一八年東京高等商業学校卒、久原鉱業に入り久原商事を経て南満州鉄道株式会社参事秘書役、総務部監理課運輸係主任等を経て現職。『外地篇』。

(83) 一九四〇年五月二三日、鉱工業分科会、『日満経済懇談会報告書』一四二頁。

(84) 一九四〇年五月二三日、総会、『日満経済懇談会報告書』六〇頁。石田武亥は一八七五年生まれ、九六年早稲田専門学校卒、小樽新聞社に入り日露戦争に従軍、一九一三年渡満し奉天倉庫株式会社社長、奉天銀行頭取等歴任。『外地篇』。

(85) 一九三九年一二月六日、第二分科会（鉱業）、『第一回大会報告書』一二六頁。周玨は一八八三年生まれ、日本に留学し早稲田大学卒、帰国後参議院議員、国民政府外交部に入り一九三一年駐日総領事として神戸、横浜に駐在、三三年帰国し上海弁事処参事、同主任、同処長を歴任。何庭流監修、大陸文化研究所編纂『現代支那人名辞典』（泰山房、一九三九年。『中国人名資料事典9』日本図書センター、一九九九年復刻）。

(86)　一九四一年一二月四日、開会式講演、『第三回大会報告書』七四頁。

(87)　一九四〇年一一月二五日、総会、『第二回大会報告書』一一一頁。

(88)　一九四一年一二月五日、鉱工業を主とする懇談会、『第三回大会報告書』一五〇頁。津田広は一九二五年東大英法科卒、満洲国臨時産業調査局、工商司工務科長等歴任後、商工省燃料局事務官、第一油政課長、大臣官房調査課長、燃料局総務部総務課長、同石炭部長を経て現職。『東京篇』。

(89)　一九四一年一二月五日、鉱工業を主とする懇談会、『第三回大会報告書』一五六頁。勝俣英は一八八六年生まれ、一九一一年東大採鉱科卒、同助教授を経て三菱合資会社採炭部技師長、三菱鉱業株式会社技術部技師長等経て現職。『東京篇』。

(90)　一九四〇年五月二三日、鉱工業分科会、『日満経済懇談会報告書』一四五～一四六頁。斯波孝四郎は一八七五年生まれ、東大造船科卒、三菱造船株式会社に入り三菱電機株式会社、日本電池株式会社取締役等歴任。『東京篇』。

(91)　一九四〇年五月二三日、鉱工業分科会、『日満経済懇談会報告書』一六二頁。

(92)　このあと古田は内地における配給・統制にも欠陥があったがこれは日本石炭株式会社の設立により解決に向かうだろうとの見通しを示している。一九四〇年五月二三日、鉱工業分科会、『日満経済懇談会報告書』一五〇頁。古田慶三は一八六七年生まれ、東京高等商業学校卒、三井鉱山株式会社商務部長、基隆炭砿株式会社常務、石狩石炭株式会社重役等歴任。『東京篇』。

(93)　勝俣英（三菱鉱業株式会社常務取締役）の発言による。一九四一年一二月五日、鉱工業を主とする懇談会、『第三回大会報告書』一五七頁。

(94)　日本支配下の内蒙から山西省を含む地域の傀儡政権。一九三九年九月一日、蒙疆連合委員会が改組され樹立された。主席は徳王、首都は張家口。

(95)　一九三九年一二月六日、第二分科会（鉱業）、『第一回大会報告書』一二九頁。山際満寿一は一九〇三年生まれ、早大理工科電気学科卒、同助教授、一九三二年関東軍政治経済担当部員として渡満、三六年興中公司に入り龍烟鉄鉱株式会社設立とともに理事長に就任。『外地篇』。

(96) 一九四一年一二月五日、鉱工業を主とする懇談会、『第三回大会報告書』一九三頁。武藤公平は一八九三年生まれ、一九二三年京大英法科卒、佐賀県属、地方警視、佐賀警察署長、拓務事務官、拓務省管理局・拓務局、本庁内務部長を経て蒙古聯合自治政府産業部次長、大同炭礦株式会社政府代表理事。『外地篇』。

(97) 一九三九年一二月六日、第二分科会（鉱業）、『第一回大会報告書』一三六～一三七頁。中松真卿は一八八三年生まれ、一九〇八年東大政治科卒、特許局審査官、農商務書記官、特許局総務部長兼意匠商標部長、商工省保険部長、鉱山局長、特許局長官等歴任。『東京篇』。

(98) 一九四一年一二月五日、鉱工業を主とする懇談会、『第三回大会報告書』二〇六～二〇七頁。小日山直登は一八八六年生まれ、一九一二年東大英法科卒、南満州鉄道株式会社に入り、撫順炭礦株式会社庶務部長、国際運輸株式会社代表、南満州鉄道株式会社理事、銑鉄共同販売株式会社専務、株式会社昭和製鋼所社長等歴任。『東京篇』。

(99) 一九四〇年一一月二八日、重工業部会、『第二回大会報告書』四四〇頁。小畑忠良は一八九三年生まれ、一九一七年東大英法科卒、住友本社経理部長を経て現職。『東京篇』。

(100) 一九四〇年年一一月二八日、重工業部会、『第二回大会報告書』四九三頁。

(101) 吉田健三郎（日鉄鉱業株式会社常務取締役）の発言。鉱工業を主とする懇談会、一九四一年一二月五日、『第三回大会報告書』一六四頁。吉田健三郎は一八八三年生まれ、一九一〇年東大法科卒、製鉄所副参事、大阪・福岡鉱山監督局長、二瀬鉱業所長等を経て現職。『東京篇』。

(102) 山際満寿一（蒙古連合自治政府代表、龍烟鉄鉱株式会社理事長）の発言。第二分科会（鉱業）、一九三九年一二月六日、『第一回大会報告書』一三〇～一三一頁。

(103) 軍管理石景山製鉄所「軍管理石景山製鉄所概要」（一九四〇年九月）（山崎技師〈興亜院〉『昭和十五年九月　北支生産拡充事業共同現地調査懇談会関係書類』〈筆者所蔵〉所収）。なお、同文書は、白木沢旭児『二〇〇七年度～二〇〇九年度科学研究費補助金基盤研究（C）研究成果報告書　日中戦争と長期建設』（二〇一〇年）に筆耕・復刻している。

(104) 軍管理石景山製鉄所「軍管理石景山製鉄所概要」（前掲）。

(105) 一九三九年一二月六日、第二分科会（鉱業）、『第一回大会報告書』一三一頁。

(106) 重工業部部会、一九四〇年一一月二八日、『第二回大会報告書』四五八～四五九頁。臼井千尋は一八八七年生まれ、上田中学卒、片倉製糸に入り、日東紡績株式会社取締役兼福島工場長を経て、一九三七年日東紡績株式会社常務。『東京篇』。

第二章　輸出入リンク制による貿易振興策

はじめに

一九三〇年代、繊維・雑貨など軽工業品輸出により世界市場に進出した日本は、「貿易立国」というスローガンにふさわしい輸出主導型の経済発展を遂げつつあった。しかし、日中戦争が長期化し、戦時統制経済が強化される過程において、当初は中国大陸との、後にはこれに東南アジア諸地域を含めた「東亜共栄圏」、「大東亜共栄圏」（いずれも「東亜アウタルキー」と総称できる）というきわめて閉鎖的な経済ブロック構築を志向するにいたる。しかし、「貿易立国」から「東亜アウタルキー」に政策転換する過程は、政治史においても経済史においても必ずしも明らかにはされていない。その転換が日中戦争期（一九三七〜四一年）にあったことは間違いないだろう。

日中戦争期には、外貨獲得が至上の課題となっており、その限りで「貿易立国」を続けることが要請された。この時期の貿易に関する通説とされる原朗説は、次のように説明している。

……すでに戦時消耗が開始された段階で、直接軍需品工業よりもその基礎産業たる金属工業やエネルギー部門の生産力拡充計画を強行しつづけなければならなかったことは、日本における重工業生産力の低位性とその資本蓄積の立遅れに基くものであり、ナチス・ドイツの第二次四ヶ年計画と日本の生産力拡充四ヶ年計画とはその性格を全く異にする。また、ここでとりあげる外貨不足問題も、単なる国内資源の貧困のみに基くものではなく、軽工業が外貨獲得によって重工業を代位補充してきたという日本における工業発展の構造そのものに究極の根拠をもっているのであって、さきの生産力拡充問題と外貨不足問題とは別のものではない。(1)

この指摘自体は的を得たものなのだが、本章で問題にしたいのは、同時代の人々が生産力低位、外貨不足問題について、どれほどの認識があったのか、ということである。たとえば、第Ⅰ部第一章で取り上げた東亜経済懇談会の刊行物のなかに同時代人による次のような指摘がある。

以上によつて明かな如く、日本の対外貿易には軽工業品、就中《なかんずく》衣料品の輸出を以つて原材料及び機械類の輸入を補完するといふ第一の使命が与へられ、いはゞ之によつて再生産過程が維持せられて来たのである。かくて日本の繊維工業の肥大性は劣性な重、化学工業の当然の要請とも云ひ得、外国貿易が基本的再生産構造と深く結び付いてゐる事は日本の特殊性を示すものに他ならぬ。……農村との関連に於ける低賃金機構の存在を武器に比較的劣位な技術的水準にて可能な繊維工業に進出し、その繊維工業品の輸出によつて迂回的に重工業関係の原料品を獲得せねばならなかつたのである。(2)

戦後の研究において指摘される日中戦争期貿易構造の特質が、きわめて的確に述べられている。書き手は特定できないが、この記述の注には、名和統一「日本経済機構分析と現階的課題」(『科学主義工業』一九四〇年一二月)が記されている。おそらく、東亜経済懇談会事務局に勤める者が、名和の議論を読み、それを正確に理解した上で、共感を覚えて書いたものと思われる。名和が日本貿易の三環節論を提示したのは戦時期であったし、しかも日本経済の対外依存性の認識は、戦後講座派の日本資本主義論に受け継がれたが、名和当人は、一九四〇年末には、対外依存性からの脱却・東亜アウタルキー経済確立の必要を主張するにいたったことは、第Ⅰ部第一章で明らかにした。この事例から、日本の対外依存(英米依存)の貿易構造は、同時代人にある程度知られていたことが推測できるのである。したがって、輸出振興・外貨獲得の重要性も理解されえたであろう。

本章では、外貨獲得の重要性を認識した後に、その方途として輸出振興策が具体化されていく過程を検証することにしたい。そのさい、外貨獲得・輸出振興策と対英米協調との関わりに留意したい。というのは、外貨獲得のための輸出振興策が実行される限りにおいて、ぎりぎりの線ではあるが、対英米協調は継続されなければならない。逆にいうと、外貨獲得・輸出振興策が放棄されることによって「東亜アウタルキー」構築が正当な路線として確立しうるわけである。先述した「貿易立国」から「東亜アウタルキー」への転換という問題は、対英米協調の放棄、対英米対決の決断と密接に関わり、いわば太平洋戦争の経済的原因を構成するものなのである。この輸出振興策の中心をなすものが輸出入リンク制である。

輸入原料に依存して輸出商品を製造していた羊毛・綿業・人絹をはじめとするいくつかの輸出品について第三国(ドル、ポンド圏)への製品輸出と原料輸入をリンクさせて、両者の拡大均衡を企図する商品別リンク制が実行された。以下、第一節では、輸出入リンク制の政策立案過程を、第二節では、その政策効果と終焉にいたる過程を考察することにしたい。

一　輸出振興策の形成

1　一般的輸出振興策

日中戦争初期の貿易政策は、いわゆる準戦時体制段階から急増する貿易収支赤字に直面したことを契機に始まり、その具体的内容は、為替許可制により輸入を抑制しようとするものであった。大蔵省令第一号(一九三七年一月八日)

により輸入為替許可制を実施し、同年七月七日には自由取引の限度を一ヶ月三万円から一〇〇〇円に引き下げ、より厳格にした。輸入為替許可制という手段により輸入を抑制したことによって、確かに一九三八年上半期の入超は約六六〇〇万円に減少し、この年は一年を通じて約六〇〇〇万円の出超にさえなった。だが、これは輸出が増加したからではなく輸入が減少したからであり、日本の貿易構造（輸入原料の加工貿易）の性質上、この輸入の減少は必然的に後の輸出の減少をもたらすことになる。(3) つまり、一時的に貿易収支は好転したかに見えるが、輸出の減少を招くことにより、貿易は縮小均衡へと向かわざるをえないのである。

輸入為替許可制を基軸とする貿易政策のかかる欠点を、当時の政府はいかに認識していたのだろうか。たとえば、時の商工大臣吉野信次は、三八年一月五日付の新聞に次のように語っている。

即ち事変下の貿易政策の目標の第一は必要なる物資の輸入を確保することである。……事変下の貿易政策の第二は国際収支を維持改善し輸入物資の決済に支障なからしむることである。……もつともこの場合において輸出品の原料輸入を抑制するに当つては国内消費の節約、代用原料の使用奨励などを併せて行はないならば輸出を阻害し却つて国際収支を悪化させる危険があるからこれら一連の方策を包括的に採用して輸出品の原料確保を計らねばならないのである。(4)

この談話には、原料輸入を抑制することにより輸出が阻害される、という認識は示されている。しかし、それは、「国内消費の節約、代用原料の使用奨励」などを行うことによって、解決される、との認識も読み取ることができる。事実、日中戦争初期から商工省による代用原料の研究は着手され、国内消費の抑制も実施されていた。(5) つまり、このころ吉野商相の発言には、後のリンク制につながる輸出振興策はまだみられないのである。

外務省は、三七年一〇月時点において、相手国別の貿易振興方策をまとめている。たとえば、ドイツについてはド

イツ大使武者小路公共の「本邦対独逸貿易振興方策意見」として、

日独貿易就《なかんずく》中本邦品ノ独逸輸入ニ付テハ御承知ノ通、独逸品ノ対本邦輸出実績ノ割合ニ応シ総額ヲ決定スルコトトナリ居レルノミナラス輸入セラルヘキ商品目モ亦夫々割当ラレ居レル関係上、独逸為替管理ノ現状ニモ鑑ミ右割当額ノ範囲ヲ超過シ許可ヲ取付クルコト、換言セハ現行日独貿易比率ヲ更ニ有利ニ改ムルコトハ至難ナリト思考セラル……(6)

と、ドイツ側の為替管理の厳格さから日本側の輸出増は至難だという。ドイツの為替管理は、相手国別に二国間貿易収支の均衡を企図して行われている。もっとも、日独貿易は、日本側が入超・ドイツ側が出超であり、ドイツの為替政策には寄与しているのだが、この時期の為替管理の常道として、たとえ二国間貿易収支が自国に有利（出超）であったとしても、その国からの輸入増を許容する、という例は稀であった。武者小路大使は、この点はっきりと悲観論を述べている。

ベルギーに関してはベルギー大使来栖三郎が次のように主張している。

輸出入関係ノ調整

従来所謂貿易振興ニ関シテハ単ニ輸出振興ヲノミ考慮シタルガ如キ嫌アルモ今日ニ於テハ相手国ヨリノ輸入ニ関シテモ常ニ考慮ヲ払フヲ要スベク従ツテ過般ノ帯鉄関税引上ノ如ク相手国対本邦輸出品ニ抑制ヲ加フルガ如キ場合ニ於テハ其ノ反動トシテ本邦品ノ相手国ニ対スル輸入ニ対シ多少ノ影響アルベキヲ予メ覚悟シ置クヲ要スルト共ニ例ヘバ軍需品関係等ニテ多量ノ外国品ヲ輸入スル必要アル場合ニハ事情ノ許ス限リ之カ代償トシテ本邦品ノ輸出増進ヲ求メ得ルガ如キ方面ヨリ之ヲ輸入スル等ノ工作ヲモ考ヘ置クヲ要スベシ。(7)

来栖三郎は、ベルギー大使着任前は外務省通商局長（一九三二年一一月～三六年四月）(8)であり、世界恐慌後の管理貿易・経済ブロック化に対応してきた実績を有する人物である。世界恐慌後の貿易が、いわゆる自由貿易から二国間貿易収支の均衡を求める管理貿易に転換したことを身をもって認識していたはずである。この発言も二国間貿易収支の均衡を重視する立場から書かれており、しかも、後半では、軍需品輸入のさいにも求償的（バーター）に日本品の輸出増を受け入れる可能性が高い国から軍需品を輸入せよ、という主張となっている。物資動員計画（物動）により軍需品や原料輸入がいわば「モノ本位」に、計画的に行われる日中戦争期にあって、このような来栖の認識は、きわめて「平時的」である。軍部や企画院と外務省との、この時点における戦時経済に対する認識の差異も読み取ることができる資料である。

このような、戦時経済に必ずしも適応しない、いわば「平時経済」的な貿易政策論は、外務省通商局が公刊している文献にも如実に表れている。一九三八年一二月刊行の『昭和十三年版　各国通商の動向と日本』には、

日本は互恵的に相手国の正当な要求には出来得る限り副ふに吝かではないのである。而して之に依つて双方の貿易額が増嵩を見ることを窮極の目的とせねばならぬ。斯かる次第であるから日本に於ても原料の輸入先を必要に応じて他に転換するを要し、「ギヴ・アンド・テーク」の原則に基いて我が輸出入先の食違を互恵的立場に立つて調整し、輸出入の増加を計るの必要を生じて来るのである。而して従来求償主義に基く相手国産品の買付増加は、自発的に日本の輸出組合等の手に依つても実施されて来た。……然し政府は更に一歩を進め日本と相手国との通商促進措置の実行を当業者団体の措置にのみ任せず、当事国政府間に貨物の自由流通促進の基調に立ち而も両当事国の通商関係を互恵的に増進する為の通商取極或は貿易協定を締結し、以て日本が格守する通商自由主義と通商互恵主義とを現実化しやうとする意図を有するのであつて、之に依り漸次世界各国の経済的武装傾向を緩和し自由通商主義への復帰を促さうとする決意が有るのである。(9)

と、一九三〇年代前半から繰り返し主張していた、世界を自由通商主義へ復帰させることが目標として掲げられ、そのために現状においては通商互恵主義をとり、二国間貿易の増進に務めること、そのためには政府の通商取極・貿易協定を締結する、というのである。中ほどに出てくる「我が輸出入先の食違を……調整」とは、日本が原料・機械などの輸入を依存する国はアメリカ、オーストラリア、英領インド、ヨーロッパ諸国など少数の国に限られ、それぞれの国からは巨額の入超を計上しているのに対し、日本が工業製品（主として繊維、雑貨など軽工業品）を輸出する相手はアジア・アフリカ・中南米などの多数の発展途上国・植民地であり、それらの国との二国間貿易収支は日本側出超となり、それが食い違っているというのである。[10] したがって、調整の方向としては、日本が入超となっている国に日本品輸出を促進し、日本が出超となっている国からの輸入を増やす、たとえば綿花はアメリカからの輸入に集中しすぎているので、日本品を輸入している他の多数の国々から分散して輸入するべきだ、との立場なのである。これは、やはり物動や生産力拡充（生拡）という課題からみると、迂遠な方法であり、換言すれば商品・資源本位に貿易を考えるのではなく、二国間貿易・外交関係本位に貿易を考える立場である。

このように、日中戦争初期において、吉野商相、外務省ともに戦時経済に適合した新たな貿易政策は持ち合わせていなかった、と評価してよいだろう。

2　義務輸出制の提案

通説では、輸入為替許可制による輸入抑制策が輸出振興策に転換する契機は、一九三八年五月の近衛内閣改造・池田成彬蔵商相の登場によるとされている。[11] そこで、積極的な輸出振興策の形成過程を検証してみよう。そもそもリンク制実施それ自体は、吉野信次商相時代（一九三七年五月〜三八年五月）のことである。池田蔵商相の登場以前に石鹼

（一九三七年一〇月）、ブラシ（一九三八年一月）、羊毛（一九三八年三月）、綿布（団体リンク）（一九三八年四月）、フェルト帽子（一九三八年五月）のリンク制が実施された[12]。しかし吉野商相自身は、先に紹介した三八年一月のインタビュー記事にみられるように、リンク制を重要視していなかった。むしろ民間の業者からリンク制に該当するしくみが提唱されていたようである。たとえば、林荘太郎（兼松商店取締役）の発言のなかに、

それから羊毛を輸入する上において輸出原料には特別の考慮を払つてやらうといふことはこれはもとより輸出振興上非常によいことでありますが、この場合にどうするかといふ方法が非常に疑問になつてゐる。さきほど承れば棉花を輸入した際に統制を、輸出に対しては奨励をしようといふことも一つの方法であらうと思ひますが、最近大阪の方で一寸聞きますのに輸出をする上において先づ現在持つてゐるストツクをもつて輸出の契約をなし、その契約書を証明として税関から積出した場合にはそれだけのものを輸入するといふ方法を採つたらどうだらうかといふことが当業者の問題になつてゐる。……[13]

とリンク制の原型がみられる。実際、話題となっている羊毛については、商工省内において三七年一〇月に注目すべき文書が作成されていた。

「昭和十三年度（自昭和十二年九月一日至昭和十三年八月末日）ニ於ケル羊毛ノ輸入方針ニ関スル件（一二、一〇、九）」

一、国内民需向製品ニ充ツル為三十三万五千俵ノ輸入ヲ認ムルコト
右数量ノ内十五万俵（約四千五百万円見当）ヲ限リ本年十二月末日迄ニ買付クルコトトシ其ノ買付先別数量ハ豪州十三万五千俵、南阿一万五千俵トスルコト
来年一月以降買付クベキ十八万五千俵ノ買付先別数量ハ追テ考究ノ上決定スルコト

二、輸出向製品ニ充ツル羊毛ハ別記細則ニ依リ製品輸出ノ実績ニ応ジ之ガ輸入ヲ認ムルコト

右数量ノ内本年十二月末日迄ノ買付量ハ約五万俵トシ右ハ豪州ヨリ買付クルコトトスルコト

来年一月以降ノ買付先別数量ハ追テ考究ノ上決定スルコト

（中略）

七、輸出向製品ニ充ツル羊毛ニ付テハ別記細則ニ依リ輸出セラレタル羊毛製品ニ含マルル原糸若ハ輸出セラレタル「トップ」及毛糸ヲ生産シタル者ニ対シ割当ツルコト(14)

第二項において「輸出向製品ニ充ツル羊毛」は「製品輸出ノ実績ニ応ジ之ガ輸入ヲ認ムル」とされ、第七項では羊毛の輸入割当は輸出毛織物に含まれる原糸および輸出毛糸生産者（＝毛糸紡績企業）に与えられるべきことが示されており、まさに羊毛リンク制の原型とみられる文書である。先にふれた林荘太郎の指摘がこの文書の内容を指すのか否かはわからないが、この時期に民間および商工省内において羊毛リンク制が議論されていたことは確かである。

日本経済連盟会は三七年一二月二一日、日本工業倶楽部にて繊維工業の消費節約に関する専門委員会を開催し、緊急対策として「綿製品、羊毛製品および麻製品の如き重要輸出品については国際貸借を維持改善すべき大局の見地よりはその輸出の維持増進をはかるをもつて第一義とすべきをもつて、棉花、羊毛および麻の輸入抑制については国内において消費を節約し得る程度をもつて限度とし輸出品の原料品たるべき棉花、羊毛および麻は輸出可能の見込みに応じて輸入し得ること、することと」とする提言をまとめている(15)。このように、民間および商工省内では、リンク制に該当するようなアイディアが、三七年中には形成されていたのである。

また、石原莞爾の肝煎りで結成された日満財政経済研究会は、三八年二月に「輸出振興計画案」を作成しているが、そのなかで、

制ヲ採用ス。

（六）義務輸出制ノ採用

原料ノ輸入制限ノ結果輸出ヲ阻害シオルノ実情ニ鑑ミ、原料品ノ輸入ト輸出トヲリンクセシムル所ノ義務輸出制ヲ採用ス。

（イ）本制度ヲ採用スル商品ハ、棉花ト綿糸布、羊毛ト毛糸、毛織物、トスルコト。

（ロ）生産者ニ若干程度ノ原料ヲ常備セシメ、製品カ輸出サルル都度、所要数量ノ原料輸入ヲ許可スルコト。

（ハ）輸出向製品ハ国内市場ニ売捌ク事ヲ禁止スルコト。

（ニ）之カ実際取扱ハ輸出組合及輸入組合ノ自治的統制ノ形式ヲ採用スルコト。(16)

と義務輸出制という名称で、ほぼリンク制に該当するプランが明記されている。輸出組合等による自治的統制によるものとされていることから、後に実現する団体リンク制に該当するものとみなしてよいだろう。もっとも、この「輸出振興計画案」の掲げる三九年目標数値は、三七年の実績に対し輸出合計で約一・三倍というきわめて楽観的な見通しによるものであった。

日本経済連盟会も、三八年三月に「輸入原料に依存する主要工業に対する方策」のなかで「製品の輸出に関しては各工業別に一定数量を義務的に輸出せしむる主旨により原料の年間所要数量を過去の輸出数量の実績に本づき推定し……当該工業に必要なる原料の基本数量を定むること」と義務輸出制と同内容の提案を行い、「前項の輸入許可および為替許可に関する当該工業内部の処理につきては製造業者、加工業者、原料輸入業者、製品輸出業者を網羅する統制団体を結成せしめ自治的に処理せしむること」と、団体リンク制の考え方を示していた。(17)

このように、池田蔵商相の登場以前にリンク制は実施されていたし、民間からはリンク制（義務輸出制）を綿花・羊毛など主要商品に広げていくこと、その方法として輸出組合あるいは新たな統制団体による自治的統制を採用することが提言されていた。大蔵省の管轄する輸入為替許可制のみでは輸出の減退につながる、という認識は広く共有されており、輸出増大をもたらすための新たな制度が模索されていたのである。

3　個人求償制案から組合求償制案へ

これまで紹介してきた義務輸出制は、輸出組合などの団体が主体となって行うものであったが、一九三八年四月以降に新たな方式として個人求償制なるものが提唱される。四月九日、吉野商相が、日本経済連盟会、輸出組合中央会、工業組合中央会、商業組合中央会、日本貿易協会の五団体役員を招き、貿易振興策につき協議した結果、五団体が輸出振興合同委員会を組織することになった、という(18)。同じ記事に東京商工会議所が輸入確保策と積極的輸出促進策を検討してきた結果、建議案をまとめたと報道されている。建議案は、

個人的求償制度を採用すること

一、輸出したる者に輸入権を与へること、但し、過去相当年間輸入のみに従事せる業者に対しては別にある程度の考慮を払ふこと

二、主要輸出品と重要輸入品とをリンクせしめこれを本制度の適用外に置くことを得るものとすること、軍需品、輸入禁制品に対しては本制度を運用せざること

三、一の輸入権は輸入商品の性質（例へば工業原料たるか或は不急物資たるかなどの如く）に応じ輸出金額に対し比率を定め賦与すること、前項の比率は国内物資の需給状態に応じ随時増減調整をなすものとすること……(19)。

この「個人的求償制度」では、輸出した者（おそらく輸出商、商社）に「輸入権」が与えられる。後に具体化される綜合リンク制、個人リンク制の魁となるアイディアである。ただし、主要輸出品、重要輸入品、軍需品は「個人的求

償制度」の適用外とする、というのであるから、主要輸出品などは商品別リンク制を実施し、その他の商品についてこれを実施する、という考え方らしい。輸出振興を図るために輸出商、商社の才覚による輸出増加が輸入権付与を経て次の輸出を可能にする、というメカニズムにより輸出を拡大基調に転じさせようとするねらいがあるのだろう。個人（輸出商・商社）を主体に考えた輸出振興策として画期的なものである。

ところが、個人求償制には反対意見が出された。まず、吉野商相は、四月一二日、「個人求償制はすでにイタリーにおいて試験されたが徒らにプレミアム稼ぎの弊を生ずるだけで問題にならぬことが明かである。一方輸入を輸出にリンクする案に対し個人求償的な点を非難する向きがあるが、これは全く誤解でこのリンク案は業者全体から見たもので決して個人的なものではない」と語った[20]。個人求償制導入に反対し、商品別リンク制については団体リンクだからよい、というのである。プレミアムが生ずる、という点は個人求償制推進派とみられる田中完三（三菱商事）が「輸入権は他人に譲渡出来るやうにして置くべきものである。場合に依つたら、そこへプレミアムが生ずるかも知れぬ[21]」と肯定していた。また、同じ民間ではあるが、大阪商工会議所は四月二七日、個人的求償制度に対し「右制度は一般に貿易組合、工業組合などによる統制を破壊する結果、大企業のみを利益し中小貿易業者ならびに製造業者に甚だしき打撃を与ふるものなりとの点を主として右制度に反対の意向を表してゐる[22]」と反対していた。あえて図式化すれば、三菱商事に代表される大手商社は個人求償制（権利の売買も可）、吉野商相および大阪商工会議所は個人求償制反対、団体求償制賛成という立場であった。

吉野商相の輸出振興策についての諮問を受けていた五団体は、五月三〇日にできあがった答申案を商相に提出した。そのなかに、

組合を通じて輸出入をリンクすること

輸出業者が輸出をなしたる時は所属輸出組合に届け出で組合はこれらの輸出量額を総括して中央機関に提示し該機関はこれに本づき輸入量額を輸入組合に割当て輸入組合はさらにこれを適宜所属組合員に配分すること、但し下記第五項および第六項の場合はこれを除くこと。[23]

資料中の第五項は商品別リンク制、第六項は相手国との求償協定がある場合である。民間五団体の答申は、輸出組合・輸入組合を中心とした組合求償制とでも呼ぶべきもので、この場合、輸出商と輸入商は別人かつ別組合の構成員であるから、個人求償制（輸出した者が輸入権をもつ）とはまったく異なる思想に基づいている。実は、この直前に日本商工会議所が自らの貿易振興方策をまとめ商相に提出するとともに五団体の懇談会に参考案として提出していたのだが、その骨子が輸出組合・輸入組合による組合求償制なのである。[24] 日本商工会議所が成案をまとめるに際して、東京商工会議所は個人求償制を提起し大阪商工会議所はそれに反対し、「組合求償制案」を作成、日本商工会議所としては後者を採用する旨が報じられている。[25]

商工省は、五月一九日時点（池田蔵商相の登場は五月二六日）で次のような検討状況であった。

……現在既ニ商品別ニ製品輸出ト原料輸入トヲ聯繫セシムル政策ヲ相当進メテ居リマスノミナラズ爾余ノ商品ニ付キマシテモ可及的ニ本制度ヲ拡充セントスル意図ノモトニ鋭意研究ヲ進メテ居ルノデアリマスガ輸出振興ノ一日モ忽ニスルコトノ出来ナイノニ鑑ミマシテ商品別「リンク」制度以外ニ全面的ナ輸出輸入ノ「リンク」制度ニツイテモ亦目下鋭意考究ヲ進メテ居ルノデアリマス。[26]

文中の「商品別「リンク」制度以外ニ全面的ナ輸出入ノ「リンク」制度」とあることに注目したい。吉野商相期にはすでに商品別リンク制が実施され既定の路線であったことに加え、その他の商品にもリンク制を適用し、「全面的ナ「リンク制」」も検討されていたのである。そして、民間の多数意見は個人求償制ではなく組合求償制であったこと、吉野商相も個人求償制には反対であったことが確認できるのである。

4　綜合リンク制構想

綜合リンク制の名称を最初に用いたのは個人求償制に反対していた大阪商工会議所であった。五月一六日に開かれた大阪商工会議所貿易部会において、日本商工会議所貿易対策委員会作成の案（実は東京商工会議所案）は個人求償制を骨子としていて反対である旨を確認した上で、「輸出、輸入、商業、同業、工業の各組合を連携して輸出入、生産配給および販売の全般的統制を行はしめ、もつて、一般輸入製品ならびに輸入原料とその原料をもつてする輸出製品及び国内原料をもつてする輸出製品に対する綜合的リンク制を確立すること」としている。(27) 大阪商工会議所のいう綜合的リンク制とは、個人求償制に反対する立場からの組合求償制なのである。ところが、商工省は、おそらく池田蔵商相就任後に綜合リンク制の名前のみを引き継いで、個人求償制に基づく綜合リンク制を考案したのである。商工省は綜合リンク制案の骨子を三八年七月に発表し、原案（成案）を九月に決定した。要点を箇条書きにすると、

1. 原則として任意の物資の第三国向輸出に対し、輸入割当の範囲内において任意の物資の輸入を許可する。かつ、物資を輸出せぬ限り輸入を認めぬ建前とする。
2. ただし個別リンク適用品目は適用範囲から除き、また生糸の輸出、軍需品その他特殊品の輸入については適用しない。
3. 金額リンクとし輸出金額に対し一定割合の金額の輸入権を認める。
4. 輸入権は一定期間内に行使せしめることとし、そのプレミアム付売却を認める。
5. 輸入権売買の斡旋機関は日本銀行とする。

6．輸出証明は輸出手形取組のさい、為替銀行をして証明書を作成させる。
7．個人リンク制による自由競争を建前とする。[28]

これが、先に紹介した個人求償制であることは明らかであろう。これに対して、大蔵省は、第一に民需品の輸入許可は物資動員計画と矛盾すること、第二に、輸入権のプレミアム付売買は輸出品のコスト高の原因をなすこと、第三に、輸入権売買を担当する日本銀行に、そのような経験がないことなどを理由として反対した。[29]ところが、大蔵省は反対したものの池田蔵商相は賛成している。一〇月七日の談話で次のように語っている。

自分としては綜合リンクを出来ればやりたいと思つてゐる、来週早々商工、大蔵両事務当局関係官を招致し、両者の食ひ違ひをよく調査して見て案が纏れば出来るだけ速やかに実行に移したい考へである、基準にする法令の問題は為替管理法で悪ければ輸出入品など臨時措置法（輸出入品等臨時措置法のこと…引用者）でもよい、この法令は所詮形式の問題だ、プレミアムも高率ではない限り差支へないと思つてゐる……[30]

まさに、蔵商相兼任のメリットを発揮するべく、対立する事務当局の調整に意欲を見せており、とくに輸入権売買のプレミアムについて是認していることは、池田成彬の「民間性」の表れとして注目できる。[31]綜合リンク制（個人求償制）は、厳格な輸入為替許可や物動計画に基づく貿易とは異質の自由主義的側面を有していたのである。[32]

結局のところ、綜合リンク制をめぐる商工・大蔵両省の対立は、大蔵省に軍配があがり、綜合リンク制は、商品を限定したかなり小規模な制度に変えられ、特殊リンク制という名称のもと、一九三九年一月一〇日から実施された。輸出入すべてを網羅する全面的なリンク制はついに実現しなかったのである。

5　綿業個人リンク制（一九三八年七月）の意義

池田蔵商相の功績とされるものに、綿業の個人リンク制がある。綿業については、一九三八年四月から、すなわち吉野商相期に団体リンク制が実施されていた。その骨子は、原料綿花の使用業者に団体を結成させ、その団体に対して過去二ヶ月間の綿布輸出総額に一定比率をかけた額の綿花輸入を許可するというものであった。しかし、綿花の配分や内地流入阻止は大日本紡績連合会などの自治的統制に委ねられ、効果はみられなかった、とされている。そこで、池田蔵商相登場後、三八年七月に綿製品輸出増進方策要綱、輸出綿製品配給統制規則などに基づき個人リンク制が導入された。これは、綿布の国内流用・円ブロック向け輸出を法的に禁止するとともに、織布業者をすべて紡績会社の賃織へと編成替えし個々の紡績会社に綿花輸入を許可するものであった。これを官治的統制と評する向きもあったが、商工省工務局繊維工業課長美濃部洋次は「カルテル組合等の生産割当等の制限を極力廃止し、自由競争、優勝劣敗の途を開き……」と自由化の側面を強調している(33)。

以上の経緯を振り返り、リンク制導入が、なぜ池田成彬の功績とされたか、につき私見を述べておきたい。第一に、リンク制そのものは団体リンク制という方式で吉野商相期に実行されていた。民間の義務輸出制意見や個人求償制（後の綜合リンク制案につながる）も提起されていたが、吉野商相は、個人求償制には明確に反対の意思を表明していた。第二に、池田蔵商相は、個人求償制の流れを汲む商工省が提起した綜合リンク制に賛意を示した。大蔵省の反対にもかかわらず、である。また、七月に実施した綿業リンク制は、従来の団体リンク制から個人リンク制に転換したものであった。池田蔵商相期に実現したのはリンク制のなかでも個人リンク制なのである。もっとも、商品によっては新たに団体リンク制として始まるものもあり、池田蔵商相期に個人リンクばかりが行われたわけではないが、吉野商相との対比は明らかであろう。当時、民間にも商工省にも統制一辺倒に危惧の念を抱き、自由競争の余地を残そうとする動きがあり、それを具体化できる人物は池田成彬を措いて他にはいなかったのであろう。カルテル組織（大日本紡績連合会などの任意団体、中小工業者の工業組合、輸出商の輸出組合）による自治的統制の延長線上に団体リンク制を考案し実施した吉野商相に対し、個人リンク制導入に踏み切り、また個人求償制の延長線上にある綜合リンク制を導入しようとした池田蔵商相は、明らかに自由競争志向をもっていたと評価できる。リンク制は吉野商相期に始まったが、功績は池田蔵商相に帰せられる理由はこれである。

二　輸出入リンク制の展開と帰結

1　制　度

輸出入リンク制は、形式上、次のように区分されている。まずリンクの対象となる商品の有無によって、個別リンク制（商品別リンク制）、一般リンク制（綜合リンク制）、そして、これらの中間形態として集団商品別リンク制（特殊リンク制）が想定された。また、リンクの主体をいかなる者にもたせるかによって、個人リンク制、団体リンク制に区分され、原料と輸出品のリンクを結びつける基準によって金額リンク制、数量リンク制に区分された。戦時期日本において最初に実施されたのは個別リンク制（商品別リンク制）であった(34)。

羊毛では、羊毛製品リンク制要綱（一九三八年二月二二日）により、①羊毛製品（羊毛をカードまたはコームしたもの、毛糸、毛織物、毛メリヤスおよび毛メリヤス製品、毛布・膝掛・肩掛・襟巻）を第三国へ輸出したとき、その都度当該製品に含まれる毛糸を生産した紡績業者にこれに相当する原料羊毛の輸入を認める、②これにより羊毛を輸入した紡績

表6　綿業リンク制の成立過程

3月9日	綿糸布輸出振興策は綿花とのリンク制が効果的と官民懇談会で意見一致
11日	商相は議会で綿花の如きは相当長期に総括的に為替許可の旨言明
14日	綿布義務輸出リンク案大綱決定
24日	輸出向綿糸布の国内流用防止具体策決定
4月1日	純綿糸布及綿製品内地流用阻止に関する申合を実施
5日	輸出向純綿糸配給にも切符制採用
18日	綿工連（日本綿織物工業組合連合会）加盟組合の綿糸使用業者大会は綿糸配給統制の是正を要望
28日	綿糸消費統制協議会第7回会議を商工省に開催，6月分綿糸配給数量並に7月分輸出向純綿糸の配給割当と同時に5，6月分の同割当をも併せ決定
5月11日	綿工連，紡連（大日本紡績連合会）提携に依る賃織契約成立
18日	商工省「輸出向け綿糸，綿布，綿製品内地流用防止監督委員会」設置決定
30日	純綿糸布の内地流用阻止規約を強化
6月8日	商工省は綿糸転用防止に特殊工場制採用，成案は今月中に作成し，7月1日より実施
15日	綿業需給調整協議会創立
18日	商工省は個人リンク制による新綿業政策を発表
20日	中国向綿糸布の積出今後半ヶ年間停止，華北向綿布の輸出約定品全部の解合実行に決定
29日	商工省，綿製品輸出増進方策要綱，国内綿製品ニ対スル処置要綱を発表，紡績会社の個人リンク制，内需用の綿花輸入の禁止を実行
7月5日	輸出向商品の原料輸入は3ヶ月先物迄許可に方針決定
15日	綿製品義務輸出2ヶ月制に紡連は反対表明
21日	精算受渡綿糸のリンク綿輸入権帰属方式決定

出所　「綿業日誌（昭和十三年三月中）」（『綿工連』第33号，1938年4月），「綿業日誌（昭和十三年四月中）」（『綿工連』第34号，1938年5月），「綿業日誌（昭和十三年五月中）」（『綿工連』第35号，1938年6月），「綿業日誌（昭和十三年六月中）」（『綿工連』第36号，1938年7月），「綿業日誌（昭和十三年七月中）」（『綿工連』第37号，1938年8月），通商産業省『商工政策史　第十六巻 繊維工業（下）』（1972年）116～117頁。

業者は、一〇ヶ月以内にこれに相当する羊毛製品を輸出すること、③輸出商は、羊毛製品を輸出したときには当該紡績業者に輸出証明書を交付すること、などを骨子としたリンク制が三月一五日から実施された(35)。

綿業におけるリンク制の成立過程を表6「綿業リンク制の成立過程」にまとめたので参照されたい。特徴として、第一に、リンク制は官民懇談会によって協議されており、民間側（大日本紡績連合会、日本綿織物工業組合連合会など）の意向をも踏まえた形で実施されたこと、輸出向き綿布の内地流用阻止に関しては団体リンク制の段階の「純綿糸布及綿製品内地流用阻止に関する申合」（四月一日）から商工省「輸出向け綿糸、綿布、綿製品内地流用防止監督委員会」設置決定（五月一八日）まで強化されていることが確認できる。しかし、団体リンク制である限り内地流用が阻止できない、として七月の個人リンク制への移行となったのである。

一方人絹では、一九三八年七月、商工省は人造絹織物輸出振興方策要綱、人造絹織物輸出振興方策細目を決定し、人絹織物の団体リンク制実施に踏み切った(36)。その内容は、

1. 人絹織物を純輸出物・満支物・内地物（朝鮮を含む）に大別し、各々につき一ヶ月ごとの生産数量を三ヶ月前に協議して決定する。

2. 特殊品は、日本絹人絹糸布輸出組合連合会(37)所属の輸出商または日本絹人絹織物商業組合連合会(38)所属の中間商人の注文さえあれば自由に生産できる。

3. 普通品は、ボイル・朱子・パレス・塩瀬などの白無地物で、特殊品と異なり生産を制限し、一ヶ月原糸四〇〇万ポンド（四万函）、最初の三ヶ月間は一二〇〇万ポンド（一二万函）のうちから特殊品・交織物用を差し引いた糸量を、織物反数に換算した数量だけを生産しうる。普通品は過去の実績により所属組合に割当て、その割当を限度として義務的に生産させる。

4. 純輸出物に使用する原糸はすべて協定価格による協定糸であり、厳重に国内転用を防止する。組合員は、協定糸で織った織物は必ず注文者または日本人造絹織物工業組合連合会（人工連）に納めなければならない。不合格になった場合は組合は必ず代品を提供しなければならない。

5. 輸出人絹糸布に対する見返りパルプ量は、人絹糸一〇〇ポンドに対して一四〇ポンド、人絹糸を含む製品については一五五ポンドとなっている(39)。

第四点の協定価格とは、原糸生産者たる日本人絹連合会(40)と日本人造絹織物工業組合連合会(41)が行う原糸価格の協定を意味し、この輸出用原糸を協定糸と呼んだ。第五点について、人絹糸一〇〇ポンドを生産するのに必要なパルプ量は一二五ポンドといわれているので、見返りパルプ量は余剰を生じるように設定されており、人絹会社は輸出をすればするほど原料が豊富になるしくみになっていた。また、人造絹織物輸出振興方策細目によると、人絹糸の配給数量は、人絹糸輸出に月一万函、輸出織物に月四万函、満関支向けに月八万函、という割合であった(42)。

人絹リンク制は八月一日から実施された。当初は、団体リンク制としてスタートしたが、実施するとまもなく、協定糸供給不円滑が産地から問題視され、不満が噴出することになる(43)。そのため、四〇年一月には個人リンク制に改変され四一年七月まで行われている。実績について数値を見ながら検証することにしよう。

2　リンク制の政策効果

人　絹

人絹リンク制の外貨獲得の度合いを評価するために表7「パルプ輸入高と人絹輸出高」を作成した。人絹リンク制は、人絹糸の原料の中心をなすパルプ（人絹パルプ）の輸入と人絹糸・人絹織物輸出とをリンクさせていたので、「(人絹織物第三国輸出額＋人絹糸第三国輸出額）－人絹パルプ第三国輸入額」を人絹の第三国貿易収支とみなすことができる。まず、表7の一番右の人絹第三国収支の欄をみると、日中戦争前の一九三五年、三六年には約一億

人絹糸輸出			人絹第三国収支
計		うち第三国(C)	(B＋C)－A(円)
数量(百斤)	価額(円)	価額(円)	
230,033	22,852,554	14,930,859	97,225,372
334,892	29,173,262	18,240,916	100,525,916
426,622	44,802,573	38,749,283	93,719,834
166,606	17,887,798	7,962,417	49,996,011
277,760	29,347,706	23,850,734	71,354,992
469,256	59,544,014	50,182,687	88,993,744
331,567	67,553,265	38,070,653	67,310,436
119,255	34,899,856	3,643,918	20,454,222

表7　パルプ輸入高と人絹輸出高

	人絹パルプ輸入			人絹織物輸出		
	計		うち第三国(A)	計		うち第三国(B)
	数量(百斤)	価額(円)	価額(円)	数量(方碼)	価額(円)	価額(円)
1935年	2,139,136	33,929,930	33,929,930	424,192,997	128,260,226	116,224,443
1936年	2,863,763	44,056,829	44,056,829	527,547,322	149,169,597	126,341,829
1937年	4,919,834	80,370,768	80,370,768	485,128,278	154,860,384	135,341,319
1938年	1,931,913	34,469,179	29,572,902	337,121,693	115,761,723	71,606,496
1939年	2,382,226	48,878,649	37,851,533	309,971,406	137,358,179	85,355,791
1940年	2,371,031	54,796,193	46,382,954	211,701,706	116,111,969	85,194,011
1941年	572,346	15,197,563	10,522,832	97,568,660	60,458,721	39,762,615
1942年	11,831	306,111	86	34,682,586	31,539,933	16,810,390

出所　大蔵省『日本外国貿易年表』各年。

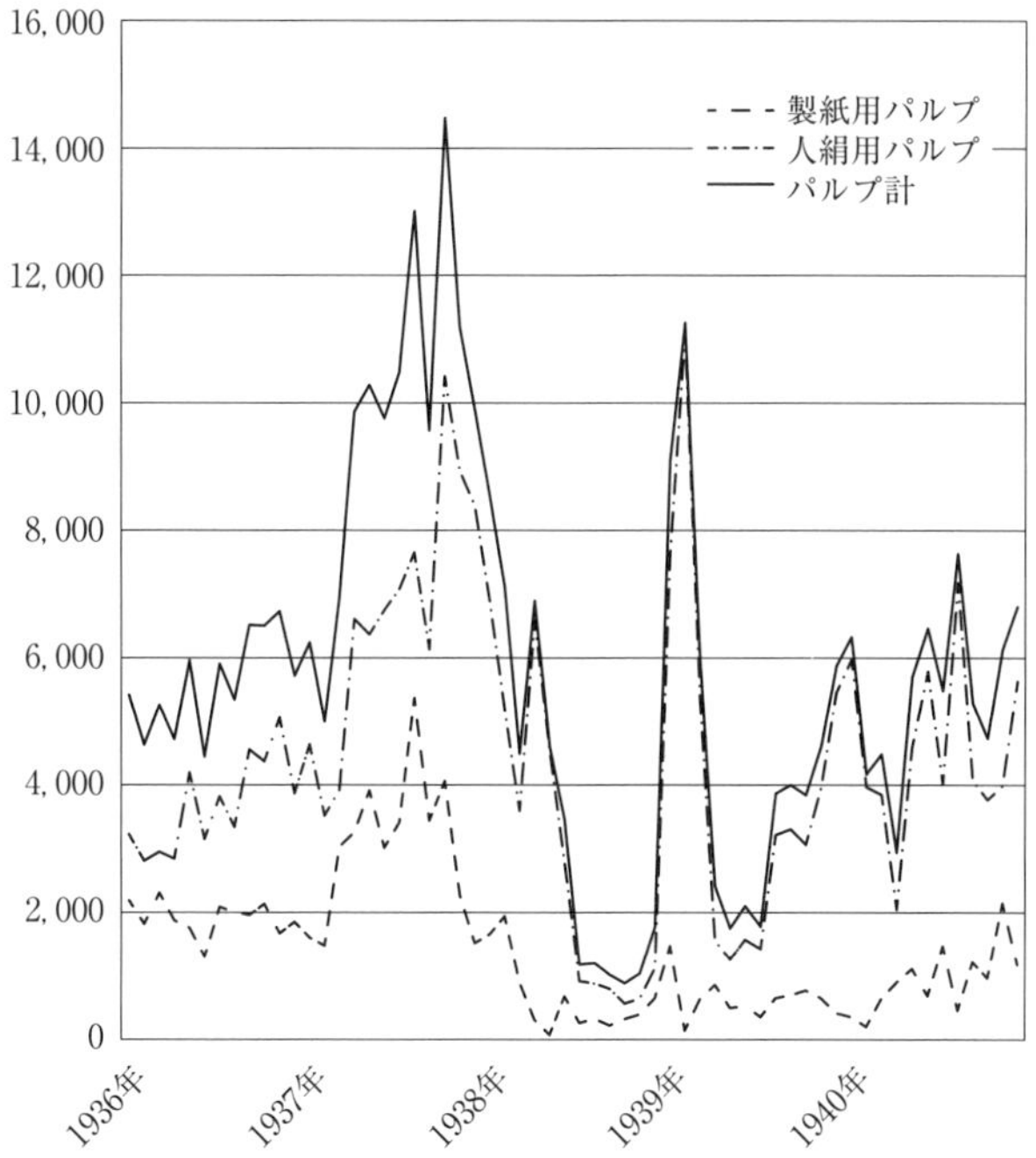

図2　パルプ輸入額（単位：千円）

資料　大蔵省『外国貿易月表』各月。

円であった。これが三八年には約五〇〇〇万円に激減したが、リンク制実施以降は約七〇〇〇万円から約八九〇〇万円と増加をみせた。日中戦争前とリンク制実施期を比較するために、前者を三五・三六年平均値、後者を三九・四〇年平均値として比較してみよう。第三国収支の三九・四〇年平均は、三五・三六年平均の八一・一%になっている。人絹の第三国収支は、リンク制実施によって日中戦争前の水準を回復するには至らなかったものの、三八年の危機的状況を脱することはできたといえるだろう。

第三国収支回復の要因を人絹パルプ輸入、人絹織物輸出、人絹糸輸出の三つの側面から検討しよう。人絹パルプ第三国輸入額では三九・四〇年平均は三五・三六年平均の一〇八・〇%となっており、日中戦争前以上のパルプ輸入を実現していることに注目したい。人絹織物第三国輸出額では三九・四〇年平均は三五・三六年平均の七〇・三%にとどまっている。これに対し人絹糸第三国輸出額では三九・四〇年平均は三五・三六年平均の二二三・二%（約二・二倍化）にまで達しているのである。同期間に人絹織物+人絹糸輸出額に占める人絹糸比率は一二・〇%から三〇・三%にまで上昇していることからもわかるように、この時期には人絹織物輸出から人絹糸輸出へのシフトが進んでいたのである。三五・三六年平均から三九・四〇年平均への第三国収支減（約三億七〇〇〇万円）に対する寄与率を計算すると人絹パルプ輸入は（+）一六・七%、人絹織物輸出は（+）一九二・五%、人絹糸輸出は（−）一〇九・二%という結果となる。日中戦争前水準を超えるパルプ輸入を可能にしたのは、減退した人絹織物輸出を補う人絹糸輸出の伸びであ

毛織物輸出		毛糸輸出			羊毛第三国収支(C+D)−(A+B)(円)
	うち第三国(C)	計		うち第三国(D)	
価額(円)	価額(円)	数量(百斤)	価額(円)	価額(円)	
32,400,823	32,400,823	39,896	9,688,101	7,102,735	−154,078,450
45,956,171	45,956,171	53,558	15,312,890	9,739,123	−146,190,853
50,082,143	50,082,143	40,341	15,062,514	11,493,224	−237,516,605
46,844,623	46,844,623	30,831	9,518,591	6,481,547	−35,619,794
51,821,070	18,097,828	60,913	18,609,112	17,621,962	−24,018,481
40,369,427	25,744,394	43,080	18,391,381	18,774,514	−50,212,339
33,736,320	20,459,999	34,436	16,522,169	13,889,893	−78,758,272
18,429,217	3,147,801	5,131	2,599,364	566,498	−1,907,473

（綿入ヲ含ム）」「其ノ他ノ毛織物（綿入ヲ含ム）」の合計。
入ヲ含ム）」「クレバネット」「ポプリン」「ウーステッド」「ゼコニー」「フランネル」

表８　羊毛輸入高と毛糸・毛織物輸出高

	羊毛輸入			毛糸輸入			
	計		うち第三国（A）	計		うち第三国（B）	計
	数量（百斤）	価額（円）	価額（円）	数量（百斤）	価額（円）	価額（円）	数量（方碼）
1935年	1,840,980	191,760,871	191,651,066	8,134	1,930,942	1,929,250	28,369,513
1936年	1,640,636	200,898,493	200,012,841	6,785	1,873,306	1,871,715	37,004,088
1937年	1,953,835	298,403,862	297,486,738	4,318	1,605,234	1,605,226	35,058,175
1938年	881,889	94,425,569	88,616,766	634	329,198	327,627	28,071,409
1939年	801,688	72,590,259	59,738,238	0	33	5	26,102,583
1940年	770,089	105,251,143	94,731,176	0	71	55	17,162,442
1941年	906,924	124,066,572	113,107,138	0	1,026	911	11,989,599
1942年	142,006	25,883,717	5,621,312	0	460	310	3,829,380

註１　1935年～の羊毛は「羊毛（カード又ハコウムシタルモノ）」と「其ノ他ノ羊毛」の合計。
２　1935～36年の毛織物輸出は「毛製モスリン（綿入ヲ含ム）」「羅紗（綿入ヲ含ム）」「セルヂス
３　1937年～の毛織物輸出は「毛製モスリン（綿入ヲ含ム）」「羅紗（綿入ヲ含ム）」「セルヂス（綿
「其ノ他ノ毛織物（綿入ヲ含ム）」の合計。
４　1939年～の毛糸輸出は「毛織糸」「毛編糸」の合計。
出所　大蔵省『日本外国貿易年表』各年。

った。(44)同期間に人絹織物輸出と人絹糸輸出とを合わせると約一億四〇〇〇万円から約一億二〇〇〇万円へとやや減少しているが、(45)一億円の大台を維持したことは注目に値する。

月別のパルプ輸入額の推移を図２に示した（九一頁参照）。パルプ計の推移をみると、三六年が通常の状態であるのに対し、三七年上半期には異常なほど急増している。その後は、為替許可を厳しくすることによって三七年下半期に激減するが、三八年初頭にはふたたび急増する、というようにきわめて不安定な推移をみせる。これがリンク制実施以降にはほぼ安定的な上昇傾向に戻っているのである。(46)なお、輸入パルプにおける製紙用と人絹用との比率に着目すると、三七年までは、製紙用パルプが一定の比重を占めていたが、三八年以降には人絹用パルプが輸入パルプの大部分を占めるようになる。(47)

このように人絹リンク制の実施によって、人絹パルプ輸入を日中戦争前の水準を超えるほど回復させ、しかも季節的な乱高下を抑えることに成功したこと、人絹織物輸出ではなく人絹糸輸出が牽引力となりながら、人絹第三国貿易収支をある程度まで好転させることができたことが確認できる。人絹リンク制の政策効果はあったとみてよいだろう。

羊毛

羊毛リンク制の効果を評価するために表8「羊毛輸入高と毛糸・毛織物輸出高」を作成した（九二～九三頁参照）。羊毛の場合は「（毛織物第三国輸出額＋毛糸第三国輸出額）－（羊毛第三国輸入額＋毛糸第三国輸入額）」を羊毛の第三国貿易収支とみなすことができる。人絹と異なり、毛糸は長い間輸入商品であったために、日中戦争初期においても第三国からの毛糸輸入がみられることが特徴である。羊毛の第三国貿易収支は、平時（一九三五・三六年）において約一億六〇〇〇万円ほどの赤字であったが、三七年にはいっきに約二億六〇〇〇万円まで拡大する。ところが、リンク制実施後の三八年には約六八〇〇万円に激減し、三九年には約二四〇〇万円にまで圧縮されている。赤字であることには変わらないが、その圧縮の度合いは顕著であった。四〇年には約五〇〇〇万円、四一年には約七九〇〇万円と赤字が拡大しているが、三九・四〇年平均は三五・三六年平均の二一・四％にすぎなかった。日中戦争前後に羊毛第三国収支の好転は顕著にみられたのである。

その要因を羊毛輸入、毛糸輸入、毛織物輸出、毛糸輸出の四つの側面から検討しよう。羊毛輸入では三九・四〇年平均は三五・三六年平均の三九・四％にまで減っている。毛糸輸入では三九・四〇年平均は三五・三六年平均の〇・〇％と根絶された。毛織物輸出では三九・四〇年平均は三五・三六年平均の九二・六％と減ってはいるものの、人絹織物ほどではなかった。毛糸輸出では三九・四〇年平均は三五・三六年平均の二一六・一％（約二・二倍化）と躍進している。同期間に毛織物＋毛糸輸出額に占める毛糸比率は二六・二％から四五・四％へと上昇している。羊毛収支の大幅な好転には、羊毛輸入の減と毛糸輸出の増が貢献しているのである。(48) 三五・三六年平均から三九・四〇年平均への第三国収支増（約二億六〇〇〇万円）に対する寄与率を計算すると、羊毛輸入は（＋）九二・三％、毛糸輸入は（＋）一・五％、毛織物輸出は（－）一・四％、毛糸輸出は（＋）七・六％という結果となり、羊毛輸入減の効果が圧倒的である。しかし、単なる羊毛輸入の抑制にとどまらなかったことは、同期間に毛織物輸出額と毛糸輸出額とを合わせると約三二〇〇〇万円から約四〇〇〇万円へと増加していることに示されている。輸出振興の効果は一応みられるのである。

月別の羊毛輸入額を図3に示した。商品の特性上、もともと季節的変動が大きいが、三五年、三六年の状況を一応ノーマルなものとみなすと、リンク制下において季節的変動も抑えられたことがわかる。また、占領下中国における経済建設のなかで強調された羊毛の対日供給(49)についてみると、三八年下半期以降実績をあげており、三九年一二月には一時的にではあるが、第三国を凌駕しているのである。暦年データとしては表8の羊毛輸入の価額と「うち第三国」との差が円ブロックからの輸入額を示している。円ブロックからの輸入は三九年に一七・七％、四〇年に一〇・〇％を示しており、日中戦争前に比べると格段に重要性を増している。

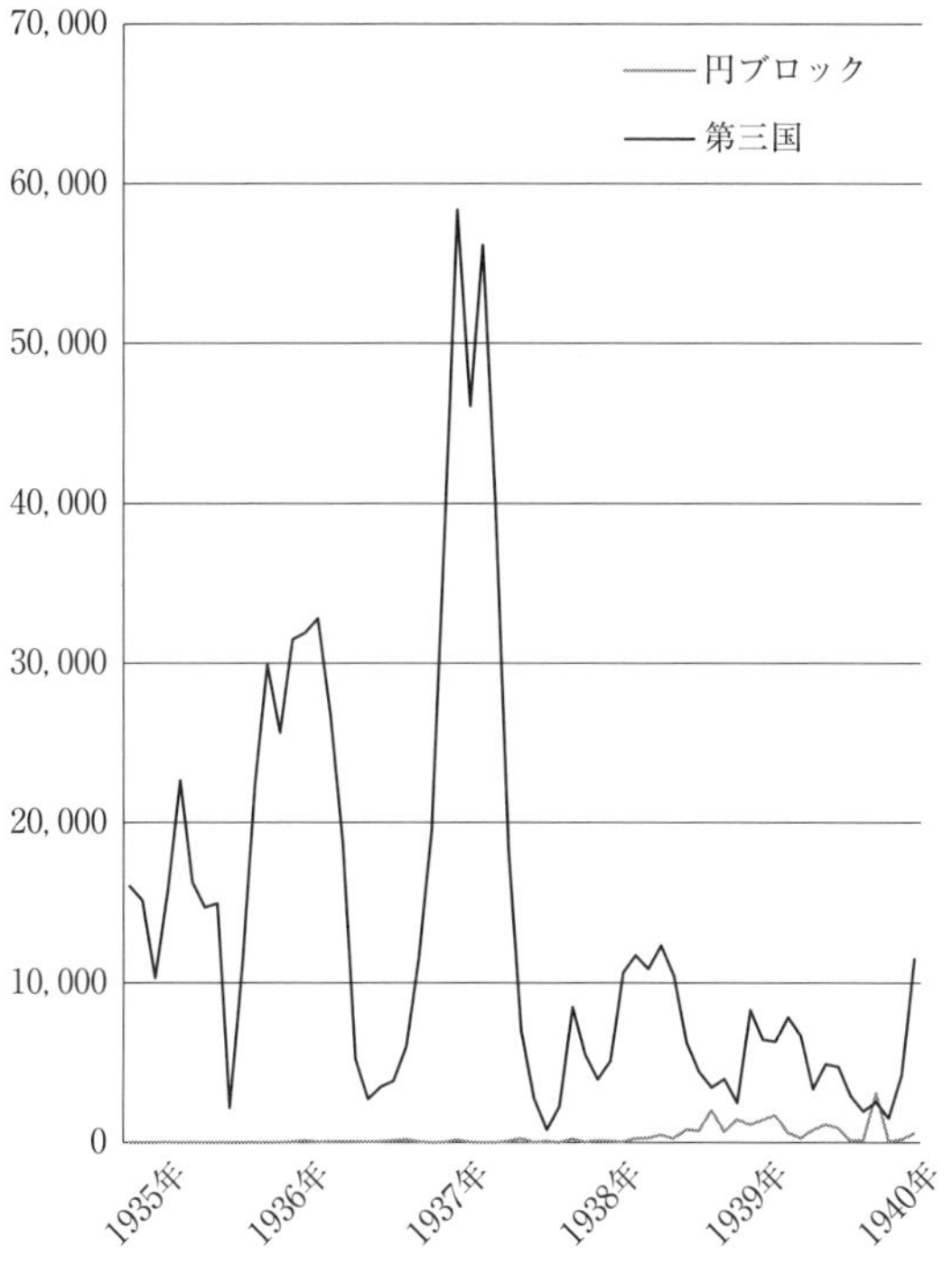

図3　羊毛輸入額（単位：千円）

資料　大蔵省『外国貿易月表』各月。

原料輸入を大幅に削減しながら製品輸出の増がいかにして可能となったのかについては、立ち入った検討を要するので、今後の課題としたい。羊毛リンク制実施により、毛織物、毛糸合わせた製品輸出は毛糸輸出が牽引したことによりわずかながら増加し、それ以上に羊毛輸入が激減して羊毛第三国収支の大幅な好転が実現した。羊毛リンク制の政策効果はあったとみてよいだろう。

綿業

綿業収支については通産省、原朗、寺村泰、高村直助らの研究(50)があるが、評価が定まってはいない。たとえば、通産省は『商工政策史　第六巻　貿易（下）』では「これによって（昭和）十三年には減退した綿糸布輸出は、十四年には二倍近くに増大したのであって、十分に効果をあげたということができよう(51)」と高く評価しているのに対し、別の巻『商工政策史　第一六巻　繊維工業（下）』では、①経済警察の統制違反摘発が続出（いわゆる禁綿事件）し、業界が萎縮したこと、②強制的な輸出のために輸出単価が暴落し、外貨獲得という目的を損なったこと、③織布業者を紡績会社の下請・賃織としたことにより中小企業の独立性を失わせ、加工綿布の輸出が減少したことなどを指摘して、きわめて低い評価を下している(52)。原朗、寺村泰も概ね後者と同じく低い評価を下している(53)。

この評価の違いをもたらした一つの原因として「綿糸布」輸出を

綿糸輸出			綿業
計		第三国(C)	第三国収支
数量(百斤)	価額(円)	価額(円)	(B+C)−A(円)
289,749	35,873,277	30,506,802	−228,388,798
331,573	38,344,845	31,227,209	−395,500,836
389,192	54,905,696	44,124,152	−305,314,526
177,067	39,355,054	35,128,869	−4,472,818
626,249	71,089,521	60,400,030	28,503,636
460,778	57,975,942	56,977,741	968,631
335,662	52,499,287	50,612,148	−14,932,270
22,253	5,789,137	5,789,137	52,283,537

マデ)」「綿織糸（其ノ他)」の合計。
デ)」「綿織糸（八十番マデ)」「綿織糸（其ノ他)」の合計。

表9　綿花輸入高と綿糸・綿織物輸出高

	綿花輸入			綿織物輸出		
	計		第三国(A)	計		第三国(B)
	数量(百斤)	価額(円)	価額(円)	数量(百斤)	価額(円)	価額(円)
1935年	12,244,434	713,682,406	692,136,008	2,725,109,310	496,097,082	433,240,408
1936年	15,158,648	849,647,667	826,905,899	2,709,884,568	483,591,246	400,177,854
1937年	13,680,231	849,749,034	826,033,455	2,643,428,907	573,064,772	476,594,777
1938年	9,342,689	436,323,339	364,531,496	2,180,809,669	404,239,736	324,929,809
1939年	10,078,327	461,974,170	415,170,527	2,446,035,509	403,942,283	383,274,133
1940年	7,729,347	503,595,005	412,267,498	1,854,010,852	399,137,536	356,258,388
1941年	5,941,346	391,782,893	280,190,414	103,797,547	284,180,815	214,645,996
1942年	2,028,873	224,282,526	10,450,004	166,612,081	100,970,517	56,944,404

註1　1935年～の綿花輸入は「繰綿」。
2　1935～36年の綿糸輸出は「綿織糸（二十番マデ）」「綿織糸（四十番マデ）」「綿織糸（六十番
3　1937年～の綿糸輸出は「綿織糸（二十番マデ）」「綿織糸（四十番マデ）」「綿織糸（六十番マ
4　1941年～の綿織物の数量単位は方碼。
出所　大蔵省『日本外国貿易年表』各年。

みるのか、「綿布」のみの輸出をみるのか、という問題があり、明確に綿糸輸出をも含めて第三国収支を算出して評価を下しているのは高村の研究だが、輸出単価の下落、綿布滞貨の増大などを根拠として綿業リンク制そのものには低い評価を下している(54)。本章では、輸出入リンク制が外貨獲得（外貨節約）を政策目的とする制度であったことに着目し、まずは織物輸出、原糸輸出を含む各繊維の第三国収支を重視している。

そこで、表9「綿花輸入高と綿糸・綿織物輸出高」を作成した。結果をみると、「平時」における綿業第三国貿易収支は三五年約二億三〇〇〇万円、三六年約四億円の赤字であった。これがリンク制が実施された三八年には約四〇〇〇万円の赤字に圧縮され、三九・四〇年には黒字に転じている。第三国収支の変動は、人絹、羊毛に比べ格段に大きかったのである。綿業第三国収支は三九・四〇年平均は三五・三六年平均の（一）一〇四・七%となっている（赤字から黒字へ転じているので変化率はマイナスとみなした）。

綿業第三国収支反転の要因を検討しよう。三九・四〇年平均の三五・三六年平均に対する比を求めると綿花輸入は五四・五%に減少し、綿織物輸出は八八・七%に減少し、綿糸輸出は一九〇・一%に増

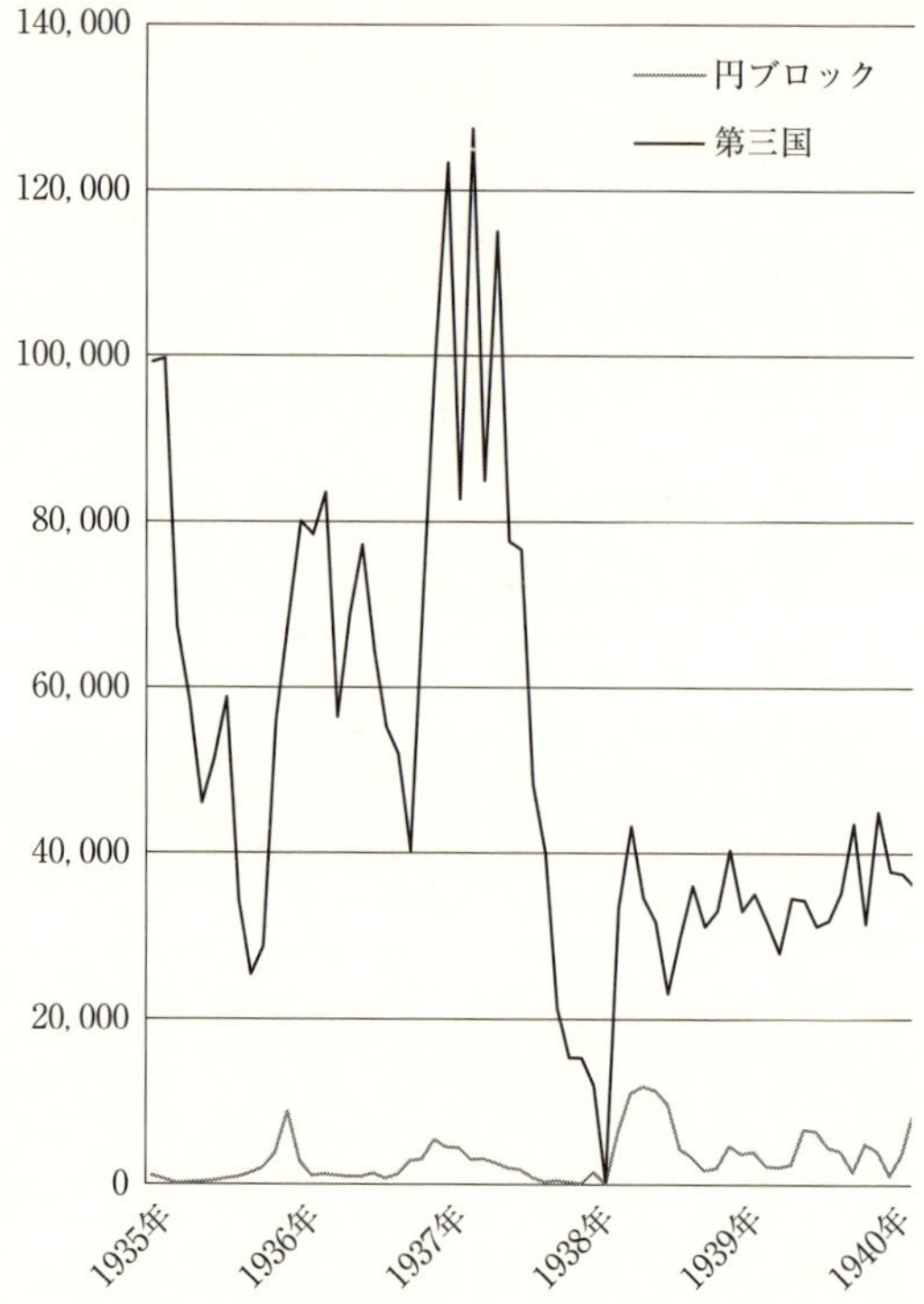

図4　綿花輸入額（単位：千円）

資料　大蔵省『外国貿易月表』各月。

加（約一・九倍化）している。同期間の綿織物＋綿糸輸出額に占める綿糸の比率を算出すると六・九％から一三・七％となる。寄与率で示すと、三五・三六年平均から三九・四〇年平均への綿業収支の変化（約六億五〇〇〇万円の増）に対して綿花輸入は（＋）一〇五・九％、綿織物輸出は（－）一四・四％、綿糸輸出は（＋）八・五％であった。綿業第三国収支反転の要因のほぼすべては綿花輸入の減であり、輸出側では綿織物輸出はまったく寄与せず、綿糸輸出[55]のみが寄与している。「輸出入リンク制が綿織物輸出の増加をもたらさなかった」という先行研究の指摘は、その限りでは正しいのだが、綿業全体の外貨獲得という観点からは、評価は異なる。綿織物と綿糸を合わせた輸出額は三五・三六年平均約四億五〇〇〇万円から三九・四〇年平均約四億三〇〇〇万円へと微減にとどまっている。綿業リンク制実施によって、綿織物輸出から綿糸輸出にシフトしつつ製品輸出額をほぼ維持しながら原料輸入を半減させ、結果として綿業第三国収支を赤字から黒字にしたのである。

外貨節約→獲得に寄与した綿花輸入の月別推移を示した図4を検討しよう。羊毛と同じく三五年、三六年にみられた激しい季節変動が、リンク制下においては抑制されている。注目すべきは、円ブロック輸入綿花の動向である。羊毛と同じように中国占領地における綿花生産奨励策が実行され、対日供給にも大きな期待がかけられていた(56)。三八年上半期には円ブロックの輸入が増えているが、同年下半期以降は低い水準で推移している。中国産綿花の対日供給はきわめてマイナーな位置を占めたにすぎなかったのである。

綿業リンク制の実施によって綿織物輸出は増加しなかったものの、綿糸輸出が急増したこと、綿花輸入が半減したことによって、結果として綿業第三国収支は好転し赤字から黒字に転じた。綿業リンク制は外貨獲得（外貨節約）という政策目的を果たした、と評価するべきだろう。

繊維品

以上の分析をふまえて、総括的なデータを作成した。図5は各繊維収支と繊維輸出額を月別にみたものである。グラフの「第三国輸出額」にはリンク制が実施された綿、羊毛、人絹関係品に加えて国産原料からつくられる生糸、絹織物も含めた数値を計上した。「繊維収支」は、リンク制関係の綿業収支、羊毛収支、人絹収支の合計である。図5の註にあるように、資料的制約から毛糸輸出のデータが含まれず、また綿関係では綿タオル、メリヤスを加えるなど表8、表9とは若干の基準のズレがあるが、大勢を知るには差し支えないだろう。

まず、各収支の動向をみると、日中戦争前の一九三五年には、人絹収支は常に黒字で推移しているが、綿業収支は上半期に赤字、下半期（八〜一〇月）に黒字となる。羊毛収支は上半期に赤字、下半期には赤字幅は縮小するものの黒字には至らない。結果として繊維収支は上半期赤字、下半期（八〜一〇月）黒字となっている。三六年は綿業収支が下半期にも黒字にならず、羊毛収支が八月に一回黒字に転ずるのみで、一一月、一二月には見越し輸入により巨額の赤字を記録し、そのまま三七年上半期に突入した。三七年一月以降、輸入為替許可制実施とその強化によって、繊

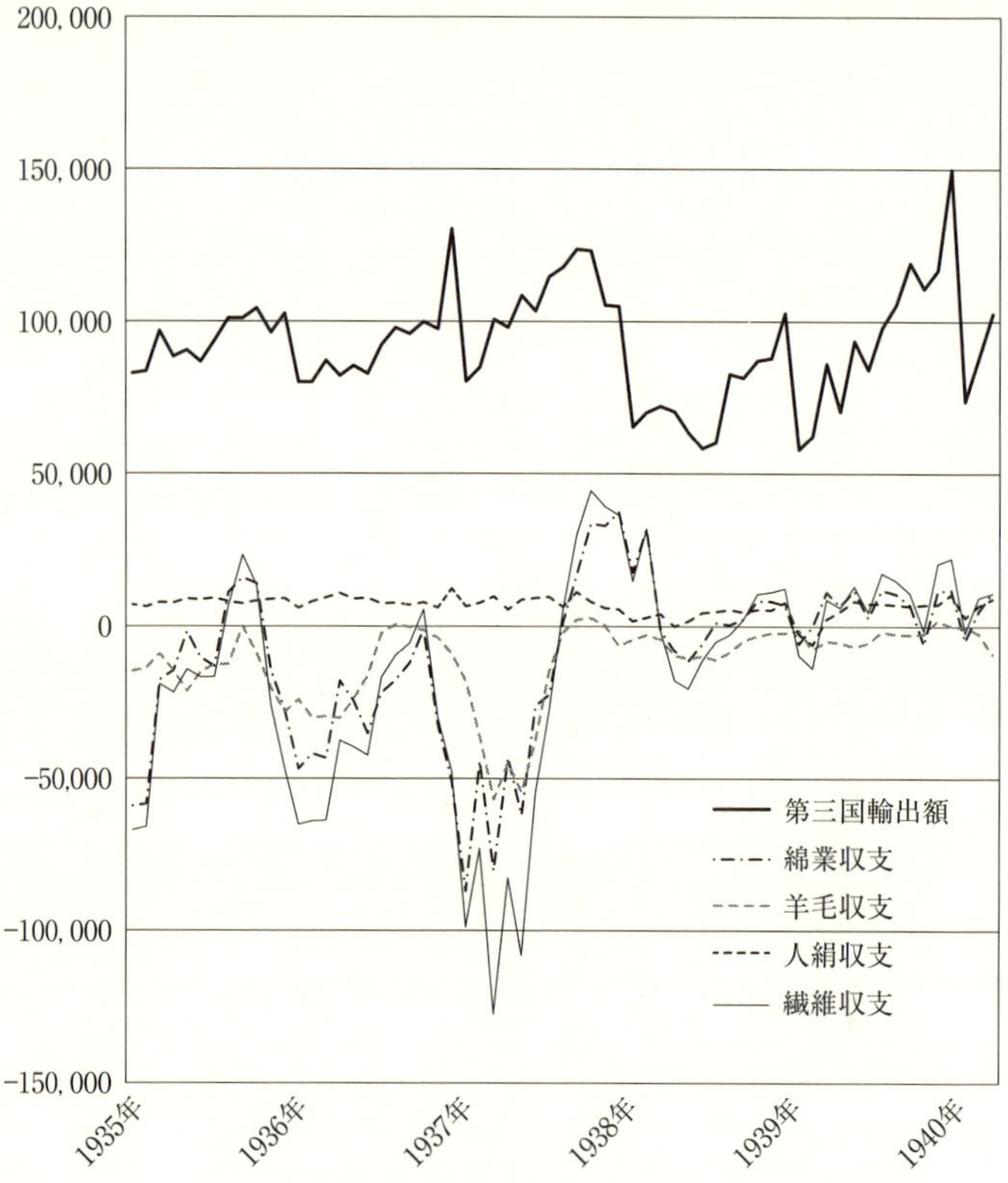

図5　繊維品第三国貿易収支（単位：千円）

註1　綿業第三国収支は，綿糸，綿織物，綿タオル，メリヤスの対第三国輸出額から対第三国綿花輸入額を引いたもの。

2　羊毛第三国収支は，対第三国毛織物輸出額から対第三国羊毛輸入額を引いたもの。毛糸は『外国貿易月表』の項目として掲載されていないため，表8の数値と差が生じている。

3　人絹収支は，人絹糸，人絹織物の対第三国輸出額から人絹パルプの対第三国輸入額を引いたもの。

4　第三国輸出額は，綿糸，綿織物，綿タオル，メリヤス，毛織物，人絹糸，人絹織物，生糸，絹織物の輸出額の合計。

5　繊維収支は綿業収支，羊毛収支，人絹収支を合計したもの。生糸，絹織物輸出は含まない。

資料　大蔵省『外国貿易月表』各月。

維収支は急上昇をみせ、三七年九月から三八年二月まで綿業収支が連続して黒字を記録し、繊維収支もこれに規定されて黒字を続けた。これは、原料輸入を厳しく制限した結果であったので、図5の上を走る第三国輸出額は、生糸、絹織物を含むにもかかわらず、三八年一月から七月まで連続して八〇〇〇万円未満という不振に陥ったのである。

リンク制が出そろう三八年下半期以降をみると、各繊維収支は、いずれも好転し均衡を維持するようになっている。表7〜表9により累年データの黒字化（赤字幅縮小）は確認済みだが、月別にみた場合に、収支の季節変動も抑えられていることがわかる。しかも、重要なのは、繊維収支が均衡している時期に、第三国輸出額が顕著に増大していることである。三九年一月、二月に減退して以降、同年一二月のピーク（約一億五〇〇〇万円）まで、増大傾向を続けているのである。したがって、繊維輸出入リンク制は、平時に恒常的に発生した繊維収支の赤字をほぼ解消し、同時に繊維品の第三国輸出額を増大させることに成功した、と評価することができるだろう。ただし、平時において繊維収支は赤字を基調としていたために、達成されたのは厳密には外貨獲得ではなく繊維収支の均衡化、すなわち外貨節約にとどまったのである。

3　リンク制の終焉

繊維の輸出入リンク制は、それぞれの業界内部では、さまざまな問題点を露呈していたが、外貨節約と輸出増進の機能は果たしていた。リンク制が意味を失っていくのは、目的である外貨獲得それ自体の意義が薄れてきたからである。外貨獲得策それ自体の見直しの契機を示すものとして重要なのは、一九四〇年九月以降の「外交転換」である。「外交転換」とは、九月二七日の日独伊三国同盟締結を受けていわれているものであり、第Ⅰ部第三章において詳述する。この日の閣議では「外交転換ニ伴フ応急対策要目」が閣議決定された。貿易に関する部分をみると、

（8）貿易対策ノ改訂
（イ）独伊ニ対スル貿易ノ促進
（ロ）東亜共栄圏ノ貿易ノ増強

（ハ）輸出物資ノ転換

（ニ）第三国利用、輸出入先ノ転換等輸出入対策ノ樹立

（9）国内繊維資源ノ補給ニ重点ヲ置ク生糸政策ノ転換

尚当面帝蚕ノ生糸買上資金ニ対スル強制融資ヲ拡大スルコト(57)

と英米を中心とする第三国貿易を重視し、円ブロック貿易を抑制するという従来の輸出振興策から転換しようとしていることを明瞭に読みとることができる。また、最大の外貨獲得商品であった生糸について、国内繊維原料としての位置づけを初めて打ち出したことにも注目したい。四〇年九月の外交転換により外貨獲得の必要性が失われていたのである。「生糸政策ノ転換」について、この後農林省は二つの文書（左のA、B）を作成している。

A　外交転換ニ伴フ新蚕糸政策要綱（一九四〇年一〇月四日）

第一　基本方針

本邦蚕糸業ハ幕末開国ノ当初ヨリ対米輸出ヲ主眼トシテ輸出貿易ノ大宗トシテ発達シ来リ其ノ金額ハ四億乃至八億円ニ上リタルガ……殊ニ最近国際情勢ノ激変ニ際会シ我ガ外交方針ノ大転換ヲ見ルニ及ビ将来対米輸出ニ依存スルコトノ至難ナル事態モ発生スベク他面羊毛及棉花等ノ獲得困難トナリテ之等繊維資源ノ補塡ヲ策スルノ要アルヲ以テ急速ニ蚕糸業ノ機構ヲ整備シ万一ノ場合ニ遭遇スルモ本邦繊維資源ノ供給及蚕糸業ノ維持安定上大ナル支障ナカルベキ体制ヲ確立スルコト緊要ナリトス……

生糸用途ノ転換

従来主トシテ米国ニ於ケル絹靴下等ノ製造ノ為十四中又ハ二十一中ヲ目標トシテ輸出向ニ製造セラレタルモノヲ、羊毛代用、人絹スフ混織其ノ他国内繊維資源ノ欠陥ヲ補塡スル用途ニ向ハシムル様生糸用途ノ転換ヲ策スルモノ

トス（以下略）[58]

Ｂ　蚕糸業管理制度要綱（一九四〇年一一月一五日）

今後ノ蚕糸業ハ国内繊維資源ノ補給ニ重点ヲ置キ可能ナル限リ輸出ノ維持ニ努ムルモ必要アル場合ハ直ニ国内ノ用途ニ振向ケ得ル体制ヲ整フル要アリ……

第一　蚕糸需給計画ノ設定

……従来輸出向生糸ノ生産ニ偏シタルヲ改メ繭、生糸及蚕種ノ用途別需給計画ヲ定メ之ニ基キ生産配給並□□□ノ計画化ヲ図ルモノトス

一、輸出向優良生糸ニ付テハ輸出計画ニ従ヒ一定範囲ノ製糸業者ヲシテ之ヲ生産セシムルコト

二、国内向生糸ニ付テハ従来ノ用途ノ外実用絹製品及人絹スフ混織用トシテ計画生産ヲ行フコト

三、羊毛等ノ補給ニ資スルガ為繭ノ一定数量ヲ短繊維トシテ処理スルコト（以下略）[59]

生糸は「国内繊維資源ノ補給」に重点を置くこと、すなわち輸出用生糸を減らし絹織物製織および人絹織物・スフ織物との混織用に用いることが提起され、福井産地における本絹回帰、絹人絹交織全盛に拍車をかけるものであったのである。[60]もはや外貨獲得の必要性が低下してしまった以上、リンク制の役割は終わらざるをえない。四一年八月のアメリカによる在米日本資産凍結措置の直前、七月末に繊維リンク制全廃が決定され新聞に報道された。[61]

おわりに

日中戦争期（＝日中戦争段階、一九三七〜四一年）に外貨獲得を目的として行われた輸出入リンク制は、民間の支持

を得ながら吉野商相期に始まり、池田蔵商相期に制度を確立させた。繊維原料を輸入すべき第三国も、繊維製品を輸出すべき第三国も、要するに英米圏であったがために、輸出入リンク制を維持・拡大している限りは、ある程度の対英米協調を維持する必要があった。この期間には、中国占領地、満洲国との円ブロック貿易は抑制され、大陸占領行政当局および経済界からは、その抑制の解除を求められ続けたが、あくまでも日本政府の基本路線は外貨獲得、第三国貿易重視であった。主要な商品別リンク制（綿業、羊毛、人絹）について輸出入リンク制の外貨獲得、輸出振興の効果を分析すると、恒常的に抱えていた綿業収支赤字、羊毛収支赤字が解消したことにより、外貨節約は顕著であること、輸出振興（＝輸出額増大）も日中戦争前水準を上回る水準にまで到達していたことがわかった。

それにもかかわらず、日本政府は四〇年春のドイツのヨーロッパ制圧に眩惑され、「無主の地」南方への進出方針を固めていった。この年に英米との決裂を示すできごとは連続的に起きるが、経済政策全般にわたり影響が大きかったのは、同年九月の外交転換である。外貨獲得そのものが事実上放棄されるにいたり、輸出入リンク制の存在理由もなくなってしまった。外貨獲得がいとも簡単に放棄された理由については、政治・経済の両側面から考察する必要があるだろう。

註

（1）　原朗「日中戦争期の外貨決済（一）」（東京大学『経済学論集』第三八巻第一号、一九七二年。後に原朗『日本戦時経済研究』〈東京大学出版会、二〇一三年〉に収録）。

（2）　東亜経済懇談会『昭和十七年度東亜経済要覧』（一九四一年）一九〇〜一九一頁。

（3）　財団法人金融研究会『我国金融事情（第壱巻）』（一九三九年）（日本銀行調査局『日本金融史資料　昭和編第二八巻　戦時金融関係資料（二）』〈一九七〇年〉所収）一一二一〜一一二三頁。

（4）　「軍需用原料品の輸入確保が主眼　消費統制で為替維持　事変下のわが貿易政策　商工大臣吉野信次」（『大阪朝日新聞』一九三

八年一月五日)。
(5) 繊維工業関係としては、綿製品・スフ等混用規則を公布(一九三七年一二月二七日)し、代用品としてステープル・ファイバーの生産と消費を奨励した。
(6) 通商局総務課『昭和十二年十月本邦通商振興方策ニ関スル調書 第一輯本邦対各国別方策(其一)』(外務省外交史料館蔵)。
(7) 同右。
(8) 戦前期官僚制研究会編、秦郁彦著『戦前期日本官僚制の制度・組織・人事』(東京大学出版会、一九八一年)。以下、官僚・外交官の経歴はとくに断らない限り同書による。
(9) 外務省通商局『昭和十三年版 各国通商の動向と日本』(一九三八年)一六頁。
(10)「日本の貿易の特徴は第一に輸入先と輸出先との食違が頗る大きいことである。日本は資源に乏しい為め工業原料を海外諸国から輸入し之を製造品として輸出せねばならぬ立場に在るので、輸出増加は必然的に輸入増加を伴ふことになるのであるが、従来原料品の輸入先と製品の輸出先が地域的に異なつて居た場合が多い。……日本の貿易の第二の特徴と目すべきものは輸出市場分散化の傾向である。近年日本商品の新販路開拓の努力が功を奏し輸出市場は地域的に著しく拡大した結果従来米国、支那、満州、蘭領印度等に偏在して居た日本の輸出市場は広く世界各地に分散せられ……即ち日本は一方に原料購入に依る莫大な輸入超過の相手国を有し乍ら、他方最近開拓された新市場に於ては輸出超過の片貿易となつて居る所が少くない……」(外務省通商局『昭和十三年版 各国通商の動向と日本』〈一九三八年〉一五頁)。
(11) たとえば、大蔵省昭和財政史編集室編『昭和財政史 第十三巻 国際金融・貿易』(東洋経済新報社、一九六三年)。このような認識は、実は、同時代人の観察によるものである。一例として財団法人金融研究会が一九三九年に書き記したことを要約すると、昭和十一年以降のいわゆる準戦時体制期には輸出振興よりも輸入抑制に重点が置かれていて、その結果、昭和十三年には、入超が縮減し出超にさえなった、これは輸入原料の加工貿易という性格ゆえ必然的に輸出の減少をもたらし「この輸出減少に対し収支を合せんとして輸入を抑制すれば再び輸出の減少を来すといふ悪循環を生ずる」のである、十三年五月の池田蔵商相のもとに輸出入リンク制が次々に行われ、同年七月には外国為替基金が設定されたが、これは従来の正貨現送と異なり将来の外貨獲得という積極性を有していた、とされている。財団法人金融研究会『我国金融事情(第壱巻)』(前掲)一二二~一二三頁。
(12) 小倉一郎『概観昭和交易史 事業と経済』(翼書房、一九四四年)四二頁。

(13)『大阪朝日新聞』一九三七年一〇月六日。
(14)「昭和十三年度（自昭和十二年九月一日至昭和十三年八月末日）ニ於ケル羊毛ノ輸入方針ニ関スル件」（昭和一二年一〇月九日）〈国策研究会文書〈美濃部洋次文書〉『毛織物、ス・フ統制』綴）。
(15)『大阪朝日新聞』一九三七年一二月二二日。
(16)日満財政経済研究会『輸出振興計画案』（一九三八年二月、国立国会図書館所蔵）。
(17)『大阪朝日新聞』一九三八年三月二日。
(18)『大阪朝日新聞』一九三八年四月一〇日。
(19)同右。
(20)『大阪朝日新聞』一九三八年四月一三日。
(21)田中完三「輸出増進の最上策」（『ダイヤモンド』第二六巻第一五号、一九三八年五月二一日）。田中完三の経歴は、第Ⅰ部第一章註(41)のとおり。
(22)『大阪朝日新聞』一九三八年四月二八日。
(23)『大阪朝日新聞』一九三八年五月三一日夕刊。
(24)『大阪朝日新聞』一九三八年五月二五日。
(25)『大阪朝日新聞』一九三八年五月一九日。
(26)商工省寺尾貿易局長官「国家総動員会議ニ於ケル各庁説明要旨　貿易ニ関スル事項」（昭和一三年五月一九日）、企画院（国策研究会文書〈美濃部洋次文書〉『国家総動員会議資料』綴）。
(27)『大阪朝日新聞』一九三八年五月一七日。
(28)財団法人金融研究会『我国金融事情（第壱巻）』（前掲）一三七頁。
(29)財団法人金融研究会『我国金融事情（第壱巻）』（前掲）一三八頁。
(30)『大阪朝日新聞』一九三八年一〇月八日。
(31)池田成彬の政策・路線の評価については、松浦正孝『日中戦争期における経済と政治—近衛文麿と池田成彬—』（東京大学出版会、一九九五年）を参照。

(32) 三八年五～九月、貿易局第一部部長だった塩谷狩野吉が「総合リンク制は、思想的に言えば自由主義への逆転なんだ。為替管理局がやって威張っているのを、行き過ぎじゃないか、もっと自動的に流せというのが総合リンクのねらいです」と証言（『商工行政史談会速記録（一七）』一九五〇年一月、一八一頁）。引用は寺村泰「日中戦争期の貿易政策―綿業リンク制と綿布滞貨問題―」（近代日本研究会『年報 近代日本研究9 戦時経済』〈山川出版社、一九八七年〉所収）九九頁。

(33) 以上、綿業リンク制に関する記述は、寺村泰前掲論文による。

(34) 財団法人金融研究会『我国金融事情（第壱巻）』（前掲）一三五～一三六頁。

(35) 通商産業省『商工政策史　第十六巻 繊維工業（下）』（一九七二年）一一四～一一五頁。

(36) 人絹リンク制の実施にいたる過程については、福井県編『福井県史　通史編六 近現代二』（一九九六年）参照。

(37) 絹織物、人絹織物輸出商人が組織した輸出組合の全国連合会。

(38) 絹織物、人絹織物の内地向け販売を手がける商人が組織した商業組合の全国連合会。

(39) 福井県繊維協会『福井県繊維産業史』（一九七一年）一七九～一八一頁。

(40) 帝国人絹、旭絹織、東洋レーヨン、日本レイヨン、東京人絹、三重人絹など人絹糸メーカーにより結成された同業者団体（任意団体）。山崎広明『日本化繊産業発達史論』（東京大学出版会、一九七五年）二九九頁。

(41) 人絹織物業の機業家（織物製造業者）により組織された各産地工業組合の全国連合会。一九三四年一一月に結成された。拙著『大恐慌期日本の通商問題』（御茶の水書房、一九九九年）三一七頁。

(42) 福井県繊維協会『福井県繊維産業史』（前掲）一八三頁。

(43) 協定糸供給不円滑問題については、福井県編『福井県史　通史編六 近現代二』（前掲）参照。

(44) 人絹糸第三国向け輸出の主な輸出先は一九三九年において第一位英領インド、第二位メキシコ、第三位蘭領インド、第四位香港、第五位オーストラリアである（大蔵省『昭和十五年日本外国貿易年表　上篇』）。織物輸出から原糸輸出への転換は、輸出国側からみると付加価値を低めて輸出することであり、輸出先における織物業の発達を促進・助長するものであった。

(45) この間、人絹織物の輸出数量は約四億八〇〇〇万平方ヤードから約二億六〇〇〇万平方ヤードへと激減し、人絹糸の輸出数量は約二八〇〇万斤から約三七〇〇万斤へと増加している（表7）。日本国内はもとより世界的にインフレが進行しているため、単価は上昇していた。しかし本章の課題は、外貨獲得をいかに達成できたか、にあるので数量の動向よりも価額の変化を重視している。輸出数量が減ったとしても輸出価額が増加すれば、外貨獲得上は寄与している、と評価している。
(46) 人絹用パルプ第三国輸入の主な輸入先は一九三九年には第一位アメリカ合衆国、第二位ノルウェー、第三位フィンランド、第四位スウェーデン、第五位カナダである（大蔵省『昭和十五年日本外国貿易年表　上篇』）。なお、大蔵省は為替許可を出す際に、季節的な輸入量のアンバランスを嫌い、極力毎月輸入量を平均化（平準化）することを求めていた。
(47) 製紙用パルプが輸入におけるシェアを低下させている要因として、樺太におけるパルプ増産の事実があると思われる。
(48) 羊毛輸入先は、そのほとんど大部分がオーストラリアであったが、一九三六年の日豪紛争前後から、「羊毛分散買付」が模索されはじめ、南アフリカ連邦、アルゼンチン、ウルグアイなどの羊毛が注目された。また、日豪紛争を解決に導いた日豪間の新通商協定は日中戦争期においても更新されオーストラリア羊毛の輸入は継続していた。一九三八年の第三国輸入先の主なものは一九三九年には第一位オーストラリア、第二位ニュージーランド、第三位南アフリカ連邦、第四位ウルグアイ、第五位アルゼンチンであった。また同年の毛糸の第三国輸出先は一位ブラジル、二位英領インド、三位香港、四位オランダ、五位スウェーデンであった（大蔵省『昭和十五年日本外国貿易年表　上篇』）。
(49) 中国大陸の蒙疆政権管内から産出されるいわゆる山西羊毛について、従来は品質面に難があり使用されなかったが、毛糸紡績企業側が山西羊毛を使用するための研究を始めている。ただし、羊毛の大部分をオーストラリアに依存するという構造は変わらなかった。本書第Ⅰ部第一章参照。
(50) 通商産業省『商工政策史　第六巻　貿易（下）』（一九七一年）、原朗前掲論文、寺村泰前掲論文、高村直助「綿業輸出入リンク制下における紡績業と産地機業」（近代日本研究会『年報　近代日本研究９　戦時経済』〈山川出版社、一九八七年〉所収）、高村直助「第五章　民需産業」（大石嘉一郎編『日本帝国主義史３　第二次大戦期』〈東京大学出版会、一九九四年〉所収）。
(51) 通商産業省『商工政策史　第六巻　貿易（下）』（前掲）二五七頁。
(52) 通商産業省『商工政策史　第十六巻　繊維工業（下）』（前掲）一二六〜一二九頁。
(53) 寺村泰は、『商工政策史』の「三九年に輸出が二倍化した」との見解と原朗の「はらわれた犠牲の割に外貨獲得をもたらさなかった」（原朗「日中戦争期の外貨決済（二）」〈東京大学『経済学論集』第三八巻第二号〉一九七二年）との見解を紹介した上で、後者の見解が妥当との見方を示している。寺村泰前掲論文、八一〜八三頁。
(54) 高村直助「綿業輸出入リンク制下における紡績業と産地機業」（前掲）。

(55) 綿糸の第三国輸出先は一九三九年において一位英領インド、二位蘭領インド、三位香港、四位ビルマ、五位チリであった(大蔵省『昭和十五年日本外国貿易年表　上篇』)。

(56) 中国は世界有数の綿花生産国であり、かつ品質面においても米棉が普及しており、日本紡績業界は中国綿花使用には積極的であった(本書第Ⅰ部第一章)。しかし、占領地における綿花増産策は効果をあげることができず、対日供給量はわずかな水準にとどまった(本書第Ⅱ部第三章)。

(57) 『公文別録内閣(企画院上申書類)昭和十五年~昭和十八年　第一巻　昭和十五年』(国立公文書館所蔵)。

(58) 企画院「外交転換ニ伴フ新蚕糸政策要綱(試案)」(昭和一五年一〇月四日)(国策研究会文書〈美濃部洋次文書〉『農業政策』綴)。

(59) 農林省「蚕糸業管理制度要綱」(昭和一五年一一月一五日)(国策研究会文書『農業政策』綴)。

(60) 「本絹回帰」とは、大正期から昭和初期に絹織物生産から人絹織物生産に転換した機業家たちが、一九四〇年、四一年ごろに内需向けの絹織物(本絹)生産に戻っていく状況を指している。「絹人絹交織」とは経糸に生糸(本絹)、緯糸に人絹糸を用いた交織物で、やはりこの時期に急増した。いずれも人絹リンク制に対する忌避行動とみなすことができよう。これらについては福井県編『福井県史　通史編六　近現代二』(前掲)を参照されたい。

(61) 『福井新聞』一九四一年七月二四日夕刊。

第三章　戦争の長期化と長期建設

はじめに

本章では、第三国重視政策からアウタルキー構築政策への転換の過程について考察する。そもそも、日満ブロック、あるいは日満支ブロックという用語は満洲事変以降に広く用いられており、東亜アウタルキー的な発想は根が深かった。[1]しかし、日中戦争の開始後、日本政府・軍部は軍需物資、原料・エネルギー源確保のために第三国貿易が必要不可欠であることを深く認識するにいたったのであり、第三国貿易を事実上放棄する、という選択を行うためには、それ相応の理論的根拠と経済的見通しが必要だったはずである。

ところで、外貨獲得の目的を同時代の人々の発言から忠実に復元してみると、「長期戦」としての日中戦争を遂行するという目的と並んで、「長期建設」を遂行する、という目的が掲げられていることに気づかされる。長期戦は、戦後の歴史学のなかで日中戦争を特徴付ける用語として定着したが、長期建設という用語はほとんど忘れ去られた感がある。しかし、長期戦と並んで唱えられた長期建設の存在こそが、巨額の外貨を必要とした根拠であると同時に、実は、長期建設の進展それ自体が、結果として外貨獲得の必要（第三国貿易の必要）を低下させる、という関係にあったのである。第三国貿易重視政策を放擲できたのも、長期建設の進展に楽観的な見通しを持つにいたったからであろう。長期建設は、日中戦争そのものの性格を理解するためにも、また、日中戦争から対英米戦争への飛躍を理解するためにもキーとなる概念である。

本章は、日中戦争期にきわめて頻繁に用いられた長期建設という語の意味とその帰結を検証するものである。

一　長期建設の意味

1　日中戦争初期の経済開発構想

日中戦争は、一九三七年一二月の南京占領後、三八年に入ると華北においては大きな会戦はみられなくなり、人々の関心は華北・華中占領地の経済開発に集まるようになった。三八年初頭から、経済開発を担当する国策会社設立が議論されはじめ、これらが北支那開発株式会社、中支那振興株式会社として三〜四月に法制定、一一月に設立をみることになる(2)。

この時期の経済開発論の例をあげると、『大阪朝日新聞』紙上に「北支経済開発座談会」が連載されている。そのなかで伊沢道雄（南満州鉄道株式会社理事）(3)は、

かりに現在の支那の鉄道発達の状態を他の諸国と比較して見ますと世界中にこれほど鉄道が発達してゐない国はないのであります。お隣の満洲と比較して見ますと満洲が約一万キロに対して支那全体で約一万キロ、これを満洲の程度に発達されるとすれば面積の割合から申しますとさらに七万キロ、人口の割合から申しますと十万キロの鉄道を要する(4)。

と、鉄道建設の必要性とその期待を述べていた。中山太一（大阪商工会議所副会頭）(5)は、

青島港はいま三百万トンくらゐの能力があるとすればこれに少し金をかけると二倍位にはなるでせう。この方を

進めるとともに単線の鉄道を複々線にしてそして向ふの運河の方も済南を中心としていろいろ計画して貰へば十分のことは出来るでせう。(6)

と青島港の港湾修築・拡張と鉄道複線化に期待を寄せる、大阪財界の世論を紹介している。

このように、満洲国における経済開発をモデルとしながら、華北占領地の鉄道・港湾をはじめとするインフラ整備が盛んに議論されていたのである。

占領行政についてみると、三七年一二月に華北占領地を管轄する日本側傀儡政権である中華民国臨時政府が発足した。翌三八年三月二六日には、臨時政府行政院長王克敏を含む日中各五名の委員をもって構成する日華経済協議会が成立し、王克敏が会長に、日本側委員であり北支経済顧問である平生釟三郎が副会長に就任している。(7)(8)(9)九月一九日開催の第四回日華経済協議会では以下の事項が決定された。

一、棉花は……北支農民の最も有利な耕作物であるのみならず日本の最も重要なる産業の原料であるからこれが増産に先ず日華協力して当ることとしてその具体的方法を審議決定した。

一、中国聯合準備銀行の機能をさらに一層強化し、また北支に必要なる第三国資材の輸入を容易ならしむることは北支の金融貿易……また北支資源開発のため可及的速かにその実現を必要とするのであるから中国聯銀に外国為替基金を設けしむるとともにこれを利用する北支の第三国資材の輸入を北支物産の輸出にリンクせしめ以て貿易の健全なる発達をはかる事に決定した。

一、日本における北支那開発株式会社設立の進行に呼応し北支における重要産業たる石炭、鉄、電力、塩及び石炭液化の五事業につき……帝国政府の特殊法による中国法人たる子会社を原則として日華合華（弁か?……引用者）必要なる場合は第三国資本を参加せしめて設立し……。(10)

ここに列挙されている綿花、石炭、鉄（鉄鉱石）、塩、これにアルミニウム原料としての礬土頁岩[11]、これらが華北経済開発において期待された資源であった。また、三八年九月の段階では「北支に必要なる第三国資材の輸入を容易ならしむる」といっているように、英米など第三国資材の輸入を前提に考えられており、場合によっては「第三国資本を参加」させることも想定されていたことに注目したい。この時点では、アウタルキー的志向はほとんど見られず、英米圏諸国との貿易および投資により、重要物資を確保しながら、中国占領地の経済開発を行うことが考えられていたのである[12]。

2　長期戦と長期建設

武漢陥落（一九三八年一〇月）を機に日中戦争が長期戦段階に入るとされているが、この言葉と同時に長期建設の語が用いられるようになった。たとえば、

年初早々「蔣政権を相手にせず」の我が根本方針が決つてから、五月の徐州会戦、十月の武漢、広東陥落と支那事変の我が軍事作戦は全く驚異的な戦果を収め、事変はいよいよ「長期建設」の段階に入つた[13]。

という用い方がその典型である。事変が長期戦の段階に入ったことは、とりもなおさず長期建設の段階に入ったことを意味していた。長期戦と長期建設の関係について津島寿一（日本銀行副総裁）[14]が次のような説明を行っている。

私は是は今次の事変が単純なる短期の武力戦でない。極めて長期に亘つて経済建設の一大事業を遂行しておるものであると云ふ斯う云ふ見地から、斯の如き各種の方策が講ぜられ、又将来に於ても講ぜられむとして居るのであると……考へるのであります[15]。

日中戦争が長期戦となった要因の一つは、短期戦では決着がつかなかった、という中国側の抵抗の強さであろう。た

だ、短期戦から長期戦に変わったことによって、戦争の時間的な長さが変わっただけではなく、戦争の性格が変わっていることが重要である。すなわち日中戦争は短期の武力戦として終わることができなかったことにより、長期の経済戦・経済建設へと姿を変えた、といえるのであり、当時の人々は戦争の性格の変化を認識したからこそ、長期戦と並んで長期建設という語を用いたのであった。

もう少し政府関係者の説明を聞いてみよう。大蔵省の迫水久常金融課長は三八年一二月に行った講演のなかで、

問題ハ、我国ガ今日戦争ヲシテ居ツテ、同時ニ所謂長期建設ヲ遂行サセテ居ルニ就テ、日本ノ経済力トイフモノハドウイフ風ニ考ヘタラヨイカトイフ点カラ出発シテ行キタイト思ヒマス。……戦争下ニ於ケル我国ノ経済力ト申シマスト、ソレヲ具体的ニ申セバ戦争並ニ長期建設ノタメニ必要トスル資材物資ヲドレダケ調達シ得ルカトイフコトニナルト思ヒマス(16)。

「我国ノ経済力」は、物資動員計画が策定されている時期に、物動の前提として重要視された概念である。この資料のなかで注目したいのは、「我国ノ経済力」が必要とされる理由、すなわち経済力の使い道は「戦争並ニ長期建設ノタメニ必要トスル資材物資ヲドレダケ調達シ得ルカ」ということであった。対中国戦争に費やした狭義の戦費と並んで長期建設のための資材物資が日本の経済力の消費目的とされているのである。日中戦争には支那事変特別会計が編成され、膨大な軍事費が費やされたことはよく知られている。この膨大な軍事費の使途は、武器・弾薬・兵器といった狭義の軍事費に加えて中国占領地において長期建設を行うためのあらゆる費用を含んでいたのである。その結果、日中戦争は、日本近代史上かつてないほどの金のかかる戦争となったと考えられる。

また、この迫水講演は、次の部分が後の歴史的事実と大きく異なっていた。すなわち、迫水は日露戦争時に日本が巨額の外債に依存して戦費を調達したことを引き合いに出して、

併シナガラ斯ウイフ状態デ、詰リ外債ヲ一ツモ起サナイデ果シテ日本ガコレカラ先ノ長期建設ヲ実行シコノ時局ヲ乗リ切ツテ行ケルカドウカトイフコトハ、上来縷々申上ゲタ所ニ依ツテ御了解願ヘタト思ヒマスガ、到底不可能デアツテ少クトモ再来年度アタリニハ相当ノ外資ヲ導入シタイトイフコトハ私共財務当局ノ深ク念願スル所ナノデアリマス。(17)

と、長期建設を遂行するために外債の発行、外資の導入を熱望していたのである。これは、先にふれた日華経済協議会の決議や後に紹介する日満財政経済研究会の主張とも共通している。この段階において、アウタルキー的な主張は政府の公式見解からは見えてこない。むしろ、英米との協調関係を前提として、外債発行・外資導入に依存しながら、長期建設を遂行する、というのが政府の基本方針であった。

3　石橋湛山の長期建設論

日中戦争における長期建設論のなかで、国際情勢認識に優れ、なおかつリベラルな立場を堅持したものとして石橋湛山の見解を検討しよう。石橋湛山は、一九三八年末から三九年初頭にかけて長期建設をテーマに数回の講演を行っており、それを原稿化した文章が『東洋経済新報』誌上に掲載されている。まず、長期建設は、対中国戦争のみから説明されているわけではないことに注目したい。

然るに今度の場合は、以上に申しましたやうに、蔣政権を倒しましても、新政権を育て上げなければならない。従来からの満洲の開発は言ふ迄もありませんが、それに加へて、更に支那の開発に、非常な力を注がなければならぬ立場に居る。……又モウ一つ他の方面を見ますと、ソ連といふものがある。又英米の軍備拡張といふものがある。……ソ連は……万一にも日本の国力が弱つて、日本の武力与《くみ》し易しと見られるに至りますれば、決して出て来ないとは限りません。更に又、日本の武力、国力といふものが弱つて来れば、英国、米国等の圧力も一層加つて来ることは明白である。[18]

すなわち、「支那の開発」に加えて、ソ連が日本（満洲国も含む）に侵攻してくる可能性、あるいは英、米による経済的圧迫が強まる可能性に鑑みて、日本の「国力」「武力」を強化する必要が説かれているのである。日中戦争初期においては、対中国戦争それ自体によって日本の国力が消耗する、という認識は稀薄であり、石橋のように潜在的な脅威としてのソ連、イギリス、アメリカとの対決に備えて国力を高めなければならない、というものが主流であった。この限りにおいて、当時の石橋の見解は時代の主流と変わるところはなかった。

しかし、石橋講演の結論は、「蔣政権が何とか片付かぬ限り戦争は継続しませう。又支那の開発、軍備の充実も必要である。けれども此の事態は非常に長く続くのであるからその覚悟で、国家の生活全体に支障を生ぜぬ方策を執つて行かなければならない。そこに長期建設の意味がなければならぬと考へるのであります[19]」と、長期建設の「長期性」に鑑みて、急激な経済の変化を批判しているのである。講演の冒頭で、長期をどれくらいの期間として想定するか、という点について「五十年から百年」とまでいっている。言い換えれば五〇年から一〇〇年は日本の国力を高め、長期建設を継続する、ということであり、その間には新たな戦争（対ソ戦や対英戦・対米戦）は開始できない。ここにリベラル派としての石橋の主張が込められているが、長期建設そのものは論壇においても広く受け入れられ国民の常識となっていた、ということも重要である。[20]

4　英米妥協論の背景

池田成彬蔵商相期に本格化する外貨獲得・輸出振興策は、日中戦争の戦費に加え、長期建設のための資金調達を目的としていた。また、そのために日本政府関係者、満洲国政府関係者ともに第三国貿易の重要性を主張していた。大久保利賢（横浜正金銀行頭取）は、一九三八年一一月二四日の日満支経済懇談会席上で「長期建設の運行に連れまして、益々物資の需要の増加致します事は、論を俟たない……是は啻に日満支内の自給自足に依つて、補つて行かれるものではございません[21]」と断言していた。また、三九年一二月七日の第一回東亜経済懇談会席上では横山龍一（満洲国総務庁参事官）が「即ち、資源開発に必要なる機材を諸外国から輸入するといふ為に、相当外貨を必要とすることが大きいのであります[22]」と明言しており、日満支ブロックのかけ声とは裏腹に、第三国貿易に依存しつつ長期建設を進めるという考え方が政府内では一般的だったのである。

第三国貿易を重視して長期建設を遂行するためには、対英米関係の協調が必要となる。たとえば、このころの日満財政経済研究会は、対英米妥協の道を主張していた。その論法は、まず、理想的には「東亜「ブロック」ノ「アウタルキー」ノ実現」が説かれるが、現実にはそのようにならない、という見方が示される。

> 嚮ニ発表セル吾人ノ貿易計画ニ於テハ極力東亜重点主義ヲ採リ、能フ限リ東亜「ブロック」ノ「アウタルキー」ノ実現ヲ期シタルニモ不拘《かかわらず》尚依然トシテ、国防資源ノ英米ニ依存スルノ甚シキヲ如何トスヘカラス、即昭和十四年度ニ於テ、鉄鉱石四七％銑鉄四七％ヲ、更ニ非鉄金属ニ至ツテハ、亜鉛九六％鉛八九％錫一〇〇％アルミニウム六一％ボーキサイト六九％ニツケル九一％……ヲ英米ニ仰クノヤムナキニ至レリ[23]。

そこで、一時的にではあるが、「我国重要輸入国防資源ノ大部分ヲ供給シ我国輸出品ノ最大市場タル英米両国トノ良好ナル経済関係ノ維持ハ両三年ノ間絶対ニ必要ナリ[24]」として中国問題をめぐって英米との妥協が提唱される。そして、英米との妥協を主張する背景には、「対ソ戦近し」という情勢認識があったことが重要である。

日満財政経済研究会は、石原莞爾の影響下にあり、対ソ戦を正面に掲げ、対中国戦争は早期に解決する、という立場であったことはよく知られているが、対ソ戦の想定は、石原グループのみならず、陸軍中堅層のなかに相当な広がりを持っていたことが重要である。三八年一一月二五日、水交社に陸軍、海軍の中堅層が集まり、対ソ戦見通しについて議論を交わしている。

昭和十三年十一月二十五日（於水交社）

陸軍側　田中大佐　影佐大佐　岩畔《いわくろ》中佐　山本中佐　富田中佐　西村少佐

海軍側　岡大佐　高木大佐　堀内中佐　山本中佐　神中佐　藤井中佐

海軍側ヨリ先ヅ英、米海軍軍備ノ状況説明後懇談

（海）陸軍ノ一部ニハ二、三年以内ニ蘇聯ト開戦セザルベカラズトノ意見有スル趣ナルガ果シテ然ルヤ。

（陸）数年以内ニ蘇聯ヲ討タザルベカラズトノ意見ハ陸軍ノ全体一致セル意見ニシテ陸軍ノ常識トモ称スベク今日之ニ異論ヲ称フル者ナシ。(25)

この会合は、陸軍側の対ソ戦断行論と海軍側の対ソ戦無用論とで激しい応酬が続き、議論は最後まで平行線をたどったままであった。このほか陸軍側では、たとえば東条英機陸軍次官が同年一一月に、軍需工業関係者の会合で「日ソ衝突を不可避と論じ、又ソ支同時二正面作戦を覚悟するを要す(26)」と語ったことが伝えられている。また、翌三九年三月にも岩畔豪雄陸軍省軍事課長が、武部六蔵企画院次長に対し、「対ソ開戦は十八年頃から二十年頃ならんと予定す」と語っている。(27)

ジャーナリズム（民間）のなかにも「生産力拡充においても、東亜協同体を目標とする平和的建設工作と、第三国に対する戦争待機工作との「二正面作戦」を張らねばならない(28)」という発言があり、「二正面作戦」という語は広範に流布していた。

三八～三九年にかけて盛んに行われた第三国重視の外貨獲得・輸出振興策は、日中戦争遂行に加え長期建設の資材・原料・機械を確保（輸入）することを目的としていた。そのさい、日本の貿易構造が輸出入ともに英米依存であることは認識されており、英米依存を継続したまま長期建設・生産力拡充を遂行するために英米との妥協も主張されている。このころの長期建設論は、対中国戦争の遂行とともに対ソ戦の開始を想定したものであった。「対ソ戦近し」という認識は石原グループのみならず陸軍内部に広範に存在していた。また、中国の経済建設と第三国のいずれかとの戦争準備の必要を唱える見解は、軍部のみならず、民間ジャーナリズムにも存在していたのである。

二　東亜共栄圏と長期建設

1　一九四〇年の外交転換

政府は一九三八～三九年にかけて第三国貿易重視策を実行していたが、その間においても貿易をめぐる二つの考え方は対立していた。一つは、英米圏をはじめとする第三国貿易を重視し、円ブロック貿易は抑制すべしという見解、すなわち政府見解である。これに対して、日満支ブロックを前面に掲げ、満洲国、中国占領地の経済開発を進め、円ブロック貿易を拡充することが、日中戦争の戦争目的にも適い、東亜の目指すべき道である、という見解が存在した。この両者の対立と、その帰結については第Ⅰ部第一章において明らかにしたので、繰り返さない。

二つの考え方の相違が解消したのは、一九四〇年である。同年春のドイツのヨーロッパ戦線制圧、フランス、オランダの降伏・占領を受け、従来日本が執ってきた欧州戦争「不介入政策」が「弾力化」し、「東亜に於ける自主的立場」が強調されるにいたった[29]。これ以降、北部仏印進駐、日独伊三国同盟調印へと日本の外交政策は、対英米協調のわずかの可能性をも放棄し、枢軸陣営への参加に踏み切ることになる。「大東亜共栄圏」の語[30]が七月二六日、松岡洋右外相によって初めて用いられ、一〇月には企画院が立案した日満支経済建設要綱が作成される。九月ごろには、こうした外交路線上の一連の変化を政府は「外交転換」と呼ぶようになる。

外交転換に関する政府見解を示す文書として、企画院が閣議に提出した「外交転換ニ伴フ応急対策要目」（四〇年九月二七日）[31]がある。内容は以下のようなものであった。

（1）物動計画ノ改訂及生産力拡充計画ノ合理的再編成
（2）転業対策トシテノ国民労務活用再編成施設ノ整備
（3）物資回収ノ強化徹底
（4）消費規正ノ強化
（5）技術、物資、機械等ニ関スル独伊ノ活用
（6）金融ノ計画的統制ノ急速実施（中略）
（7）船舶対策ノ急速実施
㈠配船ノ全体的管理体制ノ至急整備、㈡独乙船舶ノ急速利用、㈢和蘭等第三国船舶ノ獲得利用ニ対スル措置
（8）貿易対策ノ改訂
㈠独伊ニ対スル貿易ノ促進、㈡東亜共栄圏ノ貿易ノ増強、㈢輸出物資ノ転換、㈣第三国利用、輸出入先ノ転換等輸出入対策ノ樹立
（9）国内繊維資源ノ補給ニ重点ヲ置ク生糸政策ノ転換。尚当面帝蚕ノ生糸買上資金ニ対スル強制融資ヲ拡大スルコト

（10）外交転換ニ対スル輿論指導

補足説明をすると、（1）は第三国貿易に依存しない計画に改訂すること、（2）は第三国貿易に関係する輸出産業（中小工業）の転廃業、（3）、（4）も第三国貿易途絶に伴う規正（規制）強化と考えられる。（7）では、早々と「和蘭等第三国船舶ノ獲得」が謳われているが、おそらく本国がドイツに占領されている蘭領インドを念頭に置いて、交渉の上でオランダ船籍の船舶を活用しようとする策であろう。（8）では貿易政策を英米協調（第三国重視）から独伊および東亜共栄圏を相手にするものに転換すること、（9）ではとくに対米輸出が大きかった生糸について国内向けに用途を転換すること、（10）では外交転換を支持する世論誘導が謳われている。

政府にとってみると、四〇年の外交転換は、従前の第三国貿易重視方針とは一八〇度異なる方針を選択したことになる。各分野において、外交転換に適合した政策を樹立する必要があった。当面、日満支の三国関係について、重要な基本方針を盛り込んだ文書が日満支経済建設要綱であった。

2　日満支経済建設要綱

政府は、外交転換に伴い日満支経済建設要綱（一九四〇年一〇月三日閣議決定）を策定した。冒頭部分を紹介すると、

東亜ノ新秩序ヲ建設シ世界永遠ノ平和ヲ確保スベキ皇国ノ使命ヲ具体的ニ達成スルタメニハ我国内体制革新ノ過程ト生活圏ノ拡大編成ノ過程トヲ綜合一体的ニ前進セシメ以テ国防国家ヲ速ニ完成スルヲ要ス従テ皇国ノ基本的経済政策ハ次ノ三大過程ノ綜合計画性ノ上ニ確立セラルルコトヲ要ス

一、国民経済ノ再編成ノ完成

二、自存圏ノ編成強化

表10　日満支経済建設要綱の作成過程

原　　案　(1)	修　　正　　案	決　　定　(8) 1940. 10. 3
なし	大東亜協同経済圏(2) 東亜ノ協同経済圏(4) 東亜共栄圏(6)	東亜共栄圏
なし	①我国民経済ノ再編成ノ完成 ②我基本生活圏ノ編成強化 ③我協同経済圏ノ拡大編成(3) ①国民経済ノ再編成ノ完成 ②自衛圏ノ編成強化 ③協同経済圏ノ拡大編成(4) ①国民経済ノ再編成ノ完成 ②自存圏ノ編成強化 ③東亜共栄圏ノ拡大編成(6)	①国民経済ノ再編成ノ完成 ②自存圏ノ編成強化 ③東亜共栄圏ノ拡大編成
なし	日満支経済建設ノ目標ハ概ネ皇紀二千六百十年頃迄ニ日満支ヲ一環トスル自給自足的経済態勢ヲ確立(2) ……二千六百十年迄ニ……(4)	日満支経済建設ノ目標ハ概ネ皇紀二千六百十年迄ニ日満支ヲ一環トスル自給自足的経済態勢ヲ確立
日満支経済建設遂行ノ為概ネ三十年ヲ予定シ…… 第一期（五年） 第二期（十五年） ……日満支経済自給自足態勢ノ完成…… 第三期（十年） ……東亜外郭地域の経済的発展ヲ指導シ以テ大東亜政策ヲ完成……	……概ネ二十年ヲ予定シ…… 第一期（五年） 第二期（十年） 第三期（五年） ……東南アジア及南洋諸地域ノ経済的発展ヲ指導シ……(2) 上記を削除(3)	なし
なし	日本ヲ中心トスル大東亜協同経済圏ヲ一体トセル生産経済主義ニ基ク貿易政策ヲ確立……(3) 従来ノ商業的貿易理念ヲ改メ皇国ヲ中心トスル……(5)	従来ノ商業的貿易理念ヲ改メ皇国ヲ中心トスル東亜共栄圏ヲ一体トセル生産経済主義ニ基ク貿易政策ヲ確立……
なし	金融ノ基礎ヲ回収ノ確実性ヲ中心トスル信用ニノミ置ク従来ノ通念ヲ改メ国家トシテ所要ナル物資ノ質及量ノ確保ヲ可能ナラシムルコトヲ主眼トスル如クニ金融ノ編成替ヲ行	国防経済完遂ノ為ニハ金融ノ基礎ヲ回収ノ確実性ニノミ置クコトナク国家トシテ所要ナル物資ノ質及量ノ確保ヲ可能ナラシムルコトヲ主眼トスル如クニ金融理念ノ転換ヲ行フ

	フモノトス(3) 国防経済完遂ノ為ニハ……(5) 金融ノ基礎ヲ回収ノ確実性ヲ中心トスル信用ニノミ置カズ……(6)	

資料　(1)『日満支経済建設方針』（A），(2)『日満支経済建設方針』（B），(3)『日満支建設方針要綱』，(4)『日満支経済建設方針要綱』，(5)『日満支経済建設方針要綱』（昭和15. 8. 22，企画院），(6)『日満支経済建設要綱』（昭和15. 9. 3，企画院），(7)『日満支経済建設要綱』（昭和15. 9. 9，企画院），(8)『日満支経済建設要綱』（昭和15. 10. 3，閣議決定）。いずれも国策研究会文書（美濃部洋次文書）文書番号 E：10：2～E：10：9『日満支経済建設方針』綴所収。

三、東亜共栄圏ノ拡大編成

（中略）

第一　基本方針

一、日満支経済建設ノ目標ハ概ネ皇紀二千六百十年迄ニ日満支ヲ一環トスル自給自足的経済態勢ヲ確立スルト共ニ東亜共栄圏ノ建設ヲ促進シ以テ世界経済ニ於ケル地位ヲ強化確立スルニ在リ（以下略）(32)

まず、「第一　基本方針」において、「皇紀二千六百十年迄」すなわち一九五〇年までに「日満支ヲ一環トスル自給自足的経済態勢ヲ確立」することを謳っていることが重要である。日満支ブロックを自給経済圏（アウタルキー）として確立することを公式に決定したわけである。そのさい、「皇国」（内地）は「国民経済」と表現され、「満洲国」「北支蒙疆」は「自存圏」、「中南支」は東亜共栄圏に位置づけられている。そして、「皇国」「満洲国」「支那」それぞれの立地すべき産業が明記され、分業・棲み分けが図られているのである。

表10に日満支経済建設要綱が成立するまでの変更・修正の過程をまとめた。一九五〇年という期限は、当初の原案には存在しなかった。かわりに第一期（五年）、第二期（一五年）、第三期（一〇年）という期間が設けられ、第二期に「日満支経済自給自足態勢ノ完成」が盛り込まれていた。第二期の終了までに、と解釈すると、概ね一九六〇年までに自給自足態勢を確立する、という計画となる。修正案の欄を見ると、東亜共栄圏に類

する用語が導入され、最終的に盛り込まれた国民経済、自存圏、東亜共栄圏の三層構造が、言葉を変えながらも見えている。そして一九五〇年ごろまでに日満支の自給自足経済態勢という文言が現れ、その後「頃」は削除される。また、第一期〜第三期の時期区分計画は途中で消滅している。「従来ノ商業的貿易理念ヲ改メ」あるいは「金融ノ基礎ヲ……信用ニノミ置ク従来ノ通念ヲ改メ」など貿易と金融に関する経済合理主義を排する文言が途中で加えられ、最終稿にも生かされている。

同じころ、日満財政経済研究会は「綜合計画案要綱」（四〇年六月）を作成、自給自足達成時期を一九六〇年（二〇年計画）としていたが、東条陸相に賛成されず却下されたという。日満財政経済研究会はこれを最後の報告書として解散を余儀なくされた（九月）。「石原イズム濃厚」な案ゆえに破棄された、とされているが[33]、自給自足の達成が二〇年計画では悠長に過ぎるために時勢に合わなかった、と見ることもできよう。換言すれば、閣議が日満財政経済研究会を乗り越えてしまったと考えることもできるのではないだろうか。

3　貿易路線の転換

一九四〇年一一月に開催された東亜経済懇談会第二回総会では、外貨獲得を目的とする第三国貿易よりも日満支貿易を優先すべきである、との意見が大勢を占めるにいたった。すでに第Ⅰ部第一章でふれているので、簡単にまとめておくと、太田静男（三井物産株式会社常務取締役）は第三国からの輸入に「金貨或ひは物を以て支払つて居る」と批判し、山梨武夫（駐日満州国大使館参事官）は「例へば外貨がありましてもアメリカから輸入致したいと思ふ鉄とか石油とか銅とかいふやうなものが買へなくなる。殊に東亜共栄圏の確立の度が進むに連れて敵性国家の吾々に対する敵性は益々度を強く致して来ると思ふのであります」と指摘していた。そして、桑原幹根（日本商工会議所理事）は「外貨の獲得のみを狙ひまする所の輸出振興は最早目的を見失つてしまつたと云つて差支へない」と言い切るのである。[34]

四一年一二月五日開催の第三回東亜経済懇談会大会では日満支経済建設要綱について津田広（商工省鉱産局長）は以下のように述べていた。

丁度前回の大会のありました昨年の十一月に政府は「日満支経済建設要綱」を策定発表致しまして、爾来其の構想の下に我々も斯かる大東亜圏の確立、高度国防国家の建設に努力して参つたのでありまして、寧ろ考へやうに依りまするると、第三国よりの輸入の杜絶は大東亜の当然往くべき途を推進して呉れました絶好のチャンスであつたとも見ることができると思ふのであります。[35]

このように、一九四〇年半ばの外交転換と日満支経済建設要綱は、英米依存、第三国貿易重視の貿易路線を日満支ブロック、東亜アウタルキー構築へと転換するメルクマールをなすものだったのである。

東亜経済懇談会第三回大会の会期中に真珠湾攻撃が行われ、対英米戦争が始まった。異様な熱気に包まれた東亜経済懇談会大会（大阪懇談会）では、大陸における長期建設が進捗し、資源は予想以上に豊富にある、という認識が示され、長期建設の達成度が誇示された。影山誠一少佐（陸軍省経理局監査課）は、

此の今日の戦果は、我々が着る物を着ず食ふものを十分食はず、鉄・石炭等軍備の充実に尽した為であります。大体支那事変に使ひました資材は僅か三〇％に過ぎないのであります。あとは東亜の盟主として、満・華・蒙の方に充分信頼して戴きたいやうに軍備を充実したのであります。……日本の軍備は充分戦争に足るだけの準備は出来て居ります。僅か三〇％を支那に使つてあと七〇％は今日あるが為に備へて居つたのであります。[36]

と日中戦争の軍事費が狭義の日中戦争にのみ使われたのではなく、来るべき対英米戦争の軍備に使われていたことを明らかにする。長期建設は、ここに陽の目を見ることになったのである。

もっとも、対英米戦争のわずか一年前に決定した日満支経済建設要綱では、「概ネ皇紀二千六百十年迄ニ日満支ヲ一環トスル自給自足的経済態勢ヲ確立スル」とされていたにもかかわらず、九ヶ年早い一九四一年一二月に対英米戦争が始まってしまったのである。その意味では一九五〇年ごろに対英米戦争が可能となるような生産力・軍備を蓄積する、という長期建設構想は、その根本から否定されたことになる。太平洋戦争中には大陸の経済開発は盛んに論じられるが、それを「長期建設」という語で説明することはなくなっていく。リベラル派の石橋湛山が、長期をできる限り長く見ることにより、戦争の危機を低減（先送り）し、かつ急激な戦時経済化を批判していたように、長期建設という概念には、事実上、戦争を棚上げ（先送り）するという意図も込められていた。長期建設とは、将来対ソ戦争あるいは対英米戦争がある、と想定されていた日中戦争期固有の概念だったのである。

おわりに

さて、太平洋戦争の開始により、それまでの長期建設は経済建設という用語に切り替えられ、内容的には継承されることになる。安達宏昭『「大東亜共栄圏」の経済構想―圏内産業と大東亜建設審議会―』(37)に依拠して、太平洋戦争中の経済建設構想を審議した大東亜建設審議会の動向にふれておきたい。

政府は一九四二年二月に大東亜建設審議会設置を閣議決定した。大東亜建設審議会は、首相を総裁として委員に政財界の有力者を集めた組織でその後、いくつもの答申を作成していくことになる。四二年における審議では、企画院原案（「大東亜経済建設基本方策」）は、産業建設の期間を二期一五年（五年と一〇年）と設定していたが、その基礎には四〇年一〇月に閣議決定された「日満支経済建設要綱」がある、と安達は指摘している。ただし、日満支経済建設要綱では、日本内地（＝皇国）を中心として朝鮮、満洲、中国の分業体制が定められていたが、大東亜経済建設基本方策では企画院の日下藤吾らの考え方が通り、「産業の日本集中体制の清算」[38]と「多元的自給圏」が謳われていた。これに対して商工省は、企画院原案が主張する内地集中の抑制、工業の大東亜共栄圏内分散に反対し、産業建設における皇国（国内産業）の優位性と指導性を主張した、とされる。商工省原案作成の中心人物である吉田秀夫は、「工業の日本への集中は……日本の東亜指導力の経済的基礎」[39]であると考えていた。商工省が産業配分に際して日本の指導性を強調し、圏内各地に及ぶ統制を内地統制会に求めた理由は、商工省が重要産業の統制会理事（民間企業）と協議しながら原案を作成したことに求められる。

このように四二年においては、一五年というスパンで、大東亜共栄圏内の各地を包含したさまざまな長期計画と国土計画が作成されたこと、企画院が、日本民族の大東亜共栄圏内における配置の問題を重視して人口政策、国土計画を策定していくのに対して、商工省は、重要産業の統制会（＝産業界）の意向を踏まえながら、より現実的で内地中心の共栄圏構想を抱き、両者が対立しながら「玉虫色」の文言で答申が作成されたことが明らかにされた。

日中戦争期の長期建設は、太平洋戦争期においても大東亜経済建設として、引き続き議論の対象となっており、そのなかでは大東亜共栄圏内分業、大東亜共栄圏内工業化を認めるか否かについての見解の対立も続いていたのである。本書では、日中戦争期における大陸経済建設を長期建設、太平洋戦争期における大陸経済建設を経済建設と称し、区別するが、大陸経済建設それ自体は中国における日本軍占領地において継続して行われていたことに注目している。第Ⅱ部では、日中戦争期・太平洋戦争期にかけての大陸経済建設の実態を解明することにしたい。

註

（1）日中戦争以前の日満あるいは日満支ブロック構想についてはルイーズ・ヤング著、加藤陽子他訳『総動員帝国　満洲と戦時帝国主義の文化』（岩波書店、二〇〇一年）が詳しい。本書では、日満支ブロック論が軍部のみならず実業界をも巻き込んで日本社会の期待を集めている様子が明らかにされている。ただし、本書は日中戦争開始前の時期に関しても「円ブロック」という呼称を用いているが、厳密にはこの用語は第三国貿易との対比において用いられるので、外貨不足が顕在化する日中戦争期について用いるべきだろう。

（2）中村隆英『戦時日本の華北経済支配』（山川出版社、一九八三年）。

（3）伊沢道雄は、一八八八年九月生まれ、東大経済学部卒業、鉄道員書記、鉄道院主任、課長歴任、一九二七年満鉄入社、鉄道部渉外課長、鉄路総局次長兼運輸所長、満鉄理事、華北交通監事を歴任。猪野三郎監修『大衆人事録　第十四版　外地、満・支、海外篇』（帝国秘密探偵社、一九四三年）。

（4）「北支経済開発座談会　一六　最も急を要する鉄道、港湾の拡充　一港では到底不十分」（『大阪朝日新聞』一九三八年四月二九日）。

（5）中山太一の経歴については第I部第一章註(67)参照。

（6）『大阪朝日新聞』一九三八年四月二九日。

（7）王克敏は、一八七三年生まれ、民国期には中国銀行総裁、中華民国財政総長を歴任、奉直戦争のさいに失脚し天津で実業に専念、奉天軍閥派に投じ東北政務委員、日中戦争中に中華民国臨時政府初代行政委員長となる。『国史大辞典』（吉川弘文館、一九八〇年）。

（8）平生釟三郎は、一八六六年五月生まれ、九〇年東京商業学校卒業、韓国仁川海関幇弁、神戸商業学校校長を経て東京海上保険㈱に入社、同大阪・神戸支店長を歴任、その間に甲南幼稚園・甲南尋常小学校・甲南中学校などを設立し、一九二六年甲南学園理事長、三三年川崎造船所社長、三五年貴族院議員、三六年広田内閣文部大臣、三七年日本製鉄㈱会長、三八年北支那派遣軍司令官付経済顧問、鉄鋼連盟会長など歴任。平生釟三郎著、安西敏三校訂『平生釟三郎自伝』（名古屋大学出版会、一九九六年）四七六～四八二頁。平生の年譜をみると、戦時期の公職がきわめて多いことに気づく。財界の長老として名前を連ねた、という側面もあろうが、北支経済顧問就任に際して受諾の条件を六ヶ条の覚書に書き連ね寺内寿一司令官に提出した、というエピソードに示されるように占領行政に経済面から主体的に関わろうとした意志があったようである（河合哲雄『平生釟三郎』〈財団法人拾芳会、一九五二年〉七九〇～七九二頁）。また、華北経済開発に関しても内地工業との競合を避けるために重工業開発に反対し、あくまでも原料獲得にとどめるべきとの明確な見解を持っていた〈松浦正孝『日中戦争期における経済と政治―近衛文麿と池田成彬―』〈東京大学出版会、一九九五年〉二八五頁〉。平生をはじめとする戦時経済に主体的に関わった財界人たちの思想と行動は今後も研究すべき課題であろう。

(9)「北支経済開発座談会　一八　大局的見地から真の日支提携へ　挙国一致の建設進む」(『大阪朝日新聞』一九三八年五月四日)。

(10)「北支開発具体案完全に意見一致　第四回日華経済協議会」(『大阪朝日新聞』一九三八年九月二〇日)。

(11) 礬土頁岩の礬土とは酸化アルミニウム(アルミナ)のことであり、これをもとにアルミニウムが製造できる。ボーキサイトを欠く日本は、中国に埋蔵される礬土頁岩を用いたアルミニウム製造に期待をかけた。興中公司編(木村唯助講演)『アルミニウム工業と北支礬土頁岩』(一九三九年)。

(12) 外貨獲得のための第三国貿易を重視していた時期には、外資導入も視野に入れられていたことは注目すべきである。後述の迫水久常大蔵省金融課長の講演も同様のことを述べており、政府共通見解とみてもよいだろう。

(13)「戦費はかく賄った　長期戦体制整備に成功」(『中外商業新報』一九三八年一二月六日)。

(14) 津島寿一は、一八八八年生まれ、一九一二年東大法科卒業、大蔵省に入り各国駐在財務官を歴任、理財局長、大蔵次官を経て日本銀行副総裁。臼井勝美他編『日本近現代人名辞典』(吉川弘文館、二〇〇一年)。

(15) 津島寿一が三八年一一月二四日開催の日満支経済懇談会において行った発言。日満支経済懇談会事務局、社団法人日満中央協会編『日満支経済懇談会報告書』(一九三九年)八四頁。

(16) 迫水大蔵省金融課長談『円ブロック経済ノ上ニ於ケル外資ノ必要ニ就テ』一九三八年一二月一三日(調書・通商局一三一、外務省外交史料館所蔵)(二頁)。迫水久常は、一九〇二年八月生まれ、二六年東大法学部卒業、大蔵省に入り岡田首相の秘書官として二・二六事件に遭遇。その後大蔵省理財局金融課長、企画院第一部第一課長など歴任し革新官僚として知られる。臼井勝美他編『日本近現代人名辞典』(前掲)。

(17) 迫水大蔵省金融課長談『円ブロック経済ノ上ニ於ケル外資ノ必要ニ就テ』(前掲)三四頁。

(18) 石橋湛山「長期建設の意義と我経済の耐久力」(『東洋経済新報』第一八六五号、一九三九年四月二九日)。

(19) 同右。

(20) 日中戦争期の石橋湛山の主張・思想の評価は専門家でも苦慮するところのようである。本章で紹介した「長期建設の意義と我経済の耐久力」は増田弘も紹介しており、このころの石橋の一連の文章から「こうして湛山が日中戦争の長期化を予測すると同時に、日本が戦争の最終的勝者となれないとの見解を鮮明にしたのが一九三九（同一四）年の春から秋にかけてであった」と結論づけている。その論拠を支那ミミズ論（「地方分権制が発達しており、中央政府がなくなっても不便はあまりない。……ミミズのように頭や尻尾を切られても生きられる」）と蒋介石政権に対する高い評価（これまでの軍閥と違い民衆に基礎を持つ）であるとされている。増田弘『石橋湛山研究　「小日本主義者」の国際認識』（東洋経済新報社、一九九〇年）二五〇～二五一頁。本章では、石橋が蒋介石政権を高く評価したか否かは留保するが、むしろ長期建設を受け入れた上で、これも中国人要人の言葉を引用しながら五〇年から一〇〇年というきわめて長いスパンに組み入れてしまうことで、性急な戦時体制構築論や対ソ戦論を否定しているところにリベラル派としての真骨頂があると考えている。

(21)　大久保利賢（横浜正金銀行頭取）の発言。日満支経済懇談会事務局、社団法人日満中央協会編『日満支経済懇談会報告書』（一九三九年）八八頁。大久保利賢の経歴については、第Ⅰ部第一章註(39)参照。

(22)　横山龍一（満洲国総務庁参事官）の発言。社団法人東亜経済懇談会『東亜経済懇談会第一回大会報告書　昭和十四年十二月』（一九四〇年）二一三頁。横山龍一の経歴については、第Ⅰ部第一章註(62)参照。

(23)　日満財政経済研究会「長期戦下ノ対英米経済政策（中間報告）」一九三九年二月（日本近代史料研究会編『日満財政経済研究会資料—泉山三六氏旧蔵—』第二巻、一九七〇年）九〇頁。

(24)　同右、七六頁。

(25)　伊藤隆編『高木惣吉資料　日記と情報 上』（みすず書房、二〇〇〇年）二〇六頁。なお、資料中の人名は陸軍側から田中新一、影佐禎昭、岩畔豪雄、山本敏、富田直亮、西村敏雄、海軍側は岡敬純、高木惣吉、堀内茂忠、山本親雄、神重徳、藤井茂であろう。人名については、秦郁彦編『日本陸海軍総合事典〈第二版〉』（東京大学出版会、二〇〇五年）による。

(26)　昭和一三年一一月二九日。田浦雅徳・古川隆久・武部健一編『武部六蔵日記』（芙蓉堂書房、一九九九年）三五四頁。

(27)　一九三九年三月一九日。同右書、三七五頁。

(28)　飯島幡司（朝日新聞社出版局長）「生産力拡充の新段階—新秩序建設に順応して—」（『科学主義工業』第二巻第一〇号、一九三九年三月）。

(29)　『中外商業新報』一九四〇年六月二八日。翌日の同紙は、東亜経済圏の封鎖経済、孤立経済（＝アウタルキー化）に警告を発する以下のような社説を掲載していた。「自給自足経済の確立は固より急務ではあるが、更に緊要なることは東亜における日満支三国の経済的基礎事情を自覚し、相互依存性の限度を明確に認識することでなければならぬ」。「東亜経済協同体の理念又は東亜経済圏の意味する所も単純なる封鎖経済乃至孤立経済に跼蹐《きょくせき》（ひどく恐れかしこんで、身のおきどころもないさま…引用者）するが如き誤謬に陥つてはならぬことを力説して置き度い」（『中外商業新報』一九四〇年六月二九日、社説「東亜自主外交と貿易国策」）。このような、孤立主義路線に対する批判も、この時期には存在していたのである。

(30)「大東亜共栄圏」の使用例と意味に関しては、山本有造「「大東亜共栄圏」構想とその構造―「大東亜建設協議会」答申を中心に―」（古屋哲夫編『近代日本のアジア認識』〈緑蔭書房、一九九四年〉所収）を参照。

(31)「外交転換ニ伴フ応急対策要目」（一九四〇年九月二七日）（『公文別録内閣（企画院上申書類）昭和十五年～昭和十八年　第一巻　昭和十五年』国立公文書館所蔵）。

(32)「国策研究会文書」（美濃部洋次文書）文書番号Ｅ：10：9、『日満支経済建設方針』綴所収。なお、日満支経済建設要綱のもう一つの重要なポイントとして、日満支の分業を明記したことが指摘できる。製鉄業界の渋沢正雄（日本製鉄㈱常務取締役）は「右要綱（日満支経済建設要綱…引用者）は吾々が年来主張して来ました日・満・支三国の産業分野の協定確立といふことにも一言触れて居る」と歓迎していた。鉱業部会、一九四〇年一一月二七日、社団法人東亜経済懇談会『東亜経済懇談会第二回総会報告書　昭和十五年十一月』（一九四一年）三一一頁。

(33)中村隆英・原朗「解題」（日本近代史料研究会編『日満財政経済研究会資料―泉山三六氏旧蔵―』第一巻、一九七〇年）一〇頁。なお、宮崎正義家に残る書簡等の資料を活用した小林英夫は、日満財政経済研究会解散を一九四〇年末から一九四一年はじめころ、としている。もっとも解散理由は中村と同様石原莞爾の失脚（参謀本部離任）に求めている。小林英夫『「日本株式会社」を創った男　宮崎正義の生涯』（小学館、一九九五年）二〇〇～二〇一頁。

(34)社団法人東亜経済懇談会『東亜経済懇談会第二回総会報告書　昭和十五年十一月』（一九四一年）。

(35)鉱工業を主とする懇談会、一九四一年一二月五日。社団法人東亜経済懇談会『東亜経済懇談会第三回大会報告書　昭和十六年十二月』（一九四二年）一五〇頁。津田広の経歴は、第Ⅰ部第一章註(88)参照。

(36)大阪座談会、一九四一年一二月一一日（社団法人東亜経済懇談会『東亜経済懇談会第三回大会報告書　昭和十六年十二月』〈前掲〉五四三頁）。

(37) 吉川弘文館、二〇一三年。
(38) 安達宏昭、前掲書、五八頁。
(39) 同右、三六頁。

第Ⅱ部　華北における経済建設の実態

第一章　華北の石炭資源

はじめに

華北の石炭資源については、先駆的な研究として君島和彦[1]、依田憙家[2]によるものがあるが、開発計画の形成過程からその実績まで日中戦争期・太平洋戦争期を通して全体像を明らかにしたものとしては、中村隆英の研究[3]が到達点を示しているとみてよいだろう。中村は、大蔵省文書・外務省記録を渉猟することによって計画と実績の数値については基本的にすべて明らかにしている。また、最近では、企業史の観点から各社『営業報告書』を活用して進出企業、新設企業を網羅的に分析した柴田善雅による研究[4]がある。この研究によって、占領下の日本資本および中国資本の形態をとったほぼすべての企業の存在が明らかにされている。いずれの研究も、戦時中の華北・石炭開発は「失敗した」という評価を下しており、現時点においてもこの評価は変わることはないものと思われる。

ところが、戦時中の日本が行った開発について、これを「戦争交流」として再評価しようとする范力による研究（日本語）[5]が発表された。管見の限り、まだ「戦争交流」という見方に賛同する見解は見られないが（たとえば内田知行による批判[6]）、占領下中国経済の戦後中国経済への連続性の問題など検討しなければならない論点を提示したことは范力の重要な貢献であろう。

個別炭鉱研究としては、山西省諸炭鉱について窪田宏[7]、開灤炭鉱について吉井文美[8]、井陘炭鉱について畠中茂朗[9]による研究がある。窪田は東京経済大学所蔵の大倉財閥文書に含まれる山西各炭鉱の企業文書を駆使することによって、きわめて高い実証水準を誇る研究を行った。吉井は、イギリスに所蔵されている開灤礦務局文書（英文）や日英両国外交文書を駆使して、やはり実証水準を格段に引き上げつつ、華北の炭鉱で最も規模が大きく、かつ最も経営が安定していた開灤炭鉱が戦時期にも生産量を維持していた要因を明らかにしている。畠中は、戦時期に井陘炭鉱の経営を委託されていた貝島炭礦株式会社の一次史料を用いて、井陘炭鉱経営の実態に迫った。

また鉄鉱石（鉄山）に関する研究ではあるが山西省鉄鉱資源開発について内田知行[10]が、大倉財閥文書を利用して、実証的に経営の実態を明らかにし、中国最大の鉄鉱石産出を誇った大冶鉄山の日中戦争下の状況に関しては萩原充[11]が日鉄文書（東京大学所蔵）を用いて明らかにしている。この二つの研究は、占領下中国経済史研究の実証的な研究方法を示したものとして、本章でも参考にしている。

他方、中国人研究者が行った中国語による研究には、解学詩[12]、章伯鋒・庄建平[13]によるものがある。ただし、資料については当時の占領当局側（満鉄、興亜院など）が作成した日本語資料を用いていることに特徴があり、占領下中国経済史研究においては、依然として日本語資料の量が中国語資料のそれを凌駕しているという現実を知らされる。

占領下、華北における石炭資源開発について「開発は失敗した」という評価は動かないものと思われる。ただし、開発の原動力、開発の具体的な方法、個別炭鉱それぞれの類型的特徴、産業史的観点からの評価は必ずしも十分になされていない。本章は、中村隆英が用いなかった資料も検討しながら、華北の炭鉱全般を対象として産業史的研究を試みたものである。

一　華北石炭の特質

1　埋蔵量への期待

日中戦争が始まると日本国内のジャーナリズムや出版界では、中国の石炭埋蔵量が膨大な数値に達することが繰り返し論じられた。たとえば、中日実業公司副総裁・高木陸郎は「支那の石炭埋蔵量は二千四百三十六億七千七百余万噸（第四次中国鉱業紀要に拠る。第五次紀要に於ては約五十万噸減となつてゐる。）」[14]と啓蒙的な著書のなかで述べている。また、大々的に新聞報道がなされた東亜経済懇談会開会式講演（一九四一年一二月四日）において賀屋興宣蔵相は「第七十七回帝国議会に於きまして現に華北に於ける石炭資源は二千億噸と称せられ、世界有数の大炭田であると云ふ事実を指摘したことがあります」[15]と述べた。「北支石炭＝二〇〇〇億トン」というのが日中戦争期の論壇では定説となっていたのである。

さらに、埋蔵量の多さに加えて、「採掘のたやすさ」が強調された。ある程度、開発が進行した時点で、北支那開発株式会社から公刊された報告書は「全支の石炭埋蔵量は、近年の科学的探鉱によつて驚く可き数字に訂正されつゝあり、大体、二千四百億噸とも称されるが北支、蒙疆はまたその七〇パーセントを占めてゐる」とした上で、

炭層が極めて厚く、地表からの距離近く、坑内にてガスの発生少く、裸火でも作業を為し得るし、また湧水量少く、地盤強固なため坑木の使用量も僅少であつて、ひいては開発に要する資材資金等は、内地等の炭鉱業のそれの三分の一程度で事足りるものが多いのである。[16]

と開発が低予算で容易に進むという認識を示していた。この点に関しては、本章の実証により、各炭鉱が採掘に苦労

したことが明らかにされるであろう。ともあれ、戦時期に華北の石炭資源は、日本から大きな期待を寄せられていたのである。

2　華北炭鉱の地理的把握

まず、華北の炭鉱の分布について、図6「華北炭礦分布図」をご覧いただきたい。各炭鉱をある程度の地域的まとまりをもってAからSの記号を付している。記号の付与は河北省→山東省→河南省→山西省→蒙疆政権管内の順となっている。採掘した石炭の対日輸出という観点から各炭鉱の位置および石炭の輸送ルートを見ておきたい(17)。

対日輸出の都合上、最も有利なのは東シナ海沿岸部に立地する炭鉱である。代表的なものとして開灤炭鉱（図6中のB）は、産出した石炭を炭鉱内鉄道によって開平駅または唐山駅まで輸送し、京山線によって秦皇島駅まで輸送した。秦皇島港は開灤炭積出港として接岸した本船に直接積込む施設を完備しており、クレーン等機械による船積みを行っていた(18)。また、山東半島の各炭鉱も輸送条件は比較的良好であり、中興炭鉱（図6中のI）では棗荘駅から隴海線を経由して連雲港から船積みされた。また、博山炭鉱（図6中のG）では運炭線を用いて張店駅に至り、膠済線を経由して青島港から船積みされた。

これらに比して内陸部の炭鉱は、輸送距離が相対的に長くなる。河北省西部の井陘炭鉱・正豊炭鉱（図6中のD）は石太線を経由して石家荘より京漢線に入り京山線を経て塘沽港（図6中の大沽）から輸出された。さらに奥地にある大同炭鉱（図6中のR）は京包線を経て北京を通り京山線で塘沽港に至るが、京包線の張家口—北京間の峠越えを要するため輸送力には限界があった。華北の炭鉱は、その立地条件により対日輸出の容易さが異なることは留意しておくべきポイントだろう。

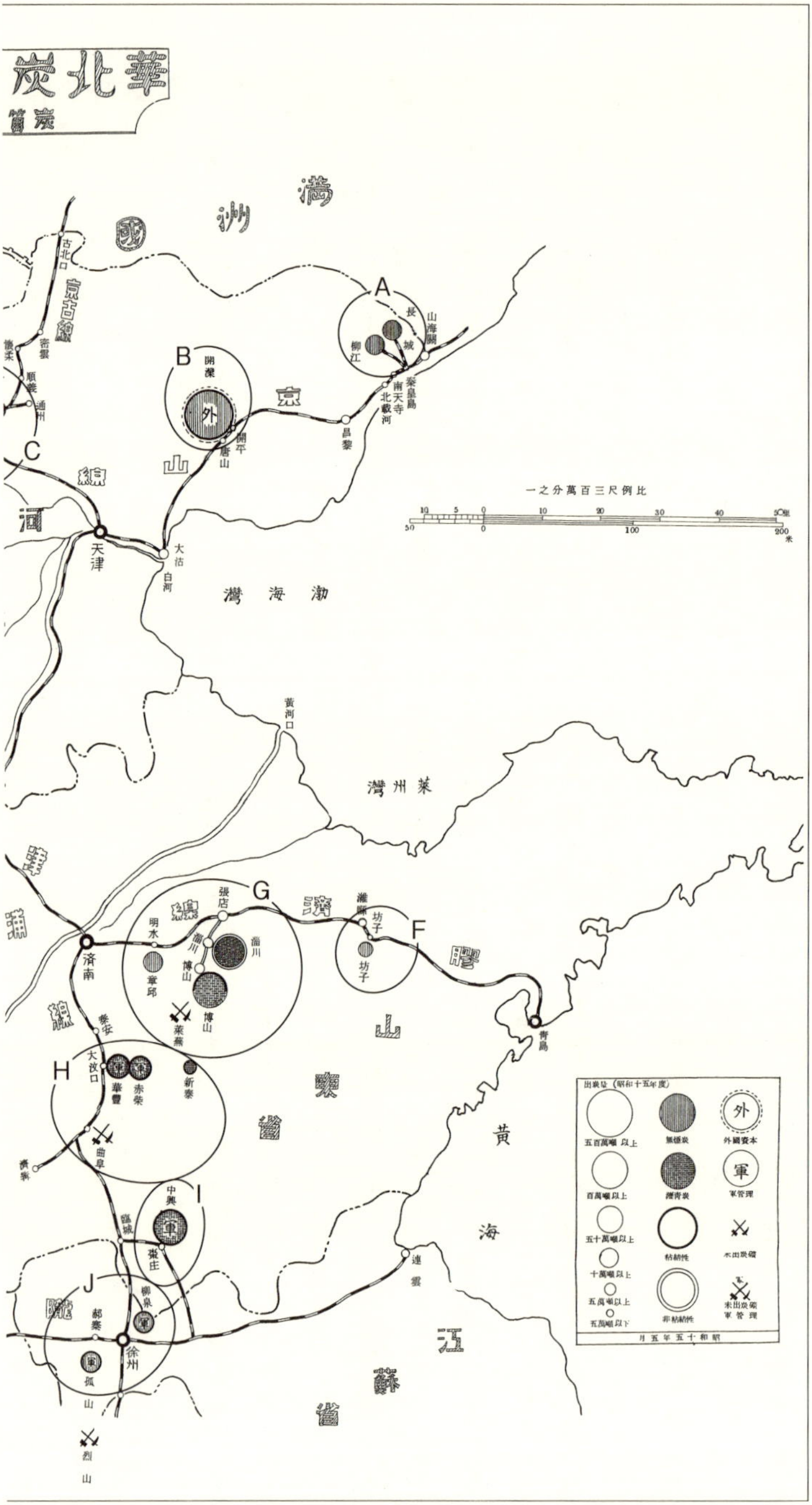
華北炭
比例尺三百萬分之一
出炭量（昭和十五年度）
五百萬噸以上
百萬噸以上
五十萬噸以上
十萬噸以上
五萬噸以上
五萬噸以下
無煙炭
瀝青炭
粘結性
非粘結性
外國資本
軍管理
未出炭礦
未出炭礦軍管理
昭和十五年五月
A
B
C
F
G
H
I
J
古北口
密雲
懐柔
順義
通州
開灤
開平
唐山
昌黎
北戴河
南天寺
秦皇島
山海關
長城
柳江
天津
大沽
白河
渤海灣
黄河口
萊州灣
済南
明水
張店
淄川
博山
章邱
萊蕪
濰縣
坊子
青島
泰安
大汶口
華豊
赤柴
新泰
曲阜
中興
棗庄
臨城
柳泉
賈汪
徐州
孤山
烈山
連雲
黄海

図」

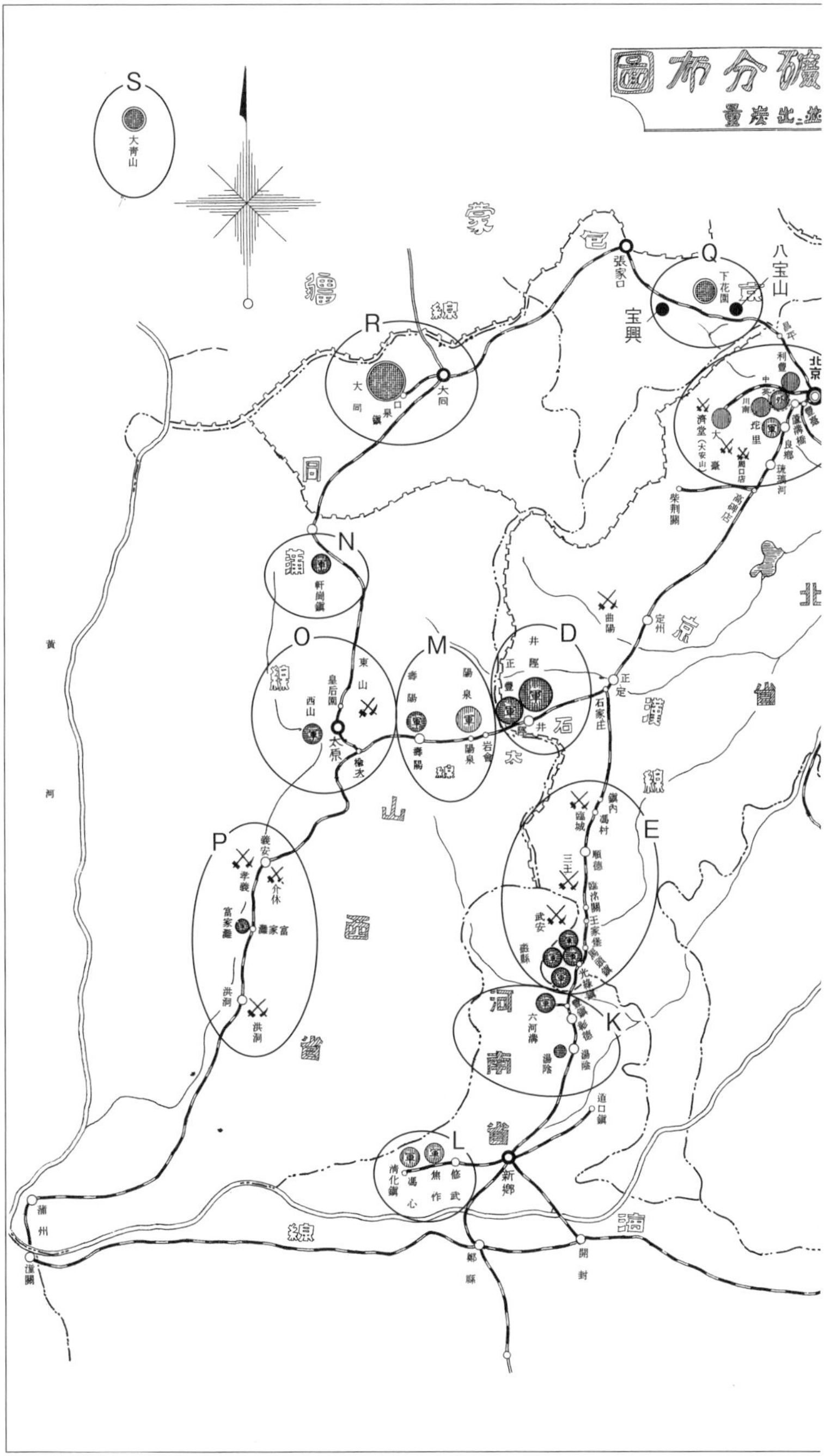

図6　「華北炭礦分布

出所　久保山雄三（興亜院嘱託）『支那石炭調査報告書』1940年。

（単位：千ｔ）

1942年	1943年	1944年
6,654	6,400	5,640
52	—	—
13	28	—
235	220	—
958	859	1,410
370	419	
357	501	430
524	307	240
77	66	—
466	354	270
2,517	2,239	1,930
320	376	600
218	156	
33	228	—
11	15	—
1,315	931	1,120
250	178	
—	1	—
175	169	—
215	189	160
14,738	13,643	12,440
299	283	320
126	153	—
1,668	1,304	1,320
804	724	800
216	173	60
106	85	—
16	21	—
2,517	2,264	2,260
86	112	—
100	105	—
—	52	—
148	185	—
6,086	5,464	5,140
174	84	—
239	68	—
513	383	—
96	98	—

3　華北炭鉱の炭種

華北炭鉱を三つの炭種に区別した上でそれぞれの生産実績を検討するために表11「華北炭鉱総括表」を作成した。表の左欄に粘結炭、非粘結有煙炭、無煙炭の三つの区分を記してある。粘結炭とは乾留すると揮発分を発生した後、多孔性の硬いコークスとなる石炭のことであり、製鉄用コークス炭として最適だとされた。華北では、開灤、井陘、正豊、中興などが代表的な粘結炭産出炭鉱で、華北の粘結炭は灰分が少なく硫黄分も比較的少ないこと、粘結度の高いことでは内地炭よりも品質が良好であった。そのため、内地粘結炭は華北の粘結炭との配合炭として高級コークスを生産しうるといわれたほどである(19)。三つ目の区分の無煙炭とは石炭化度が高く不純物が少ないため発煙せず着火点は高く発熱量が大きいという特徴を有する。当時、日本は無煙炭を航空機用鋳物原料の製鉄コークス用、軽銀鉱業用、製鉄用耐火煉瓦製造用、煉炭用、ソーダ工業およびカーバイド製造用として仏領インドシナから年間約二〇〇〇万円以上輸入していた。華北では陽泉炭、焦作炭、憑心炭、門頭溝炭は仏印炭の代用となる可能性があるといわれていた。これら華北無煙炭はわずかな量が満洲の耐火煉瓦製造用に輸出されたのみで、大部分は華北の家庭用（民需）に供せ

表11　華北炭鉱総括表

		地図エリア	興中公司受託経営	日系関係会社	事業会社(1943年2月現在)	1939年	1940年	1941年
粘結炭	開　灤	B			開灤礦務総局(軍管理)	6,468	6,498	6,658
	軒崗鎮	N	○	大倉鉱業	山西産業株式会社(日本法人)	30	74	129
	八宝山	Q			八宝山炭礦股份有限公司	—	—	—
	富家灘	P	○	大倉鉱業	山西炭礦股份有限公司	42	92	196
	井　陘	D	○	貝島炭礦	井陘炭礦股份有限公司	694	385	635
	正　豊	D	○	貝島炭礦	井陘炭礦股份有限公司	416	694	764
	磁　県	E	○	明治鉱業	磁県炭礦股份有限公司	64	166	322
	六河溝	K	○	貝島炭礦	井陘炭礦股份有限公司	320	349	345
	弧　山	J		日本製鉄	日鉄鉱業株式会社(日本法人)	15	49	75
	柳　泉	J	○		柳泉炭礦股份有限公司	277	349	488
	中　興	I	○	三井鉱山	中興炭礦股份有限公司	1,473	1,939	2,400
	華　豊	H	○	三菱鉱業	大汶口炭礦股份有限公司	30	73	199
	赤　柴	H	○	三菱鉱業	大汶口炭礦股份有限公司	20	61	177
	新　泰	H		三菱鉱業	新泰炭礦礦業所(組合組織)	—	—	18
	萊　蕪	G		日本製鉄	日鉄鉱業株式会社(日本法人)	—	—	—
	博　山	G			山東鉱業株式会社(日本法人)	989	1,320	1,950
	黒　山	G			山東鉱業株式会社(日本法人)	—	—	—
	黄沙嶺	?				—	—	—
	その他					87	—	89
	大青山	S		郡是製糸	大青山煤礦股份有限公司	—	63	129
	計					10,925	12,058	14,692
非粘結有煙炭	西　山	O	○	大倉鉱業	山西産業株式会社(日本法人)	101	202	353
	寿　陽	M	○	大倉鉱業	山西炭礦股份有限公司	37	12	47
	淄　川	G			山東鉱業株式会社(日本法人)	565	978	1,453
	博　山	G			山東鉱業株式会社(日本法人)	989	—	—
	章　邱	G			山東鉱業株式会社(日本法人)	164	308	387
	坊　子	F				25	74	123
	湯　陰	K			湯陰煤礦股份有限公司	—	—	36
	大　同	R		満鉄	大同炭礦株式会社	935	1,335	2,101
	下花園	Q		満鉄，久恒鉱業	花園炭礦股份有限公司	169	197	162
	宝　興	Q			宝興炭礦股份有限公司	—	—	—
	平　旺	Q			蒙疆興業股份有限公司	—	—	—
	その他					206	—	—
	計					3,191	3,106	4,752
無煙炭	長　城	A			長城煤礦鉄路股份有限公司	37	115	215
	柳　江	A			日支炭礦汽船株式会社柳江鉱業所(日本法人)	255	258	287
	門頭溝	C			軍管理門頭溝煤礦公司	146	443	536
	利　豊	C			利豊煤礦股份有限公司	—	150	146

られていたという。(20) 二つめの区分の非粘結有煙炭とは上記のカテゴリー以外のものであり一般の燃料用として用いられるものである。

華北の石炭開発は、内地重工業の需要を最大の動機としていたので、日本にとっての有用性は何よりも粘結炭において、次いで無煙炭において高いものとなっていたのである。表11および図6を参照するならば、沿海部およびその近郊であるA～C、F～Jの範囲には、粘結炭、無煙炭を産する炭鉱が多く、最も期待するべき炭鉱群であったといえよう。これに次いで河北省内陸部のD～E、K、Lも粘結炭、無煙炭の対日供給が期待されていた。これに対して遠方（蒙疆政権管内、山西省）のM～Sは輸送距離が長くなるということに加えて炭質という面から見ても非粘結有煙炭が比較的多く分布していたのである（粘結炭の軒崗鎮、八宝山、富家灘、大青山、無煙炭の陽泉を除いて）。本章では、各炭鉱をその産出炭の三つの炭質により区分して叙述することとしたい。

表11には左側に「興中公司受託経営」、「日系関係会社」、「事業会社（一九四三年二月現在）」の欄が設けられている。これは、各炭鉱の経営管理主体を表している。華北の炭鉱は、日中戦争開始以後、軍による接収（名称は「軍管理○○炭鉱」となる）→興中公司の受託経営→（一九四〇年ごろ）北支那開発株式会社投融資の現地事業会社＋技術支援を行う内地炭鉱会社（関係会社）→一九四三年二月軍管理解除、現地事業会社を中国法人として再組織という経緯をたどっている。個々の炭鉱のケースについては柴田善雅の研究にほぼすべて記述されているので、本章では、一括して表示するのみにとどめた。

なお、本章で作成した表のなかで炭鉱名と会社名と

1942年	1943年	1944年
75	100	—
494	409	—
82	100	—
170	60	—
992	997	730
935	600	430
430	28	
—	20	—
—	—	—
4,200	2,947	2,450
25,024	22,043	20,030

第二石炭班報告書』(1944年
部『支那関係主要会社法令
9～10頁，柴田善雅『中国
(1943年)，中村隆英『戦時

	地図エリア	興中公司受託経営	日系関係会社	事業会社(1943年2月現在)	1939年	1940年	1941年
川　南	C			川南工業株式会社(日本法人)	388	—	114
門頭溝群小	C				—	748	929
大　台	C		日本鉱業	日本鉱業株式会社大台炭礦礦業所(日本法人)	10	86	107
坨　里	C		野上鉱業	軍管理門頭溝煤礦公司	100	192	198
陽　泉	M	○	大倉鉱業	山西炭礦股份有限公司	380	588	757
焦　作	L	○		焦作炭礦礦業所(組合組織)	100	420	727
馮　心	L	○		焦作炭礦礦業所(組合組織)	—	330	513
万　盛	?		野上鉱業	野上東亜鉱業株式会社(日本法人)	—	—	—
その他					—	—	—
計					1, 156	3, 270	4, 529
総　　計					15, 272	18, 434	23, 973

註　出炭量の網掛けは期間内最高値。
出所　JACAR（アジア歴史資料センター）Ref. B06050540100大東亜省編『北支蒙疆産業視察団報告書
5月）（外務省記録『昭和十九年四月外国鉱山及鉱業関係雑件』外務省外交史料館），興亜院政務
及定款集』（1940年2月）54～55頁，久保山雄三（興亜院嘱託）『支那石炭調査報告書』（1940年）
占領地日系企業の活動』（日本経済評論社，2008年），北支那開発株式会社『北支那資源読本』
日本の華北経済支配』（山川出版社，1983年）。

が併存するが、炭鉱名は表11の左側、会社名は表11の「事業会社（一九四三年二月現在）」に該当する。

二　生産・供給実績

1　生産実績

表11の右半分に各年の出炭量を表示してある。下欄の総計を見ると、一九三九年以降増加し、四二年ごろをピークに減少に転じている。四四年は原資料が異なるため個々の炭鉱データが乏しいが炭種別小計および総計は前年に比してさほど大きく減少していないことから、中小炭鉱の出炭量により全体の出炭量が維持された、とも評価できよう。華北炭鉱はこの時期に一五〇〇万トンから二五〇〇万トンの出炭実績を達成した。表示した期間内の出炭高は三九年からピーク時まで粘結炭では一・三倍化、非粘結有煙炭では一・九倍化、無煙炭では三・九倍化し、石炭総計でも一・六倍化した。

表12　日本帝国石炭生産高　（単位：千ｔ）

		1942年度		1943年度	
		実数	比率	実数	比率
内地	北海道	15,658	13.3%	15,646	13.3%
	山口	4,027	3.4%	4,427	3.8%
	九州	30,543	25.9%	31,296	26.7%
	常磐他	3,951	3.3%	4,170	3.6%
	計	54,179	45.9%	55,539	47.3%
樺　太		4,910	4.2%	5,001	4.3%
台　湾		2,311	2.0%	2,323	2.0%
朝　鮮		6,645	5.6%	6,581	5.6%
満　洲		24,169	20.5%	25,314	21.6%
華　北		21,951	18.6%	19,116	16.3%
蒙　疆		2,927	2.5%	2,628	2.2%
華　中		929	0.8%	897	0.8%
総　計		118,021	100.0%	117,399	100.0%

註　日満支石炭連盟，1944年5月7日調べ。
出所　山西炭鉱『山西炭鉱事業概要ノ類集成　昭和15～20年』（大倉財閥資料72.1/12，東京経済大学所蔵）。

多くの炭鉱が四二年をピークとしているが一部には四三年まで増加を続けた炭鉱もある。とりわけ粘結炭の八宝山、新泰、萊蕪、非粘結炭の宝興、平旺などは開発が遅い新坑であることが特徴である。出炭量の格差は大きく、毎年一〇〇万トン以上出炭実績があるのは粘結炭の開灤、中興のみであり、これに次いで博山、非粘結炭の淄川、大同などが続いている。華北炭鉱開発は、年間一〇〇万トン未満の中小規模炭鉱を次々と開発していったことに特徴があり、出炭量の伸びは稼働炭鉱数の増加を伴いつつ中小規模炭鉱に支えられていたと評価できるだろう。これを本書では「開発の総花的性格」と称することにする。

ところで年間二五〇〇万トンというのは、当時の日本帝国圏の石炭生産高としてはいかほどのものであったのだろうか。日本帝国圏内の各ブロックごとの石炭生産高を表12「日本帝国石炭生産高」にまとめた。四二年度では、内地計は五四〇〇万トン、外地・勢力圏をも含めた日本帝国圏総計は一億一八〇〇万トンであり、内地の比率は四五・九％と半分近くを占めていた。各ブロック別にみると、九州が最多で三〇〇〇万トン、これに次いで満洲二四〇〇万トン、華北二二〇〇万トン、北海道一六〇〇万トンとなっていた。表12では、華北と蒙疆が別に表示されているが、表11では合わせた数値が四二年において二五〇〇万トンであった（原資料が異なるため数値も異なっている）。表12においても華北・蒙疆を合わせると二四九〇万トンとなり満洲を上回ることがわかる。華北（蒙疆を含む）石炭は、日本帝国圏内において、九州に次ぐ生産高を達成していたのである。四三年度においては内地および満洲の生産高が増加したのに対し、華北・蒙疆の生産高は減少しており、日本帝国圏内における地位も九州、満洲に次ぐものになっている。ともあれ、開発からさほど時間がたっていない華北石炭産業は、日本帝国圏内では北海道をはるかに凌駕し、満洲に匹敵する地位にまで上昇していたのである。

2　供　給　先

表13「主要炭鉱生産・供給実績」により供給の実態を検討しよう。表の上段の蒙疆と表の下段の華北とでは、供給先の区分が異なるため、表を上段（蒙疆）、下段（華北）に分けて作成してある。蒙疆の炭鉱（ほとんどが非粘結有煙炭）は地区内（蒙疆政権管内）向けが多く、日本向けは生産高に対する比率で四・六～一四・六％程度である。軍用に一定数が振り向けられていることも特徴である。(21)一方、華北の炭鉱（ほとんどが粘結炭）は華北、次いで日本に多く振り向けられ蒙疆を含む華北・蒙疆合計の各供給先別比率は表の下欄に示したように、華北は四〇％台、日本は二五・三～三一・一％、華中、満洲はわずかであった。日本以外は大陸内供給なので、大部分が大陸内各地に向けて供給されていた、と評価してよいだろう。

一九四三年度について、違う資料に基づいて作成した表14「主要炭鉱輸移出実績（一九四三年度）」を検討しよう（一四八頁参照）。表13と異なり、華北という項目がないため、域外輸移出のみを取り出した統計である。総計欄をみると、域外輸移出のなかで最多は日本（三六・一％）であり、次いで満洲（三一・八％）、華中（二八・一％）であった。表14では華北向けがないことを考慮すると、日本の比率は表13の時期に比べて低下していることが推測できる。これと同時に満洲、華中の比率は相対的に上昇していることが推測できよう。表14では、炭種別の傾向も明らかとなって

（単位：千 t）

1940年度				1941年度							
供給				生産	供給						
日本	華中	軍用	計		地区内	華北	日本	華中	満洲	軍用	計
217	18	404	1, 299	2, 322	819	663	121	63	32	406	2, 103
7	0	0	99	57	58	0	0	0	0	0	58
3	0	0	99	118	99	0	0	0	0	0	99
8	0	0	69	118	115	13	0	9	0	0	137
233	18	404	1, 565	2, 615	1, 091	676	121	72	32	406	2, 397

1940年度				1941年度						
供給				生産	供給					
日本	華中	満洲	計		華　北	日本	華中	満洲		計
2, 390	1, 029	202	6, 085	6, 724	2, 219	2, 258	660	381		5, 518
0	0	0	77	124	87	0	0	0		87
0	0	0	78	205	188	0	0	0		183
103	0	52	293	644	220	261	0	54		535
3	0	8	672	786	443	0	0	270		713
0	0	0	29	350	115	0	0	0		115
0	0	0	326	353	245	21	0	43		309
17	0	0	30	63	35	0	0	0		35
0	150	0	303	486	303	0	149	0		452
1, 129	117	170	1, 901	2, 395	346	1, 434	86	429		2, 295
0	0	0	8	406	170	0	0	0		170
0	0	0	0	175	119	0	0	62		181
0	0	0	0	17	0	0	0	0		0
509	304	0	1, 973	2, 062	1, 236	200	0	149		1, 585
4, 134	1, 800	432	11, 775	14, 390	5, 726	4, 174	895	1, 388		12, 178
4, 367 32. 1%	1, 818 13. 4%	432 3. 2%	13, 340 98. 2%	17, 005 100. 0%	7, 493 44. 1%	4, 295 25. 3%	967 5. 7%	1, 420 8. 4%		14, 575 85. 7%

（一四，一五，一六）生産供給計画及実績比較表』（1942年 4 月）（外務省記録『自昭和十四年至昭和十六年
外交史料館）。

表13　主要炭鉱生産・供給実績

	炭鉱名	1939年度									
		生産	供給						生産		
			地区内	華北	日本	軍用		計		地区内	華北
蒙疆	大同(非)	953	540	0	68	341		949	1,337	636	24
	花園(非)	76	85	0	3	0		88	98	91	0
	宝興(非)	100	101	7	3	0		111	99	95	0
	大青山(粘)	22	6	0	0	0		6	61	61	0
	小計	1,150	733	7	73	341		1,154	1,595	884	24

	炭鉱名	1939年度							
		生産	供給					生産	
			華北	日本	華中	満洲	計		華北
華北	開灤(粘)	6,498	2,361	2,138	1,156	108	5,763	6,498	2,464
	軒崗鎮(粘)	32	0	0			0	74	77
	富家灘(粘)	38	37	0			37	92	78
	井陘(粘)	705	479	136		20	635	385	138
	正豊(粘)	416	385	0			385	694	661
	磁県(粘)	0	10	0			10	166	29
	六河溝(粘)	337	280	0			280	349	326
	狐山(粘)	15	0	0			0	49	30
	柳泉(粘)	278	171	0	52		223	349	153
	中興(粘)	1,465	483	689	129	68	1,369	1,939	485
	華豊(粘)	27	0	0			0	73	8
	赤柴(粘)	20	0	0			0	61	0
	新泰(粘)	0	0	0			0	0	0
	博山黒山(粘)	993	792	275	336		1,403	1,266	960
	小計	10,824	4,998	3,238	1,673	196	10,105	11,995	5,409
合計		11,974 100.0%	5,738 47.9%	3,311 27.7%	1,673 14.0%	196 1.6%	11,259 94.0%	13,590 100.0%	6,317 46.5%

註1　炭鉱名の（非）は非粘結有煙炭，（粘）は粘結炭。
　2　四捨五入により小計が合わないところがある。
出所　JACAR（アジア歴史資料センター）Ref. B06050540500興亜院政務部第三課『管下主要鉱産物ノ年次別外国鉱山及鉱業関係雑件　中国ノ部　調査関係　主要鉱産物ノ年次別生産供給計画及実績比較表』外務省

表14　主要炭鉱輸移出実績（1943年度）　（単位：t）

	内　地	朝鮮	満　洲	華　中	計
〔粘結炭〕					
開　灤	1, 471, 782	220, 189	1, 175, 766	140, 868	3, 008, 605
井陘・正豊	120, 306	7, 465	310, 710	—	438, 481
磁　県	31, 890	—	—	—	31, 890
六河溝	—	—	90, 240	18, 710	108, 950
中　興	1, 196, 743	103, 510	574, 388	27, 912	1, 902, 553
新　泰	20, 966	—	98, 910	3, 726	123, 602
博　山	37, 262	600	—	—	37, 862
黒　山	97, 307	—	—	—	97, 307
華　豊	—	—	—	86, 096	86, 096
赤　柴	—	—	—	14, 873	14, 873
柳　泉	—	—	—	130, 800	130, 800
弧　山	—	—	—	19, 049	19, 049
山東粘結炭			97, 466	1, 157, 374	1, 254, 840
粘結炭計	2, 976, 256	331, 764	2, 347, 480	1, 599, 408	7, 254, 908
	41. 0%	4. 6%	32. 4%	22. 0%	100. 0%
〔非粘結有煙炭〕					
大　同	32, 170	30, 435	159, 609	77, 747	299, 961
山東非粘結炭	—	2, 300	89, 522	663, 580	755, 402
非粘結炭計	32, 170	32, 735	249, 131	741, 327	1, 055, 363
	3. 0%	3. 1%	23. 6%	70. 2%	100. 0%
〔無煙炭〕					
陽　泉	302, 655	1, 915	104, 675	44, 275	453, 520
焦　作	—	—	—	178, 587	178, 587
長城・析江	—	—	69, 878	—	69, 878
中英（利豊等）	—	—	150, 586	—	150, 586
無煙炭計	302, 655	1, 915	325, 139	222, 862	852, 571
	35. 5%	0. 2%	38. 1%	26. 1%	100. 0%
中興テクス				16, 000	16, 000
総　計	3, 311, 081	366, 414	2, 921, 750	2, 579, 597	9, 178, 842
	36. 1%	4. 0%	31. 8%	28. 1%	100. 0%

出所　JACAR（アジア歴史資料センター）Ref. B06050540100大東亜省編『北支蒙疆産業視察団報告書第二石炭班報告書』（1944年5月）（外務省記録『昭和十九年四月外国鉱山及鉱業関係雑件』外務省外交史料館）。

いる。すなわち、粘結炭では、相対的に日本向け比率が高く、無煙炭においては満洲に次いで日本向けが多くなっているが、非粘結有煙炭では日本向けはきわめて少なく、大同炭は満洲へ、山東非粘結炭は華中に向けられていた。

表13と表14から四一年の数値と四三年の数値を抽出して輸移出先の変化をみると、

日本向け：四一七万トン→三三一万トン
満洲向け：一四二万トン→二九二万トン
華中向け：九七万トン→二六〇万トン

となっており、日本向けが減少し、満洲向け、華中向けが著しく増加していたのである。

華北の石炭は、四二年まで生産量を増大させ、四三年以降は減少には転ずるが、一定の生産量は維持しえた。ただし四三年以降、対日供給は大きく減少し、大陸内供給にシフトしていたといえるだろう。

3　一九四三年の減産要因

なぜ一九四三年には減産に転じたのか、その要因について検討しよう。表15「主要炭鉱の減産要因（一九四三年度）」を作成した。まず、出炭の欄の物動計画の達成率をみると、正豊（一二〇％）、寿陽（一〇二％）の他は未達成であった。達成率は炭鉱ごとに相当の差があるが、物動計画で一〇〇万トン以上の出炭が計画されていた開灤、井陘、中興、博山（粘結炭）、大同については八〇％以上の達成率を示していた。物動計画上の一〇〇万トン以上炭鉱で八〇％未満にとどまったのは淄川、博山（非粘結炭）、陽泉、焦作の四炭鉱であった。炭質の三区分にしたがって集計すると、粘結炭炭鉱は、出炭実績一三二五万トン（達成率八四・四％）、非粘結有煙炭炭鉱は出炭実績四八九万トン（達成率七〇・九％）、無煙炭炭鉱は出炭実績一六三万トン（達成率六一・三％）と炭質による格差も大きかった。

減産要因については、まず電力関係では「発電所故障」「発電機故障」「送電線入手遅延」などが指摘されている。発電・送電関係の事項をあげている炭鉱は一〇炭鉱にのぼるが、このことは華北の炭鉱がなんらかの形で電化されていたことを示唆している。電化の問題については、後述したい。次に労力関係では富家灘炭鉱を除く二三炭鉱で労力不足が指摘されている。その理由としては「農繁期に入りてより激減」、「農繁期に入りて工人逸散」など農繁期をあげているものが多い。このほか公共事業、コレラ、悪疫、治安関係などもある。農繁期が労働者（工人）減少の理由とされているということは、労働者は農業と鉱業の兼業であったということを意味する。この点についても後に立ち入った検討を行いたい。資材・機械関係では、坑木が最も多く要因にあげられているが、この欄に該当する炭鉱は七炭鉱にすぎないことに注目したい。電力や労力の不足に比べて、資材・機械の不足はさほど深刻ではなかった可能性がある。その他の欄には、以上の項目にはなかった雨水害、水害、治安悪化、貯炭激増（輸送ができないという意味）

（単位：千ｔ）

産　要　因		
資材・機械	坑　内	そ　の　他
潤滑油，採炭工具不足		輸送不円滑
坑木不足		
	排水困難	雨水害
坑木，カーバイト不足		雨水害(坑内外)
	雨水害	
	採炭減少	
セメント入手難により五号竪坑改修遅延	出稼事故，掘進遅延	
発注機器到着遅延		治安悪化のため出稼減少
		貯炭激増，山卸し困難
		雨水害(坑内外)
	瓦斯局部爆発	
		同上
ワイヤーロープ不足	採炭障害	水害
坑木，炭車資材不足		貯炭激増
	整備遅れ掘進遅延	治安悪化のため出稼減少

表15　主要炭鉱の減産要因（1943年度）

	会社名	炭砿名	出炭			減	
			物動計画	実績	達成率(%)	電力	労力
粘結炭	開灤		6,850	6,402	93		出勤者減少
粘結炭	井陘	井陘	1,000	859	86		コレラの為募集集まらず不足
粘結炭	井陘	正豊	350	419	120		
粘結炭	井陘	六河溝	550	307	56	発電機故障続発，送電線完成遅延	
粘結炭	磁県		600	501	84	発電所完成遅延	農繁期に入りてより激減
粘結炭	柳泉		600	354	59		同上
粘結炭	中興		2,800	2,239	80	送電線入手遅延	農繁期に入りて工人逸散，一部工人強制徴用
粘結炭	大汶口	華豊	500	380	76	発電機故障頻発	農繁期に入りてより激減
粘結炭	大汶口	赤柴	350	196	56		
粘結炭	新泰		300	228	76	送電線完成遅延	同上
粘結炭	山東鉱業	博山粘	1,160	931	80	発電所故障頻発	農繁期に入つてより逸散工人激増，復帰工人数減
粘結炭	山東鉱業	黒山	300	178	59		同上
粘結炭	山西炭礦	富家灘	250	220	88	動力不足(水なし)	
粘結炭	山西産業	軒崗鎮	100	40	40		工人不足
非粘結有煙炭	山東鉱業	淄川	2,050	1,304	64		農繁期に入つてより逸散工人激増，復帰工人数減
非粘結有煙炭	山東鉱業	博山非粘	1,000	724	72	発電所故障頻発	同上
非粘結有煙炭	山東鉱業	章邱	490	73	15		同上
非粘結有煙炭	山東鉱業	坊子	100	85	85		同上
非粘結有煙炭	山西炭礦	寿陽	150	153	102		公共事業による工人出稼減少
非粘結有煙炭	山西産業	西山	400	283	71	電力不足(太原電源不足)	工人不足
非粘結有煙炭	大同		2,700	2,264	84	発電所故障	労力不足悪疫，食糧及農繁期
無煙炭	山西炭礦	陽泉	1,300	997	77	発電機故障(1ヶ月間)	公共事業による工人出稼減少
無煙炭	焦作	焦作	1,000	600	60		治安関係により出稼減少
無煙炭	焦作	憑心	350	28	8		同上，管理不充分

出所　表14に同じ。

が指摘されていた。

このことを踏まえて、戦時期の華北炭鉱が、どのような技術水準でどのような操業形態であったのかを検討することとしたい。

三　華北炭鉱の到達点と課題

1　動　力

一九四〇年七月現在の各炭鉱の動力源について、表16「各炭鉱の動力（一九四〇年七月現在）」を作成した。表示した二六炭鉱中、開灤、井陘、正豊、六河溝、孤山、中興、西山、長城、柳江、焦作の一〇炭鉱では発電所を有しており、常時出力実績がある。また、電動機と蒸気機関の普及度については、一番下「計」欄の電動機馬力数八一・一%、蒸気機関馬力数一八・九%となっており、電動機が蒸気機関をはるかに上回っていることがわかる。電動機比率は粘結炭小計では八一・〇%、非粘結有煙炭では九〇・七%、無煙炭では七七・九%を示しており、炭種別の格差もさほどみられない。

この点については別の資料ではあるが、炭鉱の動力について当時の専門家は次のようにみていた。

炭鉱ノ主要動力ハ人力、畜力、蒸気力、電力ト発展スル。北支ノ炭礦ニ於テハ其ノ何レモカ使用セラレルカ特ニ電力ト蒸気力ノ比率ニ於テ日本内地ニ比シ動力使用ノ後進性ヲ窺フコトカ出来ル。即チ昭和十五年七月ニ於ケル北支諸炭礦ノ現在設備ハ

電動機　　六六、七九七馬力　（八一％）

蒸気機関　一五、四九八馬力　（一九%）
（発電用ヲ含マス）

表16　各炭鉱の動力（1940年7月現在）

炭鉱名	発電所出力 最高（kw）	発電所出力 常時（kw）	動力馬力数 電動機（馬力）	動力馬力数 蒸気機関（馬力）	動力馬力数 計（馬力）	備考
開　灤	33,120	33,120	38,900	4,800	43,700	
軒崗鎮	—	—	—	—	—	
富家灘	—	—	—	—	—	
井　陘	299	150	198	3,559	3,809	ディーゼル52馬力
正　豊	540	270	430	2,275	2,705	
磁　県	—	—	—	—	—	
六河溝	2,000	800	1,437	70	1,507	
孤　山	4	3	—	225	225	
柳　泉	570	—	355	350	705	
中　興	4,640	2,250	10,976	500	11,476	
華　豊	15	—	—	282	282	発電は電灯用
華宝（赤柴）	12	—	16	181	197	発電は電灯用
粘結炭小計			52,312 81.0%	12,242 18.9%	64,606 100.0%	
西　山	100	65	90	440	530	
寿　陽	—	—	—	90	90	
淄　川	8,500	—	5,104	?	5,104	
非粘結有煙炭小計			5,194 90.7%	530 9.3%	5,724 100.0%	
長　城	1,500	600	1,252	60	1,312	
柳　江	3,050	1,950	3,533	325	3,858	
中　英	1,500	—	3,719	420	4,139	
川　南	—	—	519	285	804	
利　豊	—	—	—	265	265	
坨　里	20	—	—	170	170	発電は電灯用
陽　泉	110	—	110	1,295	1,405	
焦　作	700	320	782	330	1,112	
憑　心	—	—	—	176	176	
悦昇（西河）	1,640	—	1,755	?	1,755	
旭　華	600	—	537	135	672	
無煙炭小計			12,207 77.9%	3,461 22.1%	15,668 100.0%	
計			69,713 81.1%	16,233 18.9%	85,998 100.0%	

出所　興亜院華北連絡部経済第三局逓信班『北支炭礦動力調書』（1940年）（『北支火力用石炭』〈巽史料18〉所収。防衛省防衛研究所図書館所蔵）。

計　　八二、三四七馬力　（一〇〇％）[22]

（中略）

日本内地ニ於テハ昭和十三年度ノ実績ニ依レハ蒸気機関ハ動力設備ノ八％ヲ占メルノミテアル[23]。

日本内地炭鉱は、蒸気機関比率が八％であり、電動機比率は九二％である。これに比べると華北炭鉱の電動機比率八一％は「後進性ヲ窺フコトカ出来ル」と判定されているが、開発の時間的長さを斟酌すると、むしろ八一％まで到達していたことを高く評価すべきだろう。

ただし、各炭鉱の動力について子細にみていくと、やや違った側面がみえてくる。まず、動力馬力数の「計」八万五九九八馬力のうち最大の開灤炭鉱のみで四万三七〇〇馬力（電動機比率八九・〇％）を占めている。開灤に次いで動力が大きいのは中興炭鉱で一万一四七六馬力（電動機比率九五・六％）だが、それ以外の炭鉱では五〇〇〇馬力以上は淄川のみで、他の多くの炭鉱は一〇〇〇馬力前後である。

さらに、集計値では電動機比率が蒸気機関比率を大きく上回るものの、個別炭鉱では、蒸気機関の方が電動機を上回っている炭鉱が一一存在している。井陘、正豊、孤山、華豊、華宝（赤柴）、西山、寿陽、利豊、坨里、陽泉、憑心炭鉱である。しかも、これらのうち井陘、正豊、孤山、西山は発電所を有していて、常時電力供給を行っている炭鉱なのである。まさに、蒸気機関から電動機へ変容していく過渡期に当たり、さまざまな段階の炭鉱が混在していたのである。

四〇年七月現在で電化が進んでいない炭鉱のなかには、その後電化がなされている事例もみられた。表16では電動機がなく蒸気機関のみで九〇馬力とされている寿陽炭鉱の場合、四四年度事業計画のなかで「二五〇キロ発電機モ十八年度中ニ完成運転トナリ第一斜坑モ亦本格的営業採炭ノ運ヒトナル[24]」と記されており、発電機を備えて電動機を動かそうとしていることがわかる。表11によると、寿陽炭鉱は、四一年までの数万《トン》という生産水準から四二年一二万六〇〇〇《トン》、四三年一五万三〇〇〇《トン》と飛躍的に生産高を伸ばしているのである。

このように、蒸気機関が主力であった炭鉱においても、戦時期に電力化・電動化に向けて開発が進められていたことがわかる。ただし、寿陽炭鉱は炭種でみると、非粘結有煙炭を産出する炭鉱であり、しかも地理的な位置は対日輸出には不利な山西省であった。おそらく地元需要（暖房用、家庭用）に応えるべく非粘結有煙炭を生産することが期待されたものと思われるが、そのような炭鉱にあっても、しかも内地においても機械類が枯渇し、大陸への輸送が困難となっている四三年度に発電機が調達されて電動化が進められたことは、注目に値するのではないだろうか。戦時期の華北炭鉱開発では、「重点主義」という言葉がしばしば用いられているが、実態は「総花主義」であった。開発行為それ自体が自己目的化し、産出する石炭が重工業用に有用な炭種であるか否かを問わず、遠隔地や新坑、小規模

表17　動力用消費炭量（1939年度）

（単位：t）

炭鉱名	出炭実績(A)(t)	動力用使用炭(B)(t)	比率(B)／(A)(%)
開　灤	6,438,792	247,740	3.8
中　興	1,473,551	23,737	1.6
井　陘	683,617	33,865	5.0
淄　川	552,000	21,465	3.9
正　豊	449,997	26,508	5.9
陽　泉	383,669	17,660	4.6
六河溝	323,454	15,103	4.7
柳　泉	276,321	9,627	3.5
柳　江	254,900	40,541	15.9
西　山	211,660	5,167	2.4
中　英	175,760	16,417	9.3
焦　作	100,200	9,100	9.1
坨　里	97,995	1,632	1.7
憑　心	88,331	5,075	5.7
富家灘	43,207	—	0.0
長　城	37,170	8,282	22.3
磁　県	34,427	—	0.0
寿　陽	33,234	2,582	7.8
軒崗鎮	32,307	—	0.0
川　南	30,950	1,550	5.0
華　豊	30,637	12,495	40.8
赤　柴	23,670	2,925	12.4
孤　山	15,455	6,026	39.0
利　豊	4,500	3,717	82.6
計	11,795,804	511,214	4.3

出所　興亜院華北連絡部経済第三局逓信班『北支炭ノ動力使用状況ニ就テ』（1940年）（『北支火力用石炭』〈巽史料18〉所収。防衛省防衛研究所図書館所蔵）。

坑を含むすべての炭鉱において物動計画に従った機械要求がなされ、運良く機械を入手した場合もあったのである[25]。しかし、開発の実態はそれぞれ会社を異にする各炭鉱が、それぞれの増産計画に基づいて物動物資要求を行い、その一部が（かなり偶然の要因で）実現した、ということを繰り返していた。どの炭鉱の開発が進み、どの炭鉱の生産高が増えるかは、さまざまな偶然の結果であったとみなすことができるだろう。

ところで、当該期華北の動力はそのエネルギー源を何に求めていたのだろうか。多くの炭鉱で発電機が稼働し蒸気機関が活躍していた。当時の調査によれば、炭鉱の場合、新坑や小規模坑を含めて産出された石炭を自家用に用いることによって動力源を得ていたことがわかる。表17「動力用消費炭量（一九三九年度）」を参照されたい。自家発電、蒸気機関ともにエネルギー源は石炭なので掘った石炭を自家消費している。自家消費の石炭は、年間出炭実績一〇万トン以上の炭鉱ではほぼ数%という水準であるが、新規開発の炭鉱では二桁の高いパーセンテージを示すことになる。ともあれ、生産物が動力源に使えるということは炭鉱の強みであった。

2　労　働　力

戦時期華北炭鉱において、減産要因のなかで最も多くの炭鉱から指摘されていたのは、労働力不足であった。そこで、表18「主要炭鉱労働者数（一九四四年三月末）」を作成した。調査者は、炭鉱労働者が単身であるのか、家族持ちであるのかによって区分して集計している。一番下の「合計」をみると、二八万六〇〇〇人のうち一五万一〇〇〇人（五二・九%）は単身であり、一三万五〇〇〇人（四七・一%）が家族持ちであった。家族持ちが意外に多いことに注目したい。個別炭鉱ごとにみると、開灤、中興、山東諸炭鉱、門頭溝、焦作などでは家族持ちが多く、これとは対照的に井陘、磁県、大汶口などでは単身が多い。家族持ち労働者というのは、具体的には周辺農村に住む半農半工の労働者であった。彼らは農繁期には農業に専念しなければならず、また、農家副業や土木工事など炭鉱以外の就業機会も存在し、炭鉱への就業と競合関係にあった。

ちなみに表18と表11をつなげることにより、労働者一人当たり出炭高が算出できる。表11の一九四三年の出炭高を表18の労働者数「合計」で割ると七七トンとなる。炭鉱別に平均値七七トンよりも高いものは柳泉（二二一トン）、開灤（一四トン）、川南（一一三トン）、大台（一〇〇トン）、中興（八〇トン）であった。これ以外はすべて平均未満で、ワースト五は井陘（一二トン）、萊蕪（一四トン）、山西（富家灘炭鉱）（二〇トン）、万盛（三一トン）、焦作（三二トン）である。表15の減産要因では井陘は「コレラの為募集集まらず」、富家灘は「動力不足」、焦作は「治安関係により出稼減少」をあげていた。

ところで、表18では四四年三月末という定点における労働者数を示しているが、労働をめぐる最大の問題は労働者の移動の激しさであった。地元から多数の労働者を採用していた大同炭鉱について、その詳細が判明するので検討しよう。表19「大同炭鉱における労働者の採用と離職（一九四一年三月調

表18　主要炭鉱労働者数（1944年3月末）

会社名		単身	家族持ち	計
粘結炭	開灤	16,257	39,805	56,062
	山西(北京事務所)	3,600	7,200	10,800
	井陘	69,000	3,000	72,000
	磁県	7,752	3,649	11,401
	柳泉	1,150	450	1,600
	中興	6,782	21,186	27,968
	大汶口	7,735	2,682	10,417
	新泰	3,315	442	3,757
	萊蕪	458	615	1,073
	小計	116,049	79,029	195,078
非粘結有煙炭	山東	18,991	34,640	53,631
	湯陰	338	132	470
	小計	19,329	34,772	54,101
無煙炭	長城	1,056	704	1,760
	門頭溝	3,814	7,628	11,442
	利豊	835	501	1,336
	川南	576	312	888
	大台	434	567	1,001
	坨里	362	567	929
	焦作	8,670	10,158	18,828
	万盛	256	386	642
	小計	16,003	20,823	36,826
合計		151,381	134,624	286,005

出所　表14に同じ。

査)」を参照されたい。大同炭鉱を構成する五つの坑ごとの毎月の採用人員、解雇人員、一日平均在籍数を月別に示したものである。表の右下の総計欄の「計」をみると、大同炭鉱全体では、一年間に二万六六五一八人採用し、二万四二七五人解雇していること、一日平均在籍数は六九六三人であることがわかる。要は約七〇〇〇人規模の職場をその三~四倍の人数を採用することで維持していたわけである。さらに興味深いことは、一日平均在籍人数の季節変動である。月別には一二月が最多の九六六二人、次いで一一月の八一九七人、三月の七三九七人、四月の七〇五五人と続き、少ないのは七月の五五二五人、六月の六〇一五人、二月の六三五八人、五月の六四一四人となっている。一般に冬は農閑期のため労働者が多くなり、夏は農繁期のため労働者は少なくなる、といわれている。二月は冬だが旧正月のために労働者が実家に帰ってしまうのである。

大同炭鉱では、稼働人員と出炭高を並べると興味深い事実が判明する。四一年と四三年について人員と出炭高の推移を月別にグラフ化した図7「大同炭鉱の月別人員と出炭高」を検討しよう。図7の人員は各月の一日の稼働人数を稼働した日数分積算した数になっている。仮に一〇〇人が二七日間、毎日稼働したとしたら一〇〇×二七=二七〇〇人という計算である。労働者数は毎日変動するので、一ヶ月の労働者数をこのように計算するしかないのである。そして、グラフを一瞥してわかるように四一年、四三年とも人員の推移と出炭高は見事に一致している。すなわち出炭

晋　坑

解傭人員	1日平均在籍数
867	1,685
525	1,449
639	1,871
584	1,388
1,039	1,765
532	1,652
725	1,411
375	1,353
759	1,577
794	1,641
592	1,913
659	2,086
8,090	1,649

計

解傭人員	1日平均在籍数
2,204	6,984
1,413	6,358
2,548	7,397
2,113	7,055
2,259	6,414
1,691	6,015
2,388	5,525
1,857	6,490
2,087	6,815
2,277	6,669
1,618	8,197
1,820	9,662
24,275	6,963

表19　大同炭鉱における労働者の採用と離職（1941年３月調査）

年　月	永定荘坑			裕豊坑			保
	採用人員	解傭人員	1日平均在籍数	採用人員	解傭人員	1日平均在籍数	採用人員
1940年１月	18	192	2,610	622	1,106	2,072	398
２月	182	145	2,515	502	652	1,793	751
３月	688	1,025	2,528	931	710	1,849	1,035
４月	225	187	2,347	776	862	1,989	445
５月	124	294	2,212	355	833	1,487	789
６月	283	522	1,983	424	523	1,271	483
７月	407	777	1,561	694	688	1,275	294
８月	722	361	1,926	866	743	1,392	783
９月	138	395	1,774	696	671	1,414	761
10月	300	265	1,626	875	638	1,477	1,048
11月	842	240	1,939	782	380	1,845	811
12月	454	187	2,394	270	607	1,874	734
計	4,383	4,586	2,117	7,793	8,413	1,644	8,332

年　月	白洞坑			同家梁坑			総
	採用人員	解傭人員	1日平均在籍数	採用人員	解傭人員	1日平均在籍数	採用人員
1940年１月	17	19	308	64	20	291	1,120
２月	180	72	309	35	23	302	1,650
３月	253	150	535	130	4	405	3,141
４月	183	202	435	4	59	422	1,708
５月	93	87	470	55	6	407	1,456
６月	248	97	551	23	2	451	1,491
７月	420	175	707	11	23	450	1,869
８月	655	355	1,077	60	23	467	3,297
９月	271	167	1,193	14	95	474	1,919
10月	251	416	1,064	153	42	425	2,917
11月	723	333	1,181	425	12	717	3,765
12月	551	328	1,637	86	11	780	2,185
計	3,845	2,401	788	1,060	320	466	26,518

註　総計には表示していない宝蔵坑，白土察坑を含む。
出所　図８に同じ。

高は稼働人員に規定されている、とみて間違いないだろう。大同炭鉱の技術水準を調べてみると、

> 石炭ノ採掘ハ先ヅ手掘リデ下透シヲ行ヒ手操デ発破孔ヲ鑿孔スル、爆薬ハ黒色火薬ノ一五〇瓦《グラム》包ヲ使用シテ居ル、現在ノ噸当火薬使用量ハ一二〇―一五〇瓦《グラム》デアル。目下〇・五馬力ト一・五馬力ノ電気ドリルノ試用中デアルガ近ク発破孔ハ全部電気ドリルデ鑿孔スル予定デアル。尚手掘リニ依ル下透シモコールカッターヲ使用スルコトニシテ居ルカラ之等ガ実現ノ暁ニハ作業能率ハ躍進スルモノト期待シテ居ル。入坑総人員当リノ出炭量ハ〇・八五噸デ接収当時ノ〇・六噸ニ比ベルト約四〇パーセントノ向上ヲ示シテ居ル。(26)

とされている。すなわち発破（爆薬）は使用しているものの「手掘リ」を基本としており、「電気ドリル」は「試用中」であり、「コールカッター」も「実現ノ暁ニハ」として語られているにすぎない。手掘りを基本とする技術体系の場合、稼働人数が生産力を規定していたといえるだろう。なお、「入坑総人員当リノ出炭量」が接収前の〇・六トンか

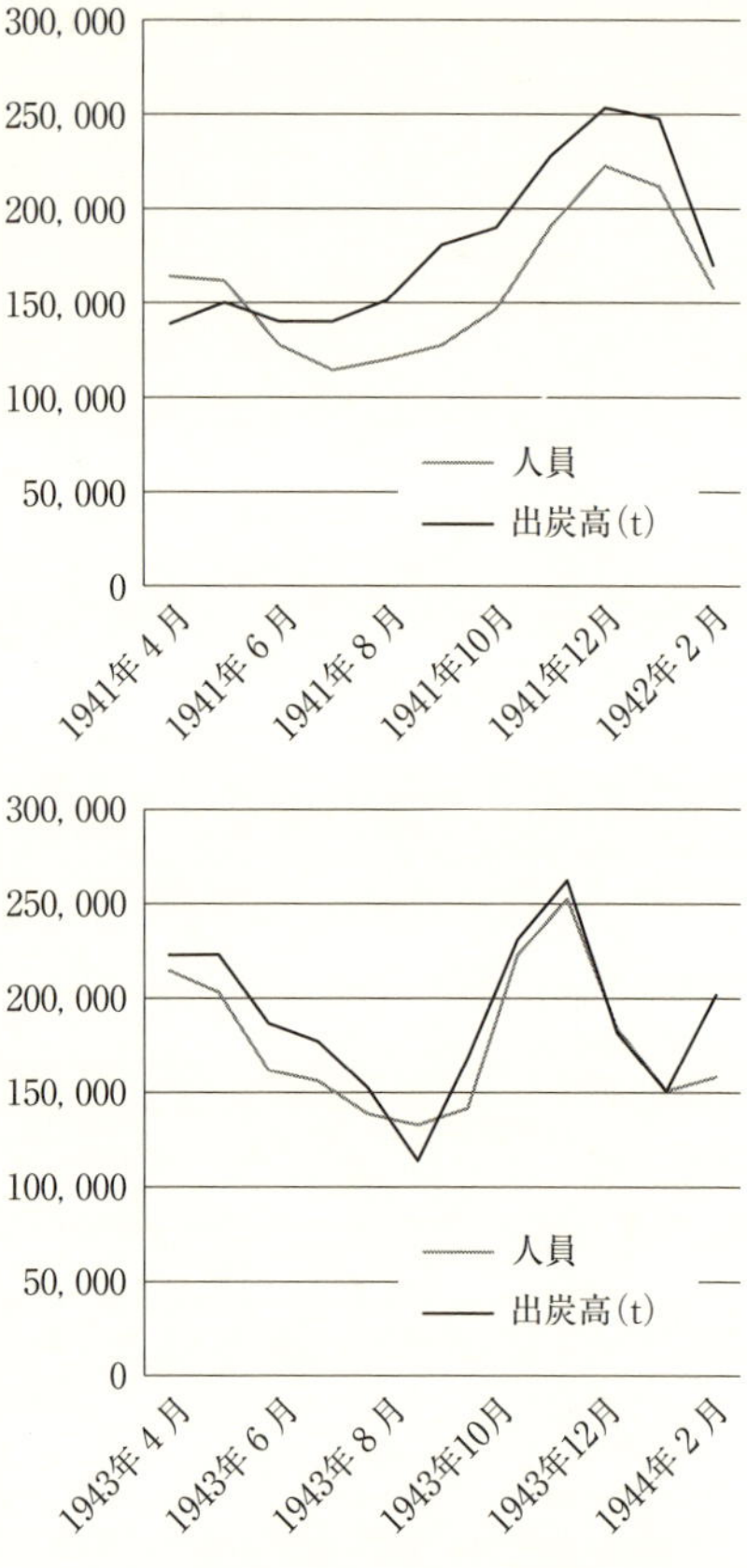

図7　大同炭鉱の月別人員と出炭高

出所　1941年度：JACAR（アジア歴史資料センター）Ref. B06050545700大同炭礦株式会社『大同炭礦概要』（1942年）（外務省記録『自昭和十三年外国鉱山及鉱業関係雑件　中国ノ部　山西省ノ部　大同炭鉱』外務省外交史料館）。1943年度：JACAR（アジア歴史資料センター）Ref. B06050546500大同炭礦『大同炭礦概要』（1944年）（外務省記録『昭和十九年外国鉱山及鉱業関係雑件　中国ノ部　山西省ノ部　大同炭鉱』外務省外交史料館）。

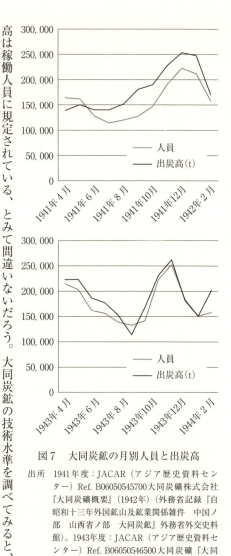

ら〇・八五トンに増加した、とされているが、「入坑総人員」は先に説明した一日の稼働人員を一ヶ月間積算した数値である。

炭鉱にとって、周辺農村と良好な関係を築くことは、労働力調達という観点からもきわめて重要であった。北支那開発株式会社調査局が陽泉炭鉱について四一年一一月一九日〜二一日にかけて行った実地調査によると、従業工人は調査時に約一万名、このうち地元平定県の出身者は八三四四名で八三%を占めており、これに隣接する盂県および昔陽県の出身者を合わせると九七%にまで達すること、これらの地域の耕地面積は平定県六・八畝、盂県三〇・六畝、昔陽県七・三畝と零細であるため、農民は半農半工または専業労働者となり陽泉炭鉱の給源となったこと、が記されている。(27)

陽泉炭鉱は、付近農村を「煤友村」に組織していた。煤友村は四一年五月一二日に旗揚げしており「本会ハ陽泉炭礦ノ健全ナル事業運営ヲ計ランカタメ、炭礦付近村民ノ福利ヲ図リ、愛礦心ヲ涵養シ、鞏固ナル民礦相互依存体形ヲ確立スルヲ目的トス」として、「匪民分離工作、農事畜産振興奨励、炭礦工人就業斡旋」などの事業を行うものとされた。創立時には六〇ヶ村、同年一〇月末日現在では七〇ヶ村、戸数一万七九九三戸、人口一二万六五五二人、陽泉炭鉱の工人になった者四八八六人、工人適性者数六万一〇七二人に達している。

事業の概況として、

1. 各村長との個別的懇談ならびに全体会議の開催（おおむね年三回）
2. 各煤友村に一名の連絡員
3. 各煤友村出身当所工人の戸口調査
4. 施療室を三つ設置し漢薬一〇〇〇円、華人医師四名、看護婦二名

5．演芸部の設置、巡回慰問
6．祭礼、慶弔に代表職員を派遣

などがあげられていた。(28) もちろん、周辺農村のみでは労働力が不足するので、遠方からも募集を行っている。その事情については、次の「把頭《はとう》制の利用」の項でふれることにしたい。

華北最大の炭鉱である開灤炭鉱は、労働移動も少なく、労働力不足には悩まずにすんだ炭鉱であった。(29) 開灤炭鉱の労働者は、会社の直轄労働者である「裡工《りこう》」と会社が採用した労働者ではあるが包工人《ほうこうにん》（＝把頭）に配属され、その指揮下にある「外工」に分けられる。前者は技術者および雑役夫等であり、採掘に当たる坑内夫などの炭鉱労働者（＝工人）は後者であった。「全工人ノ約八十五％ハ周辺郷村ヨリノ通勤工ナルヲ以テ」とされており、農村に基礎をもつ労働者が大部分を占めていた。(30)

開灤工人の移動率はきわめて低く、「裡工ハ八％外工ハ二〇％程度」であった。開灤炭鉱の労働移動が少なかった理由は、開灤礦務局自身の説明によると、

（イ）有家族工人カ多イコト、七一％迄カ有家族者テアル。
（ロ）八五％迄カ周辺ヨリノ通勤工テアルコト。
（ハ）扶助金ノ多イコト。
（ニ）周辺人口カ過剰テ失職スルト容易ニ就職出来ヌコト。(31)

であった。また、出勤率も良好で、四三年三月における出勤率は裡工九二・三％、外工八三・八％、計（加重平均）八五・五％であったという。その秘訣は「作業能率並疲労等ヲ考慮シテ時間外勤務ヲ調節シ時間外勤務ハ認ムルモ一箇月ヲ通シ稼働延工数三二班半ヲ超過セシメナイ方法ヲ取ツテキル外一箇月八日間ノ特別休暇日ヲ決定シテ其ノ日ハ賃

銀ヲ支払フ」[32]ことにあった。

百科事典の記述などでは中国労働運動の牙城、抗日運動の拠点とされる開灤炭鉱だが、日中戦争下イギリス資本時代も四一年一二月以降の日本軍接収・「軍管理開灤炭鉱」時代も日本への最大の石炭供給炭鉱であり、労務管理は最も成功していたとみてよいだろう。[33]日本軍の接収前に満鉄・北支経済調査所が開灤炭鉱鉱区支配人チルトンの談話を記録している。そのなかでチルトンは、

支那ノ社会組織ニ最モヨク適合シタ方式ヲ採用スルコトニ依テ不必要ナ紛争ヲ避ケタ。経営ノ最中枢部ヲ吾々ノ手ニ掌握シ、技術的ナ指導ヲ行フ外ハ一切ヲ支那人ヲシテ支那式ニ経営セシメテ居ル。支那人ニハ得ムトスレハ先ツ与ヘネハナラナイ。ソシテ炭礦ノ経営カ支那ニ、ソシテ地方民ニ如何ニ多クヲ与ヘテ居ルカヲ現実ニ示セハヨイ。……現在吾々ハ治安問題ニ対シテモ多クノ心配ヲ必要トシナイ迄ニ至ツテ居ル。[34]

と語っているが、おおかた正しい認識とみてよいだろう。日本軍接収後においても、労務管理方式は多くは変わらなかったようである。労務管理において最も重要な役割を果したのが中国在来の労務管理方式である把頭制であった。

3 把頭制の利用

華北のほとんどの炭鉱では、従来の慣行であった把頭制を維持・利用していた。最大の炭鉱・開灤炭鉱では、従来の把頭制を独自にアレンジした制度を採用しており、把頭を「包工人」と呼んでおり、把頭制度を「包工人制度」と称していた。一九四三年には包工人は一二三名在籍しており彼らの人選・採用は、

坑内技術者、工人監督者、職員、土木請負人、工人或ハ開灤職員ノ斡旋ニヨリ他礦ノ把頭タリシ者等ヨリ本人ノ希望申出ニヨリ適任ナルモノヲ簡抜シテ包工人トシテ採用スルノテアツテ何レモ炭礦ニ関スル智識、経験ヲ有ス

ル者ヲ採用スルノテアル。包工人ノ任命ハ炭礦長ノ申請ニ基キ礦務局長カ其ノ採否ヲ決定スルノテアル。[35]

とされていた。日本における炭鉱の請負制に該当するしくみだが、日本における親方に該当する包工人は会社に採用されているのである。

坑内夫をはじめとする炭鉱労働者を指揮・監督する把頭は、炭鉱労働に必要な道具・物資も自前で用意した。「炭礦側ノ負担」は「杭木《ママ》、ロープ、レール、杭木ノ釘、煉瓦、砂、洋灰、鉄輪其ノ他各種木材、安全灯ノ貸与」であるのに対して、「包工人側ノ負担」は「安全灯ノ使用料、鍬、ツルハシ、ペンチ、モツコ、縄、火薬」などであった。[36]もっとも、包工人側の負担にあたる道具類や火薬を包工人自らが調達したのか、あるいは会社側のストックを買い取る形で自己の負担としていたかは判然としない。ただし、後出の表20（一七二頁参照）でみる開灤炭鉱が物動により調達した資材のなかに、これら包工人負担の道具類は含まれていないので、前者である可能性が高い。

会社と包工人との契約および包工人配下の工人（外工）については以下のように説明されている。

……作業部面ニアリテハ炭礦ノ指定スル採炭方法ニ従ヒ指定ノ箇所ニ於テナスコト、採炭方法ハ適宜炭礦側カ変更指定シ得ルコト、請負契約ハ現在ノ作業箇所ニ限定スルコト等ヲ定メテヰルノテアル。且包工職務ハ他人ニ譲渡スルコトヲ禁シ又世襲モ認メテキナイ。……包工人ノ配下工人ニ対スル任免権ハ会社側ニ於テ行ヒ包工人ニハ其ノ権限ヲ付与シテヰナイノテアル、包工人ノ配下工人ノ勤怠管理、作業現場ノ監督、賃銀ノ支払等ニ於テ直接工人ト関係ヲ有シテヰル。[37]

ここでわかることは、開灤炭鉱の包工人制度は、包工人を会社が直接採用していること、外工の任免権を会社側がもつこと、の二点において日本における請負制に比して直轄制に近づいているということである。しかし、会社と包工人とは請負契約を結んでおり、現場の労働者の指揮・監督は包工人に委ねられている点においてはあくまでも請負制の範疇に属するものであった。開灤炭鉱の労務管理制度は、華北の炭鉱の一般的な姿とは異なる可能性はある。直轄制を一部導入した把頭制とみなすことができるだろう。

次に大同炭鉱の把頭制を検討しよう。四一年四月一日現在の大同炭鉱自身の報告書によると、各坑それぞれに一人の大把頭が在籍しており、その大把頭のもとに数名の小把頭がいて、工人の募集から労務管理全般を担当していた。会社の社員および社員外従業員の組織は図８「大同炭鉱の組織図（一九四一年四月一日）」のとおりである。

- 社　員
  - 職　員（日給制，月１回）
  - 准職員（日給制，月１回）
- 社員外従業員
  - 在籍従事員
    - 把　頭…
      - 大把頭（出来高歩合，月２回）
      - 小把頭（出来高歩合，月２回）
    - 常傭工…
      - 常傭方（日給制，月１回）
      - 常傭夫（出来高払，月２回）
  - 外籍従事員
    - 請負工（請負，一括払）
    - 臨時工（日給制，日払）

図８　大同炭鉱の組織図（1941年４月１日）

出所　JACAR（アジア歴史資料センター）Ref. B06050545700大同炭礦『大同炭礦労務管理及工人労働事情概要』（1941年）（外務省記録『昭和十三年外国鉱山及鉱業関係雑件　中国ノ部　山西省ノ部　大同炭鉱』外務省外交史料館）。

すなわち、把頭および工人はすべて「社員外従業員」の範疇に属するが、把頭（大把頭、小把頭）は「在籍従事員」、工人は「外籍従事員」という厳然たる相違があった。大同炭鉱では、把頭のもとにいる工人は「請負工」と呼ばれていた。

ちなみに、社員については二十歳以上四十五歳未満、大同炭鉱に在籍一ヶ年以上、素行・技倆・体格ともに社員たる資格を具備する者のなかから銓衡採用するとされており、さらに社員のうち職員は人物手腕の優秀、特別の学識または技能を有し実務に経験豊富な者を特別に銓衡するとされていた。大把頭は「一坑一人制」をとっており、配下全工人の指導監督および工人の募集、工人の福祉関係に従事させており、炭鉱は大把頭に対し配下全工人の稼働賃金に照らして歩合により手当を支給している。小把頭は一坑に定員は定めず、作業状態および能率によって人員を配置しており、大把頭の命を受けて配下工人の募集、指導監督を行い、大把頭同様配下工人の稼働賃金に照らして手当を支給している(38)。

把頭による労働者募集については次のように説明されている。

左記各地に招工機関を設置

蒙疆地区　渾源朔県

華北地区　北京、唐山、済南、徐州、青島

招工ハ縁故関係ヲ辿リ老練ナ工人ヲ招工人トシテ選抜シ各把頭ノ出身地ノ地盤ニ派遣シ駐在員ノ協力指導下ニ招工ヲ行ツテ居リマス、招工ニ要スル総経費ハ会社ノ負担テアリ途中逃亡ハ招工人即チ把頭ノ一部負担ト致シテ居リマスカ地区内労働資源ノ減退ハ華北ニ対シテノ依存性カ漸次高化ヲ辿ツテ居ル現状テ招工現地ノ労働者ノ鼻息カ強ク前貸金ヲ必要以上ニ要求スル悪傾向ヲ招来シ……(39)

大同炭鉱は、地元のみならず河北省、山東省方面まで労働者募集の範囲を広げていたが、募集業務の担い手は「老練ナ工人」＝招工人であり、把頭の出身地に派遣するという方法をとっていた。「途中逃亡ハ招工人即チ把頭ノ一部負担」とあることから、招工人はあくまでも把頭の職務である労働者募集を把頭の名代として行っているものと推測できる。

各炭鉱では労務管理のために日本人社員（ホワイトカラー、職員）を一定数雇用していた。しかし、工人の募集は日本人には決して触れることのできない異次元世界であった。日本人が出て行くことにより事態を逆に悪化させることが想定されたので、把頭や「老練ナ工人」に任せるしかなかったのである。北支那開発株式会社調査局が行った四一年の陽泉炭鉱調査では、以下のことが明らかにされていた。陽泉炭鉱では、その配下に工人約二〇〇〇名を有する把頭が五名いた。各把頭が第一坑から第五坑を担当している。工人に支払われる賃金（日給）が最高一・二〇〜一・三〇円、最低〇・七〇〜〇・八〇円であったが、一人につき平均〇・二〇円の「ピンハネ」を行うとすれば一日の収入は〇・二〇×二〇〇〇＝四〇〇円となる。ただしこのすべてが大把頭の収入になるわけではなく小中把頭、先生、師天等への歩合（小把頭の収入は月七〇〜一〇〇円くらい）、または工人家族の保護、工人出稼の許可を得るため「共匪」に支払う税、配下工人の救済等の支出も少なくない。炭鉱当局の工人管理に対する態度もきわめて消極的で「実際ノ工人管理ハ之ヲ全テ大把頭ニ一任シ、炭礦労務係トシテハ僅カニ事務所ニ日人四名、現場ニ五名、（各坑一名宛）ヲ有スルノミテ申訳的管理ニ過キヌ実状テアル」[40]というありさまであった、という。

ここで注目したいのは、工人出稼の許可を得るために「共匪」に支払う税の存在である。華北の炭鉱では数十万人の労働者を周辺あるいは遠隔地の農村から調達していたわけだが、そのすべてが日本軍支配下の村から調達できたわけではない。むしろそれは少数であり、把頭の出身地という縁故をたどって日本軍占領地、国民党支配地、共産党支配地（辺区）を問わず労働者を募集していたはずである。敵の支配地から日本側が稼働する炭鉱の労働者を募集するさいに、日本人職員が出て行くことは当然できない。すべて中国人把頭や「老練ナ工人」の縁故と裁量に任せる他はなかったのである。

なお、把頭制を維持せずに廃止した例として井陘炭鉱のケースが注目できる。満鉄・北支経済調査所が四一年に行った調査によれば、協力会社となった貝島炭礦は当時の興中公司炭業部長草場義夫を炭鉱長に迎え、草場の采配により非常な熱意をもって多数の優秀な技術者を送り込んだ。しかし、その後における生産高は接収前の水準を回復していない。労働者一人当たり採炭能率も日中戦争勃発前に及んでいない。経営内部に幾多の欠陥があると思われるが、その一つが「炭礦労働組織ニ至ツテハ極メテ無定見ナ方策カ採用サレ、井陘炭鉱テハ把頭制ノ不用意ナ改廃ニ手ヲツケテ著シイ困難ヲ感シテヰル」ことである、と厳しく批判されていた(41)。本章でみた井陘炭鉱の労働者一人当たり出炭高の異常な低さの要因の一つが労務管理の失敗＝把頭制の廃止にあったのである。

4　労働者募集と強制連行

ところで、華北炭鉱の労働者募集には、いわゆる強制連行は行われたのだろうか。一般に中国人強制連行は、「華人労務者内地移入ニ関スル件」（一九四二年一一月二七日、閣議決定）に基づく中国人農民、俘虜等の内地への移入と、土建・荷役・炭鉱での使役を意味している(42)。中国人強制連行を具体化する過程において、使役を予定していた各事業会社代表は、北京大使館に集まり現地側（北京大使館労務課、華北労工協会、新民会、北支那開発株式会社、華北運輸株式会社、その他労務関係者）と協議をとげ、石門俘虜収容所や井陘炭鉱、中興炭鉱などを視察している(43)。このことからわかるように、すでに華北労工協会が設立されており、主として満洲への労働者供出業務を行っていた。また石門俘虜収容所（石門労工訓練所）というのは、戦闘で投降してきた俘虜を収容し、労働訓練を施し「良民」に改造した上で、重筋労働の事業場に投入する、という任務を遂行していた。

王紅艶の研究によると、石門労工訓練所の一九四一年八月から四三年一一月までの供出状況は、撫順炭鉱二七四八人、満洲炭鉱二六二〇人、本渓湖炭鉱二二九〇人、東辺道開発一〇〇〇人、昭和製鋼所三〇〇人、計八九五八人が満洲国に向けられ、井陘・正豊炭鉱一五九八人、帰農九一三人、対日供出五六四人、就職三五〇人、死亡二〇五五人、その他一八三八人、総計一万六二七六人となっている(44)。ここで華北の炭鉱で名前が判明するのは、井陘炭鉱、正豊炭鉱のみであり、大部分は満洲国の炭鉱であった。

また、華北労工協会についても、王紅艶によると、同協会は、三九年一〇月に北支那方面軍、興亜院、新民会、中華民国臨時政府（のちに華北政務委員会）等で設立に向けた協議が始まったが、意見が容易にまとまらず、設立は四一年七月にまでずれこんでいる。[45] 目的は、主に満洲に向けて労働者を供出することであり、「華北主要炭鉱、主要都市および港湾の周辺一〇キロを募集禁止地域に指定」[46] したということに示されるように、華北炭鉱の労働力給源と競合することが想定されていた。華北労工協会は、日本内地への中国人強制連行においても重要な役割を果たしているが、華北炭鉱への供出は主たる任務ではなかったと考えてよい。華北炭鉱の労働者募集は、やはり把頭が担っていた、と考えてよいだろう。上述の石門労工訓練所の供出先に井陘炭礦、正豊炭鉱の名前のみが出てきたのは、この両炭鉱が把頭制を廃止した炭鉱であることも、その傍証となるだろう。

ところで、強制連行は「万人坑」研究の聞き取り調査のなかで、事実が証言されるケースが多いので、「万人坑」についてもふれておきたい。主として華北から労働者を受け入れた満洲の各炭鉱、鉱山には死亡した炭鉱労働者の遺体が大量に遺棄された「万人坑」が残されている。満洲国の鶏西炭鉱、阜新炭鉱、北票炭鉱、撫順炭鉱、弓張嶺鉱山、大石橋鉱山などが著名であり、万人坑が形成された過程についても、いくつかの研究がなされている。[47] これらの研究によって、華北から、あるいは満洲国内において強制連行により炭鉱、鉱山で使役されていた労働者が、万人坑の遺骨となっていることが判明している。これに対して、華北の炭鉱、鉱山では大同炭鉱、井陘炭鉱、龍烟鉄鉱に、華南の鉄鉱石鉱山では石禄鉱山、田独鉱山に万人坑が残されている。[48]

華北では大同炭鉱の万人坑については、古くから地元民による噂があったところ、一九六〇年代に専門家による発掘と遺骨の調査が行われ、研究書も刊行されている。[49] その後、大同炭鉱第二次世界大戦史研究会による元労工およびその子息に対する大規模な聞き取り調査が二〇〇三年から八年間かけて行われた。同研究会は、生存者の元労工二〇〇名以上にインタビューを行い、一六一名の口述資料を記録として刊行した。[50] そのなかから重要なものをいくつか紹介しよう。

馬生子は父親とともに大同炭鉱に連行された経験を語っている。馬生子とその父は彰徳で、シルクハットをかぶった把頭が「北平に行けば仕事がある」と演説をしているところに遭遇し、父は話に乗って集合場所に行った。その集合場所では銃剣を持った日本兵が取り囲み、行き先は北平ではなく大同炭鉱だとの噂も広がり逃亡する人もいた。先ほどの把頭は「噂を信じないで。大同炭鉱ではなく北平だから。仕事は鉄道敷設や家の建築だ」と言い続けた。この親子は、悶缶汽車（座席がない客車）に乗せられ、やはり着いた所は大同炭鉱の忻州坑で、鉄条網に囲まれた、中国式オンドルがある建物に入れられた。街で演説していた把頭は名前は馬明華といい、大同炭鉱でも馬生子父子を監督・指導した。馬明華把頭に恨みを買った父は虐待され負傷、病人室に移されたが衰弱し、最後は万人坑に捨てられた。子の馬生子は九歳で少年工として帽子とカーバイドライトを馬明華把頭からもらい、労働に従事した(51)。

斎家治は、一九三八年開封で大同炭鉱の労工募集をしている日本軍使役に「鉄道敷設をしている、待遇・給料はいい」という話に乗って開封出身の九二名と一緒に悶缶汽車に乗って大同炭鉱・煤峪口坑に連れて行かれた。収容された建物の記憶は先述の馬生子と一致する。把頭の名前は姜文先といい、斎は石炭運搬などの仕事に従事した。病気で働けなくなった労工は山の斜面に運ばれて捨てられた。斎は仲間と逃亡に成功するが、その後も仕事は鉄道敷設工事などであり、その後ふたたび大同炭鉱・煤峪口坑に送られてきた。そのときの把頭はなじみのある本家筋の老人であったため無事に過ごすことができた(52)。

姜清斎は遅安進という把頭が故郷に労工募集に来たさいに両親、兄、弟と合わせて五人で大同炭鉱に行った。姜は少年だったので「見張り」などの労働だったが、四五年二月（一四歳）には石炭運搬に従事し給料ももらうようになった(53)。

これらの証言から浮かび上がってくるのは、把頭が労働者募集および炭鉱での労務管理を継続的に行っていること、多くの場合、把頭にだまされて大同炭鉱に連れてこられたこと、日本側の労務管理体制（宿舎、鉄条網、日本兵による作業督励）と把頭による暴力が相俟って暴力的・抑圧的な労務管理を行っていたことである。大同炭鉱の元労工たちの証言は、本章で紹介した会社側の労務管理に関する説明とも符合している。図7にみられる激しい労働移動は、把頭による強制連行（だまして連行を含む）と万人坑に示される異常に高い死亡率という事実を反映したものだったと解釈できるのである。

5 資材

華北炭鉱開発の分析の最後に資材についてみていきたい。表20「開灤炭鉱一九四二・四三年度主要資材入手状況」を作成した。四二年度について年間消費量に対する入荷実績の比率（(B)／(A)）は、対日満期待坑木、枕木、電気雷管、馬糧など九〇〜一〇〇％入手できた資材もあるが、多くは五〇％にも達しない水準だった。四三年度にはカーバイドのみ九〇％超えで、他は軒並み低下した。そのなかにあって対日満期待坑木、枕木は七〇〜八〇％を維持したので健闘したと評価できるだろう。品名をみると金属製品と油類は四二年度、四三年度とも低い水準であり、機械化については大きな阻害要因があったことがわかる。

次に華北の主要炭鉱の総括表として表21「一九四四年度出炭見込」を検討しよう。四三年度物動で承認されていた機械類はほとんど入手できていなかった。四四年度にいたって四三年度物動の未入手機械打ち切りが議論となった。その影響を左欄の「四三年度未入手機械復活場合」と隣の「同左打切ノ場合」と二つの想定のもとに「出炭見込」を推測している。下の「合計」欄をみると、四三年度物動の未入手機械が復活した場合でも表の右欄の「物動大綱ニヨ

表20　開灤炭鉱1942・43年度主要資材入手状況

品　名	年間消費量(A)：単位	1942年入荷実績(B)	比率(B)／(A)(%)	1943年入荷実績(C)	比率(C)／(A)(%)
セメント	29,600：t	14,703	49.7	15,390	52.0
対日満期待坑木	318,000：石	291,425	91.6	242,000	76.1
現地期待坑木	60,000：石	30,964	51.6	25,000	41.7
一般木材	68,000：石	6,118	9.0	4,340	6.4
枕　木	27,728：本	27,843	100.4	22,582	81.4
鉄　板	645：t	3	0.5	98	15.2
ワイヤロープ	560：t	—	—	58	10.4
シャベル	18,200：個	12,450	68.4	5,950	32.7
ピック	22,628：個	4,710	20.8	10,225	45.2
ハンマー	3,884：個	—		2,606	67.1
洋　釘	90：t	6	6.7	33	36.7
マニラロープ	21：t	—	—	—	—
ボールベアリング	12,900：個	1,415	11.0	5,136	39.8
ローラベアリング	16,700：個	—	—	100	0.6
電気雷管	570,000：発	580,000	101.8	245,000	43.0
カーバイト	410：t	—	—	370	90.2
コンプレッサー油，ダイナモ油	38：kℓ	12	31.6	14	36.8
シリンダートランスフォーマータービン油	134：kℓ	6	4.5	68	50.7
其他機械油	215：kℓ	21	9.8	94	43.7
揮発油，灯油，重軽油	3,600：kℓ	368	10.2	147	4.1
グリース	92.6：t	5.4	5.8	12	13.0
ケーブル各種	39,252：ft	25,674	65.4	—	
電話ケーブル	12,574：ft	—	—	—	—
トロリーワイヤー	5,792：ft	—	—	—	—
ブレーキライニング	955：ft	9	0.9	—	—
馬糧(粟)	3,600：t	3,336	92.7	2,268	63.0

出所　軍管理開灤礦務総局『開灤炭礦現況報告書　昭和十九年三月現在』(『開灤鉱務局資料』〈巽史料191〉所収。防衛省防衛研究所図書館所蔵)。

ル計画」に対して七七・四%の水準にとどまる二三九八万五〇〇〇トンが予想されていた。これが四三年度物動機械が打切となった場合には六九・九%の二一六七万五〇〇〇トンに低下する、と予想されている。その低下幅は七・五ポイントである。これに対して、次の「朝鮮枕木ナキ場合」とは朝鮮からの供給が期待される坑木が入手できない場合を意味しており、その場合には「物動大綱ニヨル計画」に対して五三・一%の水準にあたる一六四七万トンの出炭が予想されている。これは四三年度物動機械打切の予想出炭高に対して低下幅は一六・八ポイントと拡大している。すなわち、この表の意味するところは、機械の未入手（復活打切）によるダメージよりも坑木未入手によるダメージの方がはるかに大きいということである。

表21　1944年度出炭見込　（単位：千t）

	43年度未入手機械復活場合	同左打切ノ場合	朝鮮枕木ナキ場合	物動大綱ニヨル計画
粘結炭	14,875	13,715	10,450	16,630
計画比（%）	89.4%	82.5%	62.8%	100.0%
非粘結有煙炭	5,510	4,760	3,870	8,570
計画比（%）	64.3%	55.5%	45.2%	100.0%
無煙炭	2,830	2,530	1,580	4,520
計画比（%）	62.6%	56.0%	35.0%	100.0%
華北・蒙疆計	23,215	21,005	15,900	29,720
計画比（%）	78.1%	70.7%	53.5%	100.0%
華中	670	670	570	1,270
計画比（%）	52.8%	52.8%	44.9%	100.0%
合計	23,985	21,675	16,470	30,990
計画比（%）	77.4%	69.9%	53.1%	100.0%

註　粘結炭…開灤，井陘，正豊，磁県，六河溝，柳泉，中興，華宝，赤柴，新泰，博山黒山，大青山。非粘結有煙炭…西山，淄川，博山，大同。無煙炭…陽泉，焦作。華中…淮南。

出所　『北支産業視察（石炭関係）』（巽史料12）所収。（防衛省防衛研究所図書館所蔵）。

実際には、あてにされていた朝鮮坑木は、供出困難とされていた。

出炭計画ニ対シ砘当五・七才ニシテ最少限度ノ数量ナルモ朝鮮側ニテハ供出困難ト称シ居リ、万一不可能ノ場合ハ坑木ノ不足ヨリ北支炭礦ハ採炭困難トナル虞充分ナリ。而モ現地材ハ楊柳類ニシテ材質不良ナル上建築用材ハ薪材ニ出廻リ坑木トシテノ収買ハ困難ヲ極メ且ツ価格ハ才六〇銭以上ニモ昇リ炭価高騰ノ主原因ノ一ナリ。(54)

四四年度の出炭高は、表11によれば二〇〇三万トンであった。

表21の最悪の場合の出炭予想一六四七万トンは上回っている。しかし表21の左欄の「四三年度未入手機械復活場合」は下回ったのである。[55]

朝鮮からの坑木は、少なくとも山西省の富家灘炭鉱には届いていない。表22「富家灘炭鉱の資材（一九四四年）」は、富家灘炭鉱の『資材月報』を集計したものだが、「内地材」（朝鮮からの供給も含む）は四四年には皆無となっており、現地材のみが供給されていたのである。

おわりに

華北炭鉱開発および華北炭鉱の特質として、第一に開発の自己目的的性格、第二に労働の暴力支配的「自由市場」的性格、第三に資材の自給自足的性格が指摘できよう。

開発の自己目的的性格とは、炭種・規模・電化・機械化・輸送手段の有無がまったく異なる炭鉱をすべて同時進行的に開発しようとしたことに示されている。対日供給が見込めない山西省、蒙疆政権下の炭鉱でも新坑開発や電化が積極的に行われていた。四二年までの生産量の伸びと四四年にいたるもさほど生産量が減少しなかったことは各地での新坑開発（土法採掘も含む）に負うところが大きい。これに対して内地では四四年

表22　富家灘炭鉱の資材（1944年）

	現地材			内地材			合計		
	本数（本）	才数（才）	金額（円）	本数（本）	才数（才）	金額（円）	本数（本）	才数（才）	金額（円）
1943年11月	1,276	22,764	7,967	—	—	—	1,276	22,764	7,967
1943年12月	773	23,016	7,595	—	—	—	773	23,016	7,595
1944年1月	830	23,214	9,286	—	—	—	830	23,214	9,286
1944年4月	414	7,071	3,536	—	—	—	414	7,071	3,536
1944年5月	277	11,326	6,796	—	—	—	277	11,326	6,796
1944年6月	542	8,493	5,096	—	—	—	542	8,493	5,096
1944年7月	277	4,201	2,569	—	—	—	277	4,201	2,569
1944年8月	860	9,348	5,609	—	—	—	860	9,348	5,609
1944年9月	1,180	14,049	8,429	—	—	—	1,180	14,049	8,429
1944年10月	916	13,145	7,887	—	—	—	916	13,145	7,887

出所　山西炭鉱富家灘採炭所『資材月報』（昭和18年5月～19年10月）（大倉財閥資料72.3/5，東京経済大学所蔵）。

に樺太における主要炭鉱の閉鎖、九州炭鉱への労働者の大量配置転換という政策を実行しており、まさに重点主義を実践していたこととは対照的である。

労働の暴力支配的「自由市場」的性格とは、基本的に把頭制（請負制、間接管理）が採用され、労働者募集も把頭に委ねられたことに示されている。したがって炭鉱会社は労働移動に悩まされ続けた上、把頭による暴力的な募集（連行）、採炭労働支配が行われたため、後に万人坑ができることにもつながった。これに対して内地では直轄制に移行した上に、戦時期には労働移動を防止するために朝鮮人（一部中国人）強制連行を実施したことにみられるように、政府による戦時労務動員が厳格に行われていた。

資材の自給自足的性格とは、高度な機械や油類が内地から供給されなかったことは当然だが、燃料としての石炭、あまり適さないが坑木など自前で調達し生産を支えたことに示されている。また、必要最低限の道具類――鍬、ツルハシ、ペンチ、モッコ、縄、火薬などは把頭の負担（調達方法はよくわからないが）であった。手掘りを基本とする技術水準が、最低限の資材での採炭をかろうじて可能にしていたと評価できるだろう。

戦時期華北の石炭開発は以上のような特質を有していた。炭鉱会社や日本側諸機関の開発への熱意は失われなかったが、開発による経済的成果はさまざまな条件により制約されていた。しかし、経済的成果を度外視して開発を続けることが日中戦争経済史を貫く一つの特質であるように思われる。

註

（1）君島和彦「日本帝国主義による中国鉱業資源の収奪過程」（浅田喬二編『日本帝国主義下の中国』〈楽游書房、一九八一年〉所収）。
（2）依田憙家『日本帝国主義と中国』（龍渓書舎、一九八九年）。
（3）中村隆英『戦時日本の華北経済支配』（山川出版社、一九八三年）。

(4) 柴田善雅『中国占領地日系企業の活動』（日本経済評論社、二〇〇八年）。

(5) 范力『中日〝戦争交流〟研究―戦時期の華北経済を中心に―』（汲古書院、二〇〇二年）。

(6) 内田知行『黄土の大地　一九三七～一九四五　山西省占領地の社会経済史』（創土社、二〇〇五年）。

(7) 窪田宏「山西省における大倉財閥」（大倉財閥研究会編『大倉財閥の研究―大倉と大陸―』〈近藤出版社、一九八二年〉所収）。

(8) 吉井文美「日本の華北支配と開灤炭鉱」（久保亨・波多野澄雄・西村成雄編『日中戦争の国際共同研究5　戦時期中国の経済発展と社会変容』〈慶應義塾大学出版会、二〇一四年〉所収）。

(9) 畠中茂朗『貝島炭礦の盛衰と経営戦略』（花書院、二〇一〇年）。

(10) 内田知行、前掲書。

(11) 萩原充「戦時期の大冶鉄鉱と対日供給」（富澤芳亜・久保亨・萩原充編著『近代中国を生きた日系企業』〈大阪大学出版会、二〇一一年〉所収）。

(12) 解学詩『満鉄与華北経済　一九三五～一九四五』（社会科学文献出版社、二〇〇七年）。

(13) 章伯鋒・庄建平『抗日戦争　第六巻　日偽政権』（四川大学出版社、一九九七年）。

(14) 高木陸郎「鉄・石炭・特殊鋼」（創元社編『アジア問題講座　第6巻　経済・産業篇（三）』〈創元社、一九三九年〉所収）三〇～三一頁。

(15) 東亜経済懇談会『東亜経済懇談会第三回大会報告書　昭和十六年十二月』（一九四二年）七四頁。

(16) 北支那開発株式会社『北支開発事業の概観　昭和十七年度版』（一九四二年）二頁。

(17) 以下の輸送ルートの記述は、久保山雄三（興亜院嘱託）『支那石炭調査報告書』（一九四〇年）による。

(18) 堀内文二郎・望月勲『開灤炭礦の八十年』（一九六〇年）一五、一八～一九頁。

(19) 久保山雄三、前掲書、六頁。

(20) 同右、六～七頁。

(21) 軍用とは、たとえば山西省の太原炭鉱の例にみると、配給先はほとんど軍方面だが、軍を通して電灯公司にも供給している、とされていることから、現地占領軍当局が石炭の配給を取り仕切っているということを裏付けるものかもしれない。満鉄・北支事務局調査室編『第一回興中公司炭礦長会議報告　昭和十三年六月』（一九三八年）九～一〇頁。

(22) 合計が合わないが原資料のままとした。
(23) 大東亜省『昭和十九年度北支炭礦資材労務食糧並ニ炭価事情　昭和十九年四月二日』(一九四四年)(『北支産業視察(石炭関係)』〈巽史料一二〉所収、防衛省防衛研究所図書館所蔵)。
(24) 山西炭礦股份有限公司『昭和十九年度　主要事業計画説明書』(『大倉山西関係の定款、事業概要、事業計画案　大倉の山西経営構想、山西の石炭事情』大倉財閥資料七二・一／八、東京経済大学所蔵)。
(25) 一九四〇年に華北主要炭鉱の現地調査を終えた技師久保山雄三は、大同炭鉱は八達嶺を、山西諸炭鉱は娘子関を越えなければならないので、対日輸出は最後に廻さざるをえない、よって山東省および京漢線沿線炭鉱の開発が重要であり「応急の出炭方法としては多少乱掘になつても致方無く、海岸線に近い炭田の開発に全力を傾注することが急務である」と提言していた。久保山雄三、前掲書、四七頁。しかし、本章の分析による限り、華北炭鉱で重点主義を実行した形跡は見られない。
(26) JACAR(アジア歴史資料センター)Ref. B06050545700大同炭礦『大同炭礦概要』(一九三八年一二月)(外務省記録『昭和十三年外国鉱山及鉱業関係雑件　中国ノ部　山西省ノ部　大同炭鉱』外務省外交史料館)。
(27) 調査局員立木博道・坪倉和夫が担当。JACAR(アジア歴史資料センター)Ref. B06050547000北支那開発株式会社調査局『北支労務管理調査　陽泉焦作炭礦概況報告』(一九四一年一二月)(外務省記録『外国鉱山及鉱業関係雑件　中国ノ部　山西省ノ部陽泉炭鉱』外務省外交史料館)。
(28) 同右。
(29) 以下の労働者に関する記述は軍管理開灤炭礦『軍管理開灤炭礦概要』(一九四三年)(『開灤鉱務局資料』〈巽史料一九一〉所収、防衛省防衛研究所図書館所蔵)による。
(30) 裡工と外工について『開灤炭礦の八十年』では裏工と包工と表現されている。いうまでもなく裡=裏であり、外工は包工人配下にあるために「包工」といわれたのであろう。堀内文二郎・望月勲、前掲書、二一〇〜二一一頁。
(31) 軍管理開灤炭礦『軍管理開灤炭礦概要』(前掲)。
(32) 同右。
(33) 吉井文美論文(前掲)はこのことを日英双方の資料によって明らかにしている。
(34) 満鉄・北支経済調査所編『北支炭業ノ自然的、社会的基礎ト事変後ニ於ケル諸変化―特ニ生産性ノ問題ニ関連シテ―』(一九四一年三月）九〜一〇頁。
(35) 軍管理開灤炭礦『軍管理開灤炭礦概要』（前掲）。
(36) 同右。
(37) 同右。
(38) ＪＡＣＡＲ（アジア歴史資料センター）Ref. B06050545700 大同炭礦『大同炭礦労務管理及工人労働事情概要』（一九四一年）（外務省記録『昭和十三年外国鉱山及鉱業関係雑件　中国ノ部　山西省ノ部　大同炭鉱』外務省外交史料館）。
(39) 同右。
(40) ＪＡＣＡＲ（アジア歴史資料センター）Ref. B06050547000 北支那開発株式会社調査局『北支労務管理調査　陽泉焦作炭礦概況報告』（一九四一年一二月）（外務省記録『外国鉱山及鉱業関係雑件　中国ノ部　山西省ノ部　陽泉炭鉱』外務省外交史料館）。
(41) 調査担当者は、関戸嘉明・山下政義。満鉄・北支経済調査所『井陘・正豊両炭礦労働概要調査報告』（一九四一年九月一二日）。
(42) 西成田豊『中国人強制連行』（東京大学出版会、二〇〇二年）四〇〜四二頁。
(43) 同右、四六〜四八頁。
(44) 王紅艶『「満洲国」労工の史的研究―華北地区からの入満労工―』（日本経済評論社、二〇一五年）二五八頁。
(45) 同右、二三五〜二四二頁。
(46) 同右、二四七頁。
(47) 上羽修『中国人強制連行の軌跡―「聖戦」の墓標―』（青木書店、一九九三年）、青木茂『万人坑を訪ねる―満州国の万人坑と中国人強制連行―』（緑風出版、二〇一三年）など。
(48) 主管青木茂、協力舟橋精一「万人坑を知る旅２０１５」http://www.ac.auone-net.jp/~miyosi/。
(49) 温鋭光責任編輯『日偽時期煤礦坑的故事――山西煤礦萬人坑発掘記事』（商務印書館、一九九五年）は大同炭鉱・煤峪口坑にて発見された万人坑の発掘調査報告書である。一九六六年から人類学、考古学、解剖学の専門家が遺骨・遺体の引き上げと分析を行った。遺体は棺に入れられた状態のものと、まったく棺はない状態で捨てられた状態のものがあり、時期により異なると推測している。
(50) 大同煤礦〝万人坑〟二戦歴史研究会編『抗日戦争期大同礦工口述実録』（中共党史出版社、二〇一三年）。

(51) 同右、三～五頁。なお、本書の要約は曹建平氏（南陽師範大学講師）による日本語翻訳文に基づいている。
(52) 同右、六～七頁。
(53) 同右、七～八頁。
(54) 大東亜省『昭和十九年度北支炭礦資材労務食糧並ニ炭価事情　昭和十九年四月二日』（一九四四年）（『北支産業視察（石炭関係）』〈巽史料一二〉所収、防衛省防衛研究所図書館所蔵）。
(55) 結局、四三年度物動機械は打ち切りとなったようである。

第二章　華北の鉄資源と現地製鉄問題

はじめに

長期建設のなかで、石炭とともに中国・華北に期待された資源の一つに鉄鉱石がある。本章では、鉄鉱石の開発の問題を取り扱うことにする。先行研究としては、石炭とともに鉄鉱石の問題を分析した中村隆英の研究(1)がその到達点を示している。鉄鉱石は対日供給も期待されていたが、重量物であることと華北にコークス用粘結炭が豊富に存在することから現地製鉄という考え方が打ち出されていたことは第Ⅰ部第一章でみたとおりである。そして太平洋戦争段階に輸送の隘路を解消するべく打ち出されたのが小型熔鉱炉建設計画であった。中村は、現地製鉄構想の具体化として北支那製鉄株式会社が設立されたこと、一九四二年一二月二四日に小型熔鉱炉建設計画が閣議決定された経緯を明らかにした上で、可能な限りの生産実績を示す統計数値を明らかにしている(2)。また、柴田善雅は企業史という方法により鉄鉱石開発および製鉄業を行ったすべての企業の設立経緯、事業の概要、財務状況などを明らかにしている(3)。本章においても各企業に言及するところで参照している。

ところで、華北において製鉄事業を興すこと自体は、日中戦争以前から中国の軍閥あるいは国民政府によって企図されていたことであった。山西省については大倉鉱業の事業を中心として窪田宏が明らかにしており(4)、内田知行は、閻錫山による一〇ヶ年計画とその実績、日中戦争下の蒙疆政権および大倉鉱業による事業の継承・拡大の具体的な姿を明らかにしている。(5) また、本章の考察の範囲には含めないが、華中の大冶鉄山の戦時期の動向については萩原充がきわめて緻密な分析を行っている。(6)

本章では、第Ⅱ部第一章に続いて、華北における鉄鉱石採掘および現地製鉄事業の産業史的な分析を試みている。日中戦争下に鉄鉱石採掘はどのようにして行われ、いかなる到達点を迎えたのか、現地製鉄事業はいかにして実現したのか、どの程度の成果をあげたのか、を新資料も用いながら可能な限り明らかにすることを目指している。

一　華北における鉄鉱石

1　鉄鉱石の開発状況

第Ⅰ部第一章で明らかにしたように日中戦争期において、中国占領地の資源に対する期待はきわめて高く、現在から見れば常軌を逸していると思われるほど楽観的な見通しが語られていた。華北における鉄鉱石埋蔵量は、中国全土のおよそ二分の一とされており、その開発は遅れていた。一九三九年ごろには一億八五二〇万トン(7)あるいは一億七八八七万トン(8)とされていた華北の鉄鉱石埋蔵量は、「開発」が進んだ四二年には「三億噸内外」(9)と推定されるにいたった。

それでは、実際に中国の鉄鉱石がどれだけ生産され、対日供給されたのかを表23「中国鉄鉱石生産・対日満供給」により確認しておこう。中国を蒙疆、華北、華中、華南に区分して主要鉱山の実績を掲げている。表の一番下、中国計をみると、鉄鉱石の生産高は三九年度の一〇一万トンから四二年度の五〇〇万トンまで約五・〇倍化を果たした後、翌四三年度にはわずかに減退していることがわかる。四年間で五倍化という驚異的な生産増を果たしたことは注目すべきだろう。右側の対日満供給高（大部分は対日供給）をみると、中国計では三九年度の七六万トンから四二年度の四五〇万トン（うち対日は四一四万トン）へと六・〇倍化を果たし、翌四三年度に減少するが、それでも三九年度に対して四・九倍の水準であった。残念ながら四四年度以降の全体の数値が得られないが、四三年度までは、生産高、対日満供給高ともに短期間で急速な増大を果たしたと評価できるだろう。

次に中国の地域別の動向についてみてみよう。蒙疆・華北計をみると生産高は三九年度の三四万トンから四三年度の一四四万トンまで四・二倍化し、対日満供給高は三九年度一七万トンから四二年度四九万トンまで二・九倍化した。しかし、両指標とも伸び率が中国計には及ばないこと、換言すれば中国鉄鉱石の増産、対日供給増への蒙疆・華北の寄与率が低下したことがわかる。すなわち、中国計に占める蒙疆・華北計の比率は三九年度の三三・二%から蒙疆・華北のピークである四四年度二九・三%へと生産高が伸びたにもかかわらず、シェアは低下しているのである。生産高の過半は華中であり、大冶鉄山の果たしている役割が最も大きい

対日満供給高(千t)					
1939年度	1940年度	1941年度	1942年度	1943年度	5ヶ年計
165	298	374	424 (317)	(179)	1,261 (496)
0	0	0	(41)	(368)	(409)
0	24	73	50	39	186
0	0	0	20	24	44
0	0	0	0	0	0
0	0	0	0	0	0
0	0	0	0	0	0
0	0	0	0	0	0
0	0	0	0	0	0
165	322	447	494 (358)	63 (547)	1,491 (905)
404	714	1,194	1,377	982	4,671
186	295	865	1,412	993	3,751
590	1,009	2,059	2,789	1,975	8,422
0	168	261	805	830	2,064
0	0	0	51	248	299
0	168	261	856	1,078	2,363
755	1,499	2,767	4,139 (358)	3,116 (547)	12,276 (905)

1949～53年）471頁。

表23　中国鉄鉱石生産・対日満供給

地域	事業者	鉱山	生産高(千t)					
			1939年度	1940年度	1941年度	1942年度	1943年度	5ヶ年計
蒙疆	龍烟鉄鉱	煙筒山	337	302	605	810	723	2,777
		龐家堡	0	0	0	113	232	345
華北	日本鋼管	利　国	0	57	69	86	137	349
		金嶺鎮	0	0	0	31	250	281
	山西産業	定　襄	0	30	35	48	57	170
		東　山	0	33	32	6	0	71
		寧武その他	0	0	0	0	0	0
	日鉄鉱業	司家営	0	0	0	0	45	45
		武　安	0	0	0	0	0	0
蒙疆・華北計			337	422	741	1,094	1,444	4,038
華中	華中鉱業		487	664	1,475	1,482	1,072	5,180
	日本製鉄	大　冶	190	400	1,101	1,449	1,099	4,239
	華中計		677	1,064	2,576	2,931	2,171	9,419
華南	石原産業	田　独	0	160	356	894	918	2,328
	日本窒素	石　碌	0	0	0	84	394	478
	華南計		0	160	356	978	1,312	2,806
中国計			1,014	1,646	3,673	5,003	4,927	16,263

註1　対日満供給高の（　）内は対満洲供給で外数。
　2　鉄鋼統制会原料部調査による。
出所　小島精一編『日本鉄鋼史（昭和第二期篇）』（文生書院，1985年。原本は日本鉄鋼史編纂会編，

ことがわかる。対日満供給高においても大部分は華中・大冶鉄山であり、蒙疆・華北計はピークにあたる四二年度に七四万トン（うち対日は四二万トン）を達成するが同年の中国計に対する比率は一八・九％にすぎなかったのである。このように、中国における鉄鉱石生産および対日満供給（対日供給）の主たる担い手は華中の鉱山であり、華北・蒙疆は、当時の埋蔵量に対する期待の大きさにもかかわらず、寄与度は低かったのである。

次に表23の五ヶ年計欄に注目してほしい。五ヶ年計の対日満供給高を生産高で除した輸出率を算出すると蒙疆・華北計は五

九・三％、華中計は八九・四％、華南計は八四・二％となる。華南は、三九年四月に日本軍が海南島を占領したことに伴い、鉄鉱石鉱山を獲得し開発したことにより生産および対日供給が増えている。対日供給（満洲国は除く）の地域別内訳をみると、この五年間に日本に供給された一二三八万トンの鉄鉱石は、その六八・六％は華中から、一九・二％は華南から供給されており、蒙疆・華北からは一二・一％にすぎなかったのである。もっとも対満洲国供給はもっぱら蒙疆・華北から行われたが、これを加味しても対日満供給全体に占める蒙疆・華北計の比率は高くない。

本章では、華北（蒙疆を含む）鉄鉱石に着目するが、その理由は、開発への期待が大きかったこと、に加えて現地製鉄問題に着目しているからである。この現地製鉄問題の進展により、結果として表23においては蒙疆・華北計の対日供給高の低さとして表現されているのである。

2　各鉱山の事業展開

表23の鉱山を個別にみていくことにしよう。龍烟鉄鉱（図9の番号1）は察哈爾省に位置し華北最大の鉄鉱石鉱山であり、埋蔵量は九〇〇〇万トンといわれている(10)。事業の概要は次節で取り上げることとしたい。

利国鉱山

日本鋼管が受託経営している利国は徐州の北方、津浦線利国駅西方に位置し鉄鉱石が露出している鉱山である（図9の番号11）。漢代から冶金の歴史を有するが、日中戦争前には操業されていなかったという。日中戦争下、日本鋼管が受託経営を行い開発状況は津浦線の車窓からも眺めることができる。主要鉱床は羊山、裘家山、東馬山、西馬山、銅山島、励家湾山、銅山、鉄山等であり、羊山と鉄山を除く他の鉱床はすでに古くその上部を採掘しつくされている。

鉄鉱石の品位は六〇％内外で、埋蔵量は三〇〇万トンと推定されている。(11)

金嶺鎮鉱山

日本鋼管が経営するもう一つの鉱山が山東省の金嶺鎮である（図9の番号7）。金嶺鎮も、鉄鉱石鉱床の露頭部が古くから採掘されており、ドイツが山東半島権益を獲得すると中国との合弁企業、山東鉱務公司を設立し試掘を行った。その後採掘は山東鉄道会社に移され、第一次世界大戦中に本格稼働にいたっていたようである。大戦中には日本の青

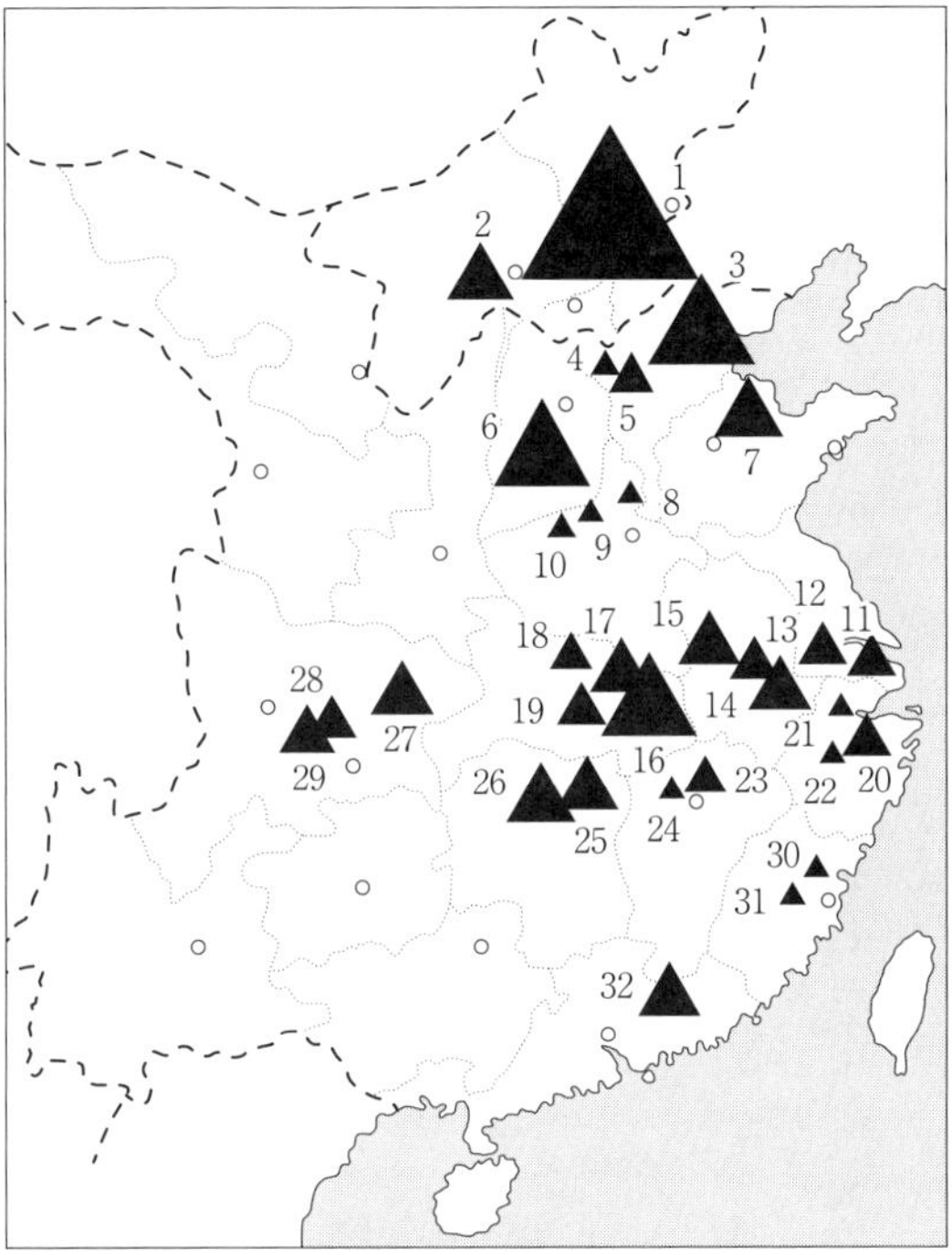

図9　主要鉄鉱山

1龍烟，2回陽，3灤州，4井陘，5易県，6臨県，7金嶺鎮，8新郷，9紅山，10信陽，11利国駅，12鳳凰山，13桃中，14当塗，15銅官山，16大冶，17鄂城，18李家山，19霊郷，20景中山，21建徳，22瑞安，23九江，24水新，25安化，26寧郷，27籠江，28威遠，29栄経，30安渓，31白雲山，32紫金。

資料　山本熊太郎『概観東亜地理　中華民国篇』（柁谷書院，1941年）140頁。

島占領に伴い、日本側の手により採掘が行われ、一九一九年四月には第一回鉱石運搬列車の運転を行った。主に八幡製鉄所の需要に向けられ二〇年度には一二万八一六四《トン》を産出したという(12)。

ワシントン会議の結果、中国への山東半島還付が正式に決定し、「山東懸案解決に関する条約」（二二年二月）の締結により、淄川、坊子、金嶺鎮の三鉱山は新たに設立される日中合弁会社に引き渡されることになった。この結果、魯大礦業公司が設立され（二三年八月二二日設立総会）、日本側は出資会社として山東鉱業株式会社を設立しその株主には満鉄、三井、三菱、大倉、藤田、安川が名を連ねた(13)。日中戦争勃発時には金嶺鎮鉱山は休鉱状態であったという。四一年には山東鉱業株式会社の子会社とした魯大礦業公司の本鉱区を日本鋼管株式会社が協力会社として採掘を行っている(14)。

定襄鉱山

山西省諸鉱山として表23には山西産業の定襄、東山、寧武の三鉱山の名前が掲げられている。これらについて、沿革および日中戦争初期の状況を大倉鉱業株式会社の福久茂技師執筆による調査報告書から紹介しておこう。

定襄鉱山(15)については、同蒲線（大同と蒲州を結ぶ鉄道。第Ⅱ部第一章図6参照）から東に延びる忻窰《せきよう》線の沿線に位置しており、周囲は海抜一三〇〇《メートル》から二〇〇〇《メートル》級の山々に囲まれている。なかでも土嶺口鉄鉱について詳細に調査がなされており、産出した鉱石の鉄分は日中戦争前の調査結果によれば少ないもので三〇・一八%、多いもので六二・七五%であったという。沿革については、

民国二十五年（一九三六年…引用者）春地方土民本鉄鉱床ヲ発見シ西北実業公司ニ報告シタルニヨリ該公司ハ技師ヲ出張調査セシメタル結果遂ニ探鉱所ヲ設立シ探鉱作業ニ着手セリ、即チ各層ノ要処ニ総計三十余ノ探鉱坑道

ヲ開鑿シ鉱石三千余噸ヲ採掘セリ。……鉱石頗ル固ク手掘ニテ鑽孔シ黒色火薬ヲ充填発破セリト云フ。現在ハ停工中ナルモ本鉱床ハ山西一般ニ見ル所謂山西鉄鉱床ト異リ品質又佳良ナルヲ以テ今後忻窰線復旧次第作業開始スルヲ要ス。(16)

と一般にみられる「山西式ポケット鉱床(17)」のなかにあって、品質は佳良だとの評価を得ていた。福久たちが調査した時点で山元に約二四〇〇トン、最寄駅の蒋村駅に約一〇〇トンが貯蔵されていた。

東山鉱山

東山鉱山(18)は同蒲線南段線の陽曲駅の東側、すなわち陽曲、楡次、寿陽の三県にまたがって展開していた。いわゆる東山と称される地方である。炭鉱とも重なっており、鉄鉱石の鉱層も爪地溝を中心に南北それぞれ二〇キロに及んでいた。三六年に太原製鉄所を経営している西北実業公司がたびたび人を派遣して調査を行い、鉱区を定めた。埋蔵量は陽曲県の鉱区のみで約三六〇万トンとされている。福久技師が見聞したところによると、

爪地溝ニ測探局東山鉱業所ヲ設置シ更ニ孟家井連嶺ニ現場事務所ヲ置ケリ。採鉱ニ対シテ平盂地方（近隣の平定県、盂県…引用者）ト異リ地方民ノミナラズ平盂ヨリ熟練工ヲ招集、東山鉱区ニハ坑口六、七十アリ、貯鉱現在三〇、〇〇〇噸アリト云フ。(19)

ということであった。

寧武鉱山

寧武鉱山(20)は同蒲北段線寧武駅の西方および北東に展開している。北東は鉄炉湾を中心に鉄鉱石の産出をみており、

駅までは馬車の通行が可能である。この一帯は、各地に採掘跡や製錬跡がみられ、製錬鉱滓が火山灰のように風化している場所もあるという。一九三二年閻錫山が技師を派遣し、西北実業公司錬鋼廠（太原製鉄所）設立後は寧武に採鉱場を設置し、三五年より採掘に着手した。三七年一月までの総産出高は一万五四一三万トンであった。福久技師の見聞によれば、

露頭部ハ殆ンド採掘済ノ如シ。……附近ニ新露頭ヲ発見セリト云フヲ以テ多少望ヲ嘱シ得ルモ他ハ殆ンド深部ニ至リテ鉱床尖滅シ居ルガ如ク事変前既ニ休業ノ状態ニ在リ。将来性甚薄キモノノ如シ。……全坑口数実ニ三百余ニ達スルモ其中稍良鉱ヲ発見セルハ僅ニ四十口内外ニ過ギズ、最盛期ハ労働者一千名ニ垂ントスル盛況ナリシモ成績香シカラズ、寧武鉄山ニ対シ見切ヲツケタルガ如ク民国二十六年七月事業ノ大縮小ヲ行ヒ鉄炉湾ノミ採鉱ヲ続ケ其他ハ数十名ヲ残シタルニ過ギザリキ。(21)

と採掘が容易な露頭部を掘り尽くしたこと、事業が縮小に向かっていたことがわかる。表23の生産高をみても、寧武その他の実績はゼロとされている。

山西省鉄鉱山の特質

山西省の諸鉱山は陽泉鉄廠（陽泉製鉄所）、太原鉄廠（太原製鉄所）の設立に関わって開発されたという経緯もあるので、両製鉄所の沿革を述べることにしよう。陽泉製鉄所は平定県陽泉にあり、一八九八年イギリス資本である福公司が山西省における六〇年間にわたる鉄鉱石、石炭採掘権と運鉱鉄道敷設権を獲得したが、地元の反対に遭い一九〇六年、同権利を山西省に売却した。山西省は後に保晋公司を設立し、一七年、陽泉に保晋鉄廠を設立し製鉄事業に着手、二六年に操業を開始したとされている。(22)原料については「鉱石ハ附近ノ粘土質頁岩或ハ炭層ト炭層ノ中間ニ所謂

山西式ト称セラルル塊状又ハレンズ状ヲナシテ存スルモノヲ農閑期ヲ利用シテ土民ヲシテ蒐集セシメ買鉱シアルモノニテ含鉄量四〇―五五％位ノ褐鉄鉱及赤鉄鉱ナリ」[23]と説明されている。内田知行の研究においても「平定・孟県一帯で産出する鉄鉱を製錬する目的で」製鉄所が建設された、としている[24]。日中戦争期以前では華北唯一の近代的製鉄所と称されていた[25]。

次に太原製鉄所は、太原の北方、古城村にある。閻錫山の十箇年建設計画に基づき一九三三年西北実業公司が設立され、専門家を招聘し欧米、日本の視察を行わせ三五年四月起工式を行い工事も八割方完成に近づいたところで日中戦争を迎えたという[26]。製鉄事業は、省公営企業たる西北煉鋼廠として三四年に設立されている[27]。原料の鉄鉱石については興中公司の報告書において「鉄鉱は太原付近の褐鉄鉱、寧武の褐鉄鉱（鉄分五〇％）、定襄及静楽の赤鉄鉱（鉄分六〇％）、五台地方等所々に点在して居りますが、纏つた鉱量のものはない様であります[28]」と説明されている。

表23に定襄、東山、寧武の生産高が掲げられているが、定襄は五ヶ年一七万トン、東山は五ヶ年七・一万トン、寧武その他は五ヶ年でゼロという結果であり、対日満供給高は山西産業株式会社関係はゼロであった。このことから、山西省の諸鉱山の鉄鉱石は、現地に立地した製鉄所にもっぱら供給されたとみてよいだろう。

司家営鉱山と武安鉱山

日本製鉄株式会社から分離した日鉄鉱業株式会社が受託した司家営鉱山と武安鉱山は日中戦争下に開発された新しい鉱山である。司家営鉱山は河北省灤県にあり、日本製鉄株式会社は北京出張所時代より調査に当たっていた。一九四三年一月、日鉄鉱業北京鉱業所は開灤製鉄所（後にふれる小型熔鉱炉の一つ）用鉱石採掘のため開発許可を受け、同年五月事業を開始した。磁鉄鉱および赤鉄鉱で、四四年四月より年間一四万トン、品位鉄分四五％以上採掘が計画されていた。四四年二月から本格的採掘に移行したが、治安不良および運鉱力微弱のため生産は低調であって、四四年度の採掘高は約六・六万トンとされている。[29]

武安鉱山は、日鉄鉱業が四三年四月に開発の許可を受け、同年六月から事業を開始した。当鉱山については、中国人および在中国邦人の採掘権は存在しなかった。露天掘りによって年間五〇万トン採掘を計画し、同年一二月採掘機械の搬入・据えつけを開始し、四四年三月までに約八六〇〇トンを採掘した。次の四四年度の採鉱高は約九・三万トンであったが終戦とともに事業を中止した。[30]

華中鉱業の管轄鉱山

一九三八年四月八日華中鉄鉱股份有限公司が設立され、華中の大冶鉄山以外の福利民公司、宝興公司、益華公司、振冶公司等を統制することとされた。出資者は日本製鉄、日本鋼管など日本の製鉄企業であった。同年一二月、占領地拡大に伴い重要鉱業権を確保するべく華中の幅広い鉱物資源開発を目的とすることとされ、商号を「華中鉱業股份有限公司」と改めた。[31]同社はひろく華中における鉱産資源の統制開発を目的としたので、その事業範囲は広汎多岐にわたったが、その主体は鉄鉱石の開発にあった。開発鉄山は、占領地域内の下記諸鉄山であった。すなわち、福利民公司関係（南山、小姑山等）、宝興公司関係（大凹山等）、益華公司関係（黄梅、羅葡山等）、振冶公司関係（鐘山等）、長程公司関係（景牛山等）、秣陵公司関係（鳳凰山、手頭山、静竜山等）、国営三山鎮方面諸鉄山、その他占拠地域内賦存鉄山である。[32]

大冶鉱山

萩原充の研究に依拠して、戦時期の大冶鉱山の概要についてふれておきたい(33)。一九三八年一〇月二〇日に中支那派遣軍によって占領された大冶鉄鉱は、その後の経営主体を日本製鉄株式会社とするか、華中鉄鉱公司とするかで意見の対立があったものの、同年一一月の池田成彬商工大臣の通達により日本製鉄が経営に当たることとされた。大冶鉄鉱は、国民政府軍が退却するさいに、一部の設備が持ち去られ、あるいは破壊されていたので、復旧に時間がかかった。また、長年にわたる採掘によって露天掘残量が少なくなっており、増産を図るには新鉱を開発するか、坑内をより深く掘削するかが必要であった。労働者は主に近隣の農村から調達され、農繁期に落ち込むという季節変動を示しつつも四二年までは増加傾向にあった。ともあれ、表23に示されているように四二年まで増産を成し遂げ、対日供給にも大きな貢献をしたのである。

田独鉱山

石原産業が経営した田独鉱山、日本窒素が経営した石碌鉱山はいずれも海南島に位置しており、一九三九年四月の日本軍の海南島占領以後、開発に着手したものである。日本軍の海南島占領当時、広東にいた石原産業資源調査員に海南島資源調査の特命が与えられた。三九年四月二日、同調査員が海南島上陸、楡林田独村に鉄鉱山があるため調査を行い、五月一五日、石原産業海運が開発担当者に選定された。石原産業海運は三九年八月中旬に第一期建設工事を起工し、四〇年六月一一日より出鉱を開始した。第二期工事を四一年九月に完了、第三期工事を四三年二月に完了した。田独鉱山は露天掘りにより四年間採掘を続け採掘容易な部分は四三年度でほぼ採掘を終えた。石原産業海運は四三年六月二六日に石原産業に商号変更し、鉱石の海上輸送は石原汽船株式会社に移した。石原産業は四五年二月末までに累計二六九万一〇〇〇トンを採掘した(34)。

石碌鉱山

日本窒素肥料は電力業から拡張し、石碌鉱山の鉱脈を確認した上で一九四一年八月に開発資材を投入し、一〇月から西松組に請け負わせて鉄道を敷設した。四二年三月より鉄道による鉄鉱石の搬出が開始された。四二年度の搬出は五万トンだった。日本窒素肥料は石碌鉱山開発を別会社をもって行うこととし、四二年一〇月二七日日窒海南興業株式会社創立総会を行った。石碌鉱山は五二キロの距離を港湾まで運ぶので田独よりも輸送距離が長く、運鉱鉄道にはトンネルもあった。(35)

なお、華北の資源開発との関連で無視できないのは、これに先行した満洲国における資源開発である。鉄鉱石について概観すると、鞍山製鉄所の原料となる鞍山地方の鉄鉱石埋蔵量は二〇億トンとされたが、ほとんどが貧鉱であった。(36)そのほか本渓湖、大孤山、東辺道付近からも「多量に出て居る」が「主として貧鉱」であるとされていた。(37)このように、満洲国内の鉄鉱石は、埋蔵量および産出量は多いものの、全体として貧鉱であることがネックとなっていたのである。

3　龍烟鉄鉱

龍関鉄鉱公司から龍烟鉄鉱公司へ

龍烟鉄鉱が位置する北京西方、察哈爾省龍関県付近は地元住民が赤鉄鉱を採掘し、顔料として小規模に各地に販売していたという。一九一四年における辛窰・龐家堡両鉱床の精査以後、数年間は開鉱の機運に至らず、第一次世界大戦により鉄鉱価格が暴騰したので当地方鉄鉱床は注目の的となり、一七年六月、官督商弁龍関鉄鉱公司が設立され龐家堡、麻峪口、三叉口、辛窰の各鉱区を出願した。一八年官商合弁に改め資本銀二〇〇万元とし官商各半の株式組織とし、三月から採鉱に着手した。当時、実際に事業の実務を執ったのは張新吾（〇四年東京帝大工学部卒業）であった[38]。中華民国農鉱部顧問J・G・アンダーソン博士は宣化駅北東に鉱床を発見し「烟筒山鉱床」と命名し、一八年五～六月に精査した。鉱区出願に際して梁士詒と龍関鉄鉱公司との間で競争となり、結果として合併して龍烟鉄鉱公司と命名された。龍烟鉄鉱公司は官商合弁、資本金五〇〇万元、一九年四月一九日改めて陸宗輿が督弁に、丁士源が会弁に、張新吾は総経理に就任した。龍烟鉄鉱公司は一九年、宣化府より水磨までの九キロの支線を延長させ、水磨より約四キロは軽便軌道敷設を完了した[39]。

第一次世界大戦後、鉄鉱石価格が下落すると、烟筒山の貯蔵も一〇万トン以上に達し、処分に窮したので漢冶萍公司に託し漢陽製鉄所に原鉱四万トンを輸送し、残り一万六〇〇〇トン内外を日本に売り込み交渉してきた。一九年には財政窮乏に陥り、陸宗輿は日本の投資を希望し、日本側も阪西少将その他有識者間に運動があったようである。安福派の全盛に乗じて組織された龍烟鉄鉱公司は民国九年、安直戦争が起こり安福派が没落すると、会弁丁士源は逃亡し、徐世昌は朱宝仁を会弁として工事を継続した。二二年には奉直戦争が起こり、徐世昌が下野し、陸宗輿も退任、龍烟鉄鉱公司は総理・張新吾によって支えられ、毎月交通部よりの借入金にて俸給支払いを維持した。張新吾は直隷派の力を借りるため直隷実業庁長厳智治を理事長とし、日本の需要を期待して同年秋、張新吾自ら訪日して一八〇万元の借款契約をせんとして内約を結んだ。ところが借款第五条に「鉱産物ヲ担保トス」とあり、第六条に「日本人ヲ会計及技師ニ招聘ス」とあり、これらが中華民国鉱業条例に違反し利権を外国に譲与するものだとの議論が起こり、順直省議会は契約反対の通電を発し契約取り消し運動が起きた。「彼らの東亜勧業株式会社と結んだ借款契約は合計一八条あり、もしこれが成立すれば漢冶萍の轍を踏むに至るべし」と主張した[40]。二三年六月一〇日、天津に臨時株主総会を開催、東亜勧業株式会社との借款契約全文を発表した。株主総会では日本に銑鉄を売ることは差し支えない、日本からの借款、技師を用いることは不可、総公司を北京から天津に移すこと、を決定した(41)。董事会（株主総会）の不賛成と直隷省議会の反対通電により対日借款は不成功に終わり、張新吾は病気を理由に辞任した(42)。

結局、華北の政情安定せず龍烟公司も廃山状態のまま日中戦争を迎えた。三七年時点では平綏鉄路局において龍烟鉄鉱公司を管理し毎月一五〇〇元内外の経費をもって残留人員に給与しつつあるという(43)。

興中公司による経営

日中戦争勃発後、蒙疆聯合委員会が興中公司に経営を委託し、開発が再開された。興中公司により接収された当時の状況は、まず、鉄道についてみると、北京に通じる鉄道（京包線）の宣化駅から貯鉱場のある水磨までの平綏分岐線は「軌条凡テ撤収サレ居リ橋梁モ無ク軌盤モ約四粁倒潰シテ形骸ヲ認メ得ス」という状況であり、水磨から烟筒山鉱区の山元までの鉄道は「軌条ハ存スルモ枕木、鋲等皆無ニシテ途中軌盤ノ大破セル所二ヶ所アリ」という状況であった。また、山元事務所と社員宿舎は補修の上使用可能だが、苦力宿舎は大半が倒壊していた(44)。

興中公司は、まず開発途中であった烟筒山鉱区の操業を目指して宣化駅と水磨貯鉱場間九・五キロの鉄道復旧作業に着手し、関東軍の斡旋により、満鉄からレール、枕木、ボルトなど建設材料の提供を受け一九三七年一二月に完成させた。これにより水磨に貯蔵されていた鉱石の搬出を開始している。また、山元では、露天掘、坑道掘により採掘を開始した。露天掘は、石田組が請け負い、三八年三月以降には東山、北山、南山、西山各露天掘鉱区で一日平均約六〇〇〜八〇〇トンの出鉱を実現している(45)。坑道掘は、東山一二本の坑道掘りを清水組が請け負い、北山では石田組が請け負い掘鑿を開始している。三八年度の採掘量は、約二四万四〇〇〇トンであり、同年度の鉄鉱石発送量は約二六万九〇〇〇トンに達した。このうち日本向け積出しは約一〇万五〇〇〇トンであった(46)。

龍烟鉄鉱株式会社

その後、華北では、興中公司委託事業は順次解消され、北支那開発株式会社の傘下に収められていったが、蒙疆政権統治下では、華北一般とは異なる道をたどることになる。一九三九年五月五日、蒙疆聯合委員会令により龍烟鉄鉱株式会社法が制定された。興中公司の投資額二七〇万円を北支那開発株式会社の現物出資に肩代わりさせること、蒙疆聯合委員会と北支那開発株式会社の出資額を折半とすることを取り決め、七月二六日に創立総会を開催し、資本金二〇〇〇万円をもって龍烟鉄鉱株式会社が設立された(47)。

三九年一〇月末日現在の生産状況を示しておきたい。同年には鉄道を水磨からさらに四キロ延長し、烟筒山鉱区東山にホッパー式による積込場を建設した。一〇月以降一日当たり貨車八〇車、二四〇〇トンの積出しを行っている。三九年二月には下花園発電所が完成しており、「各坑区主要部分ハ殆ト電化セリ」という。労働者は、烟筒山鉱区だけで「常時約四、〇〇〇人稼働」しており、これらは「殆ト蒙疆地区出身ノ華工ヲ以テ充足」しているが、事業の拡大に応じて「漸次平津冀東地区方面ノ華工モ入山」しているという(48)。

四〇年以降の状況は、東山、北山、南山、西山の四鉱区のうち北山を除いて採掘が行われており、復旧当初は露天掘であったが、「現在は殆んど坑内掘」である。採鉱はすべて鑿岩機により行われ、山元運搬は、一部捲揚機によるほか、すべて手押によって積込場に搬入している。新たに開発に着手した龐家堡鉱区は、三九年四月に宣化駅と龐家堡の山元白廟との間の鉄道建設が始まり、それが四一年一〇月に完成、機械化による採掘を目指して工事が行われている(49)。

終戦直後の鉄鉱石採掘関係設備は表24「龍烟鉄鉱の終戦時設備一覧」のとおりである。

龍烟鉄鉱の鉄鉱石生産実績は、表23によると四一年六〇万五〇〇〇トン、四二年九二万三〇〇〇トン、四三年九五万五〇〇〇トンであった。四三年まで生産を拡大したことは注目すべきことだろう。対日供給高は四一年三七万四〇〇〇トン、四二年四二万四〇〇〇トンであり、四三年はゼロであった。

四四年度半ばの状況について、現地側の鉄鉱石生産・対日満供給に関する報告によると、

(一) 本年度ニ於ケル北支、蒙疆ノ生産目標ハ北支一、二〇〇千屯、蒙疆一、五〇〇千屯ニシテ対日供給ハ北支利国鉄鉱石一五〇千屯前後、対満供給ハ蒙疆龐家堡鉱石七〇〇千屯、北支利国鉱石二〇千屯前後、金嶺鎮鉱石二〇〇千屯ナリ。

(二) 右計画ニ対シ蒙疆龐家堡鉱石ハ日満ヨリ供給ヲ受クベキコンプレッサー、輸送索道用ケーブル及捲揚機等

表24　龍烟鉄鉱の終戦時設備一覧

〔烟筒山採鉱所〕
①空気圧縮機300HP　7台
②シャープナー50号　3台
③鑿岩機　156台
④配管　28,829m
⑤山元運搬施設　軌道延長　62,292m，鉱車　279台，捲揚施設　11台
⑥電気通信施設　電線路　112,450m
⑦動力施設　コンプレッサー300HP　7台，捲揚機　15台，ポンプ　22台，試錐機　2台，製材機　1台，旋盤ボール盤運転用　2台，同火床用　1台
⑧山元工作工場　旋盤　3台，ボール盤　1台，送風機　1台，製材機　1台，電気熔接機　1台
〔龐家堡採鉱所〕
①空気圧縮機　15台
②シャープナー　3台
③鑿岩機　84台
④配管　13,497m
⑤山元運搬施設　電車運鉱路　5,045m，電気機関車八T　5台，電車変電所500kwコンバーター　2台，1棟，空中索道　4,806m，鉄道積込場施設，山元積込場施設，鉱車　250輛，捲揚施設　8台
⑥電気通信施設　50囲線
⑦山元工作工場　旋盤　1台，電動機10HP　1台，ボール盤　1台，電気熔接機　2台
⑧水道施設　全長9km，鋳鉄管　9,300m，送水ポンプ　9台
⑨電線路　高圧　21,300m，低圧　10,184m，電話線　51,275m
〔専用鉄道〕
①烟筒山線　広軌　12km
②龐家堡線　広軌　48km
③製鉄所構内線　広軌　10km
④列車編成操車場　5km

出所　「龍烟鉄鉱株式会社報告書」(龍烟鉄鉱株式会社『文書綴』1946年4月，閉鎖機関文書，国立公文書館つくば分館所蔵)。

ノ供給不円滑等ノ理由ニ依リ七〇〇千屯ノ生産ハ困難ニシテ概ネ四〇〇千屯程度ハ確保シ得ル見込ナリ、利国其ノ他ノ鉱石ノ対日満供給ハ計画通完遂可能ナリ(50)。

龍烟鉄鉱は、より新しい鉱区である龐家堡を重点的に採掘しているが、四四年度は生産量は大きく減退することが予想されている。その要因は内地に期待する機器類の未入手であった。

終戦直後の報告によると、「生産品ノ販売」として「蒙古鉱産配給股份有限公司ヲ通ジ宣化製鉄、開灤炭鉱、山西産業等ニ売却シ、一部ヲ満洲ニアッ(51)」とされているので、戦争末期には、対日供給はなされず、華北・満洲国に供給されていたと思われる。それでは、龍烟鉄鉱の鉱石を消費した華北の製鉄業とはなんだったのだろうか。次節において、検討したい。

二　華北現地製鉄問題

1　華北製鉄所新設構想

石景山製鉄所

先にふれたように、龍烟鉄鉱の一九三八年度発送鉄鉱石約二六万九〇〇〇トンのうち、対日積出量は約一〇万五〇〇〇トンであった。それ以外は、塘沽向約一三万三〇〇〇トン、石景山向約三万トンであった(52)。塘沽は東シナ海に面した港湾なので、ここからいずれかの地域に搬出していると思われるが、「日本向」と区別して計上されているので、たとえば中国（他港湾）、満洲国（大連港経由鞍山行き）、朝鮮（兼二浦行き）などの可能性が考えられる。また、「石景山」は、北京西郊にある石景山製鉄所を指しており、そもそも龍烟鉄鉱の開発と石景山製鉄所の建設は一体のものとして考え

表25　石景山製鉄所の操業実績（1938年11月20日～40年8月30日）

原材料・製品		数量(t)	備　考
総出銑高		56, 607. 675	
使用原料	鉄鉱	109, 570. 786	
	石灰石	80, 393. 301	
	生石灰	1, 299. 422	
	骸炭	106, 444. 978	石家荘，井陘，六河溝，中興，正豊
	荒鉄	2, 767. 350	

出所　軍管理石景山製鉄所「軍管理石景山製鉄所概要」（1940年9月）（山崎技師『昭和十五年九月北支生産拡充事業共同現地調査懇談会関係書類』）。

られていたのである。

石景山製鉄所について、沿革を簡単に紹介しよう。

一九一九年三月　龍烟公司（官商合弁、資本金五〇〇万元）煉鉄廠としてアメリカ人技師マーシャルを招聘し建設工事に着手。

一九二〇～二二年　第一次安直戦争と第一次世界大戦後の鉄価暴落により建設工事中断。

一九二四年　第二次奉直戦争後、張作霖が修復に着手するが、北伐により中断。

一九二八年　北伐が完了し、蔣介石は龍烟公司を接収し、鉄道部龍烟鉄鉱公司保管委員会と改称し管理。

一九三八年　興中公司が軍の指令を受けて日本製鉄株式会社との協力の下に石景山製鉄所補修工事に着手。

一九三八年一一月二〇日　火入を挙行し操業を開始。(53)

日中戦争期、華北には石景山製鉄所、陽泉製鉄所(54)、太原製鉄所(55)が存在しており、三九年度の銑鉄生産高は石景山製鉄所三万六三八〇トン、陽泉製鉄所六八〇〇トン、太原製鉄所三三二二トンであった(56)。豊富な鉄鉱石と石炭に支えられて、華北は鉄鋼生産拠点として発展する可能性を孕んでいたのである。

一九四〇年時点における石景山製鉄所の設備と実績が判明するので紹介しておこう。表25「石景山製鉄所の操業実績（一九三八年一一月二〇日～四〇年八月三〇日）」は、火入から約二一ヶ月間の実績をまとめたもので、鉄鉱石一〇万九〇〇〇トン余を使って銑鉄五万六〇〇〇トン余を生産したことがわかる。骸炭（コークス）は井陘、六河溝、中興、正豊といった華北の粘結炭を用いることができた。興亜院が四〇年段階で策定していた「北支製鉄五ヶ年計画」において石景山製鉄所の銑鉄生産目標は、四一年度、四二年度ともに五万五〇〇〇トンであったのも、それまでの実績に鑑みて想定された数値であったと思われる。(57)

四〇年八月末現在の銑鉄販売先が表26「石景山製鉄所の原材料と販売（一九四〇年八月末現在）」に示されている。

表26　石景山製鉄所の原材料と販売（1940年8月末現在）

原料貯蔵高		販売	
品　名	数量(t)	販売先	数量(t)
鉄　鉱	75,761.069	軍　需	2,550.587
マンガン	0.000	開発資材	5,326.700
石灰石	4,833.152	民需・邦人	17,982.565
生石灰	94.990	民需・華人	14,313.900
骸　炭	7,546.448	上海向移出	7,000.000
うち自製	1,587.064	計	47,173.752
石　炭	10,088.426		
粉　炭	2,898.224		

出所　表25に同じ。

表27　石景山製鉄所の設備（1940年9月）

設備内訳		数量	単位	備　考
用地面積		244,400	坪	
製鉄設備	貯鉱場	1	箇所	延長98m
	貯骸場	1	箇所	延長22m
	捲上設備	1	式	
	熔鉱炉	1	基	
	鋳　床	1	式	日産200t
	熱風炉	4	基	
	送風機	2	基	毎分700m³
	コークス野焼窯	50	基	容量100t
附帯設備	汽　缶	5	基	蒸発量4.3t
	発電機	2	基	直流250kw
	構内線路	8	粁	
	機関車	3	台	自重21t
	貨　車	30	輛	鉱石車40t
	沈殿池	2	箇所	容積870m³
	貯水池	2	箇所	227,100m³ 2,000m³
	喞筒(ポンプ)室	3	箇所	
	軟水設備	1	式	
事務所・社宅	事務所	1	棟	
	社員社宅	76	戸	
	独身宿舎	2	棟	
	社員倶楽部	1	棟	
	共同浴場	1	棟	

出所　表25に同じ。

銑鉄四万七〇〇〇トンのうち最大の販売先は「民需・邦人」で三八・一%、次いで「民需・華人」で三〇・三%、「上海向移出」一四・八%、「開発資材」一一・三%、「軍需」五・四%と続いている。民需が六八・五%に対して、開発資材や軍需が少ないということがいえるだろう。銑鉄の品質からみて、民需（鍋類、農具など）に適していたという可能性は大きい。四〇年九月時点の設備は表27「石景山製鉄所の設備（一九四〇年九月）」に示した。熔鉱炉は一基のみだが、附帯設備として構内線路が八キロ敷設されており機関車三台、貨車三〇輌を所有していることは注目できる。社員社宅、独身宿舎も完備している。ここで同年同月における従業員構成にもふれておくと、日本人事務員六八名（うち警備員一四名）、日本人技術員一三名、日本人職工八一名、中国人事務員三一名（うち警備員一名）、中国人職工二二七名、「苦力」総延人員（三八年一一月二〇日～四〇年七月三一日）五九万三〇一四名（一日平均九六一名）であった[58]。日本から渡ってきたであろう技術者、職工の数が一定数存在すること、労働者の大部分を占めるのは「苦力」であったことがわかる。なお、龍烟鉄鉱龐家堡には万人坑が残されており、中国の研究機関により遺骨の研究が行われている[59]。

天津案と宣化案

現地製鉄を主張する見解は、第Ⅰ部第一章で紹介した東亜経済懇談会における長期建設をめぐる議論のなかにもみられた。とりわけ蒙疆現地当局はこのことを深く認識しており、たとえば臼井千尋（蒙疆興業股份有限公司董事長）は東亜経済懇談会重工業部会（一九四〇年一一月二八日開催）において、

……蒙疆は日本の製鉄・製鋼の補助機関たる位置を受持つ分野とすべきであると信じます。決して思ひ上つて、彼処で直ちに大きな重工業を起さなければならぬと云ふやうなことを思ひませぬ。……龍烟鉄鉱は既に開発三年、着々成績を挙げ昨年は一一一・九%の生産成績を得ましたが、然るに対日供給は三六・九%と云ふ芳しからぬ成績

を残して居るのでありまして、本年度は已むなく遠く満洲国の壺盧島を使用させて頂いて居る有様であります。……完全な製鉄であれば輸送量を原料物資輸送に比し非常に激減し得るのでありますが、例へば鉱石だけの半分に節約されただけでも八達嶺の嶮や海運の現状を思ふ時是非御配慮をと当局に御願ひしたいのであります。(60)

と蒙疆地区において鉄鉱石を銑鉄にした上で、対日供給すること、すなわち現地製鉄を認めるよう主張している。「鉱石だけの半分に節約」の意味は、一定量の鉄鉱石から銑鉄をつくると重量は約半分になることを指している。実際に表25に即して検証すると銑鉄の重量は原料鉄鉱石の重量の五一・七％となっている。臼井が上記の発言の冒頭で遠慮がちに話を切り出していることに示されるように、現地製鉄問題は当時論争の渦中にあった。

同時代人の手塚正夫の説明によると、現地当局の意見は、（一）日中合弁の中国法人たる特殊会社を設立し、鉄鉱石開発および製鉄事業に当たらせる、（二）龍烟鉄鉱の鉄鉱石の供給先は、当分の間日本向輸出とするが、新設製鉄所の操業開始後は現地の原料とする、（三）特殊法人は、石景山、太原両製鉄所の復旧に当たるほか、新たに銑鋼一貫作業の製鉄所を創設する、というものであった。この案に対しては、とりわけ内地鉄鋼業界には中国をあくまでも原料鉱石の供給地にとどめようという立場から根強い反対論が存在した。また、現地側においても新設製鉄所の立地場所をめぐって、華北側（北支那方面軍、興亜院華北連絡部、北支那開発株式会社）は天津、唐山を第一の候補地と考えていたのに対し、蒙疆側（蒙疆連合委員会、興亜院蒙疆連絡部）は龍烟鉄鉱に近い宣化を主張した。(61) 先に紹介した臼井の発言は、八達嶺（宣化・北京間の峠）を越える前に鉱石輸送から銑鉄輸送に切り替えることを主張しているので、宣化案を前提にしているとみることができるだろう。

これに対して、天津案の文書があるので、紹介しておきたい。興亜院華北連絡部において原案が作成されている。まず、現地製鉄の意義として、山西、山東、蒙疆地区ノ鉄鉱石及北支ニ豊富ナル粘結炭ヲ使用シテ北支製鉄事業ヲ拡充シ以テ建設事業必要資材ノ充足ニ資スルト共ニ礦石、石炭、鉄鋼ノ二重輸送ノ不経済ヲ是正シ、尚将来ニ於テハ南洋ノ鉄鉱ト北支炭ヲ結合シ以テ東亜産業ノ充実ヲ期セントス。(62)

とされている。具体的には、(一)石景山製鉄所においては四〇年度中に内地から転用した二〇〇トン炉を増設し、四一年度には内地からの転用資材により五〇〇トン炉を増設すること、(二)陽泉製鉄所においては稼働中の二〇トン炉に加えて三〇トン炉を増設すること、(三)太原製鉄所においては四〇トン炉を引き続き鋳物用として活用するとともに、一二〇トン炉を四〇年度中に完成させること、また製綱圧延工場を完成させ四一年度から銑鋼一貫作業を行うこと、(四)天津または秦皇島に五〇〇トン炉四基と製綱圧延工場を有する銑鋼一貫作業の本格的製鉄所を設置すること、であった。(63)宣化案と天津(秦皇島)案の結末はどうであったのだろうか。次項で検討しよう。

2　北支那製鉄株式会社の設立と事業展開

北支那製鉄株式会社の設立経緯は、中村隆英の研究に詳しいので、ここでは簡単に紹介しておきたい。一九四一年一〇月、興亜院華北連絡部は、華北・蒙疆間の対立などにより棚上げとなっていた製鉄所建設計画に取り組むことを決定し、年産八〇万トン、七〇〇トン熔鉱炉四基の銑鋼一貫工場建設計画を作成していく。製銑工場は四二年度着工、四四年度から四六年度までに四基を完成させ、製鋼工場も同時期に完成させる計画であった。四二年三月には「北支那製鉄株式会社(仮称)設立要綱」を作成し、北支那開発株式会社と日本製鉄株式会社がそれぞれ五〇〇〇万円ずつ出資し、資本金一億円を予定していた。同年五月に閣議決定、一二月一五日に北京において北支那製鉄株式会社創立総会が開催されたのである。新設製鉄所は、当初、塘沽案と天津案があったが、天津張貴荘付近とされた。(64)

北支那製鉄株式会社は設立されたものの、その後の事業の具体的内容はよくわからない。ただし、近年公開された国立公文書館つくば分館所蔵の閉鎖機関文書のなかに北支那製鉄株式会社関係が存在しているので、そのなかからいくつかを紹介しよう。北支那製鉄株式会社『昭和二十一年九月　第七回営業報告書』のなかに「資産目録（昭和二十年三月三十一日現在）」があるが、「継承固定資産」はすべて石景山製鉄所のものであり、「増加固定資産」も土地、建物、車輛及運搬具、工具器具及備品で本社に数値が計上されているが、構築物、機械及装置は石景山のみ計上されているので、製鉄所は事業を継承した石景山製鉄所のみと判断してよいだろう(65)。

また、『鋼材関係書類　自昭和十八年七月至昭和二〇年六月』によると、四三年七月に日本製鉄釜石製鉄所、八幡製鉄所から石景山製鉄所に高炉建設用鋼材が譲渡・出荷されていることがわかる(66)。もっとも、内地からの鋼材譲渡や内地機械メーカーからの機械購入は、予定どおりには進まなかったことが推測できる。たとえば、産業機械統制会資材部鋼材課から日本製鉄に対する文書によれば、日立製作所が、石景山製鉄所熔鉱炉用に五噸蒸汽移動起重機二台と一〇噸蒸汽移動起重機一台の注文を受けたが、納期に間に合わせるためには不足している厚鋼板四種計一六枚を八月一五日までに日立製作所下松工場に搬入するよう求めてきている(67)。また、同年七月二四日には高田商会から北支那製鉄株式会社業務課宛に石景山製鉄所からの注文品は「国策上凡ユル支障ヲ排シ是非共完成強行ノ要アル」機械・設備であるので、製作者（メーカー）を説得している、しかし、そのためには材料支給・斡旋に関して北支那製鉄株式会社側が期間内に約束を実行する必要がある、として以下の要求が出されている。（一）瓦斯流量計について、共立機械株式会社に対し厚板二枚、ガス管三〇メートルを渡す必要があること、（二）フレキシブルチューブについては、曽我部商店に材料立替製作をさせているので、電気銅、錫、亜鉛、鉛、青銅屑の購入承認書を納付すること、（三）粉コークス二重篩分機については統制会を通すとうてい納期には間に合わないので、統制会を通さずに銑鉄、厚板を「現

表28　石景山製鉄所拡張計画（製銑部門）

設備名称	基数	1基当能力	完成予定期日	備考
第二高炉	1	300瓲	1943年11月	釜石製鉄所ヨリ移設(付帯設備)
特設高炉	11	20瓲	1943年11月	新設
第三高炉	1	600瓲	1944年12月	大谷製鋼所ヨリ移設(付帯設備ヲ含ム)
第四高炉	1	450瓲	1945年6月	大冶鉱業所ヨリ移設

出所　北支那製鉄株式会社石景山製鉄所「石景山製鉄所拡充計画現況」(1945年9月1日)（3A　14返赤14018『旧陸海軍関係』国立公文書館所蔵)。

物無償御支給」願いたいこと、などである。[68] 製鉄所を新設するためには機械が必要であり、機械を製作するためには鋼材が必要であるとして製鉄会社に要求しているのである。いわば重要物資をめぐって堂々巡りをしている状態が推測できよう。

石景山製鉄所が終戦直後に作成した文書によると、四三年以降の製銑設備拡張計画は表28のようなものであった。なお、表の中の「大谷製鋼所」は大谷重工業株式会社のことである。[69] そして、この拡張計画の実績は、達成半ばというべき状況であったことは、以下の記述から判明する。

四　建設工事進捗状況

（イ）第二高炉関係

高炉ハ完成シ昭和十八年十二月火入レヲ行ヒ付帯設備モ概ネ完成セリ

（ロ）特設高炉

銑鉄緊急増産ノ必要上小型高炉十一基ノ建設ニ着工、昭和十八年八月ヨリ順次火入レヲ行ヒ同年十一月計画ノ全部ヲ完了シ目下一部鉄管式熱風炉ヲカウパー式ニ変更スルト共ニ瓦斯清浄装置ノ完備ヲ図リ之レガ施工中ナリ

（ハ）第三高炉関係

約六〇％完成ノ儘日本期待ノ機械諸金物等未入手ノ為五月以降ハ殆ド手待ノ状態ニアリ

（ニ）第四高炉関係

大冶鉱業所ニ於ケル高炉二基ノ内一基分ヲ当所ニ移設スル目的ヲ以テ既ニ解体ヲ了シ機械ノ一部ハ現地ニ到着セルモ四囲ノ状況ニ依リ一応建設ヲ見合中（以下略）(70)

第二高炉（三〇〇トン）と特設高炉（＝小型熔鉱炉）は実現したが第三高炉（六〇〇トン）、第四高炉（四五〇トン）は実現しなかったのである。

3　現地製鉄構想の帰結

それでは、新設製鉄所はまったく実現しなかったのだろうか。戦争末期の状況を示すいくつかの資料から、このことを検証することにしたい。表29「華北の製鉄工場一覧（一九四四年）」は、華北に存在し、操業をしていた製銑・製鋼工場のリストである。まず、河北省北京の欄に「北支那製鉄㈱」とあるのが、石景山製鉄所に該当する。表に示された北支那製鉄の製鉄所は、この石景山製鉄所のみであった。また、天津には製銑部門では天津製鉄所が存在し、二〇トン高炉四基を操業、一九四三年には銑鉄四八五七トンを産出している。このように天津製鉄所なるものは存在しているのだが、これは、先に紹介した現地製鉄構想の天津案が実現したものとは考えがたい。なぜならば、二〇トン高炉は、小型熔鉱炉建設計画に基づく小型熔鉱炉の範疇に属すると思われるからである。同様に、宣化においても龍烟鉄鉱株式会社と蒙疆興業公司がそれぞれ製銑を行っているが、いずれも二〇トン高炉を一〇基、四基備えており、小型熔鉱炉建設計画に基づくものと思われる。すなわち、天津案、宣化案も、当初想定された大型高炉を備えた銑鋼一貫作業を行う大製鉄所建設は実現していないのである。

なお、中村隆英は、小型熔鉱炉建設計画に関する叙述のなかで、日本鋼管青島工場、中山製鋼天津工場、蒙疆興業宣化工場などを取り上げた上で、「北支製鉄石景山に釜石から移設された三八〇トン高炉……大谷重工業の六〇〇トン高炉の移設」も続けて取り上げており、どこまでが小型熔鉱炉とみなせるのか曖昧なところがある。[71] 解学詩によれば、当時の日本側の見解として、二〇～五〇トンを小型炉、二五〇トン以上を大型炉、その中間は中型炉とみなしていた、という。[72] 本書では、これにならって五〇トン未満を小型炉、五〇トン以上を中・大型炉とみなし、小型熔鉱炉建設計画の範疇からは区別して扱うこととする。その点を確認すると、表29では、北支那製鉄株式会社石景山製鉄所以外では、青島製鉄株式会社[73]（中村の著書では日本鋼管青島工場）が二五〇トン高炉を、山西産業太原鉄廠が一二〇トン高炉を有している。註(55)に記したように、山西産業太原鉄廠の一二〇トン高炉は、小型熔鉱炉建設計画決定以前に完成・操業していたものである。したがって、小型熔鉱炉建設計画の実施とともに、現地製鉄構想も一部は実現に向かって動き出していた、と評価してよいだろう。

設　備　能　力
高炉20トン炉4
ロール機2
鋼材圧延機7，切断機2
伸鉄機1，切断機1，旋盤1
25トン平炉1，1トン電気炉1，伸鉄機36
高炉380トン炉1，同200トン炉1，同20トン炉11
高炉20トン炉18
高炉250トン炉1
高炉120トン炉1，同40トン炉3
小型精錬炉252
高炉30トン炉1，同20トン炉2
小型精錬炉25
高炉20トン炉10
高炉20トン炉4
高炉（100t 以上）4，同（100t 未満）56

最後に、華北の製鉄業の生産実績を判明する限りで示しておきたい。表30「華北・満洲国銑鉄生産実績（一九四四年度）」をご覧いただきたい（二〇八頁参照）。最後の第4四半期が推定値となっているが、これも含めて四四年度の銑鉄生産実績を見ると、華北の大型炉では八万二一七五トン、小型炉では一三万五一七〇トン、合わせて二一万七三四五トンという結果であった。小型炉が大型炉を上回り、年初計画に対しては四二・四%の達成率であった。参考までに満洲国の実績をみると、一一八万五二四〇トンであり、華北をはるかに上回っていた。ただし、製鉄業の歴史という点では、

表29　華北の製鉄工場一覧（1944年）

省	都市	工　場　名	資本金（千円）	従業員数（人）	製品名	年生産額（t）	調査年次
河北省	天津	天津製鉄所		1,828	銑鉄	4,857	1943
河北省	天津	天津製鋼所	1,000	46	鋼材	1	1941
河北省	天津	山本製鋼所	50	77	鋼材	1	1941
河北省	天津	天興製鉄所	240	40	鋼材	580	1941
河北省	天津	中山鋼業所	4,000	301	鋼材		1941
河北省	北京	北支那製鉄㈱	100,000	6,866	銑鉄	45,615	1943
河北省	唐山	開灤炭鉱		6,705	銑鉄	9,728	1943
山東省	青島	青島製鉄㈱	25,000	2,051	銑鉄	1,325	1943
山西省	太原	山西産業太原鉄廠	70,000	2,278	銑鉄・鋼塊，鋼材	35,507	1943
山西省	陽泉	晋鉄公司陽泉工場			銑鉄		
山西省	陽泉	山西産業陽泉鉄廠	70,000	2,809	銑鉄	11,864	1941
山西省	潞安	晋鉄公司潞安工場			銑鉄		1943
察哈爾省	宣化	龍烟鉄鉱㈱	49,000	3,351	銑鉄	4,309	1943
察哈爾省	宣化	蒙疆興業公司	3,750	2,810	銑鉄	2,952	1943
合　計			323,040	29,162		116,739	

出所　大本営陸軍部『北支，蒙疆占拠地域内重要工業分布概見図附録』（1944年６月29日）。

満洲と華北とでは雲泥の差がある。華北が日中戦争以降の数年間の開発であるにもかかわらず満洲国の五分の一の生産実績をあげていることは注目に値するのではないだろうか。

次に表31「華北・華中における小型熔鉱炉出銑実績（一九四三年四～一一月）」を検討する（二〇九頁参照）。期間が一年間に満たないものの、表31の四三年実績に比べて、表30の四四年度実績が増大していることが推測できる。四三年度においても、上半期に比べ、一〇月、一一月と増産を果たしていることもわかる。ちなみに青島製鉄や北支那製鉄の数値が小さいのは、小型熔鉱炉のみの生産高を計上し、大型（中型）高炉を除外しているからであろう。四四年実績が判明する表が解学詩によって作成されている。これを生産実績の部分のみ抜き出して和訳したものが表32「北支那開発株式会社関係会社銑鉄、鉄鋼生産高」である。銑鉄計をみると、四四年は四三年のほぼ二倍の生産実績を記録しており、華北の製鉄は増産を続けていたことがわかる。大型炉と小型炉に分けてみると、大型炉は四三年の七万八

表30　華北・満洲国銑鉄生産実績（1944年度）　　（単位：t）

			第１四半期	第２四半期	第３四半期	第４四半期（推定）	計
華　北	大型炉	年初計画	—	—	—	—	—
		生産実績	20,183	18,169	26,338	17,485	82,175
		達成率（%）	—	—	—	—	—
	小型炉	年初計画	—	—	—	—	—
		生産実績	27,863	30,336	53,675	23,296	135,170
		達成率（%）	—	—	—	—	—
	計	年初計画	52,520	104,020	156,820	199,790	513,150
		生産実績	48,046	48,505	80,013	40,781	217,345
		達成率（%）	91.5	46.6	51.0	20.4	42.4
満洲国	鞍山	年初計画	387,500	387,500	387,500	387,500	1,550,000
		生産実績	312,173	152,113	175,925	166,515	806,726
		達成率（%）	80.6	39.3	45.4	43.0	52.0
	本渓湖	年初計画	120,000	120,000	120,000	120,000	480,000
		生産実績	106,923	109,626	83,132	74,117	373,798
		達成率（%）	89.1	91.4	69.3	61.8	77.9
	計	年初計画	507,500	507,500	507,500	507,500	2,030,000
		生産実績	419,096	261,739	259,057	240,632	1,180,524
		達成率（%）	82.6	51.6	51.0	47.4	58.2
総　計		年初計画	560,020	611,520	664,320	707,290	2,543,150
		生産実績	467,142	310,244	339,070	281,413	1,397,869
		達成率（%）	83.4	50.7	51.0	39.8	55.0

出所　「原料入荷実績」（眞坂氏旧蔵鉄鋼資料，東京大学経済学部図書室所蔵）。

三〇〇トンから四四年の九万四八〇〇トンへと増加したのに対し、小型炉は四三年の四万六五〇〇トンから四四年の一四万五三〇〇トンへと三倍以上の伸びを示していたのである。四四年まで小型熔鉱炉計画は、着々と成果をあげていた。また、鉄鋼については、山西産業が行っていたものの、方針転換により四四年はゼロとなっている。華北の製鉄は、銑鉄生産に特化したのである。

戦時下の華北製鉄業の評価としては、太平洋戦争期後半（四三年以降）に現地製鉄の政策が本格的に始動したが、時すでに遅く、新たな大型高炉移設や生産高の増大については見るべきものがなかった、ということになるだろう。

表31　華北・華中における小型熔鉱炉出銑実績（1943年4～11月）　（単位：t）

会　社	上半期	10月	11月	4～11月計
開灤炭鉱	65	524	1,166	1,755
北支那製鉄	1,425	513	1,784	3,722
山西産業	694	595	515	1,804
天津製鉄	—	353	1,045	1,398
青島製鉄	50	—	—	50
龍烟鉄鉱	1,304	1,232	799	3,335
宣　化	—	259	637	896
華北計	3,538	3,476	5,946	12,960
馬鞍山	24	18	168	210
合　計	3,562	3,494	6,114	13,170

出所　『中国鉄鋼業関係各種統計表』（防衛省防衛研究所図書館所蔵）。

表32　北支那開発株式会社関係会社銑鉄，鉄鋼生産高　（単位：t）

会　社	熔鉱炉	1941年	1942年	1943年	1944年
北支那製鉄	大型炉	21,700	36,400	35,300	66,700
	小型炉	—	—	16,000	15,500
山西産業	大型炉	42,700	53,900	43,000	28,100
	小型炉	—	—	5,500	6,600
天津製鉄	小型炉	—	—	6,300	20,500
開灤製鉄	小型炉	—	—	11,000	49,700
青島製鉄	小型炉	—	—	300	36,000
金嶺鎮製鉄	小型炉	—	—	0	0
龍烟製鉄	小型炉	—	—	3,700	10,300
宣化製鉄	小型炉	—	—	3,700	6,700
銑　鉄　計		64,400	90,300	124,800	240,100
山西産業・鉄鋼		11,300	59,800	21,300	0

出所　解学詩『満鉄与華北経済　1935～1945』（社会科学文献出版社，2007年）224頁。原資料は，「日文檔案抄件，2957，56」。

おわりに

北支那製鉄株式会社は、敗戦直後（一九四五年九月一日）に自己の事業を以下のように総括していた。

五　総括

華北ノ地ハ東亜有数ノ優良ナル製鉄用石炭ノ産地ナルト共ニ相当量ノ鉄鉱埋蔵量ヲ有シ実ニ東亜随一ノ一大製鉄地帯タルノ資格ヲ有スルハ言ヲ俟タザルトコロナリ。石景山製鉄所ハ其ノ第一着手トシテ建設セラレタモノニシテ北支那製鉄株式会社ハ創立以来石景山製鉄所ヲシテ将来中国ニ於ケル屈指ノ大製鉄工場トシテ中国製鉄業ノ大宗タラシメ華北地区ノ鉄鋼需要ニ応ズルト共ニ中国人製鉄技術者ノ養成ヲ計ル等華北工業ノ発展ヲ図ルト共ニ華北民衆ノ福利増進ニ寄与スルヲ理想トシ銑鉄年産五十万屯ヲ基調トセル銑鋼一貫作業工場ノ実現ニ努力シタルモ会社創立以来ノ年歯短カク且ツ戦局ノ影響ニ依ル各種建設資材ノ逼迫ト輸送面ノ窮迫ニ依リ工事ノ進捗意ノ如クナラズ而モ近ク各工事完成ヲ目前ニシテ今次世界情勢ノ大転換ニ遭遇シ遂ニ全般的ニ拡張工事一時中止ノ止ムナキニ至レリ。事コヽニ至ル我等ハ今後当製鉄所ガ一時モ早ク中国ノ経営ニ移サレ計画工事ノ継続完成ニ依リ将来東亜有数ノ大製鉄所トシテ新発足シ世界文化ノ発展ニ寄与セラレン事ヲ衷心庶幾スルモノナリ。[74]

資料の書き手は、誰に対して主張しているのか不明であるが、中国鉄鋼業発展の基礎をつくったことに強い自負が見受けられる。華北鉄鉱石の最も重要な用途は現地製鉄の原料であった。現地製鉄は、その計画の立案段階において、日本内地鉄鋼資本の思惑と中国占領地当局の思惑が食い違い、さらに中国占領地当局においても華北と蒙疆の対立がみられ成案を得るまでに時間がかかっている。太平洋戦争期のきわめて短い期間ではあるが、華北における銑鉄生産高は急速な増加を示した。長期建設のかけ声の一方で、華北の重化学工業化については、決断が遅かったことが指摘できる。結果として現地製鉄構想は失敗に終わったという評価は変わらないが、着想それ自体は合理性をもつものであったとみることもできるだろう。

註

(1) 中村隆英『戦時日本の華北経済支配』(山川出版社、一九八三年)。
(2) 同右、三〇一〜三一二頁。
(3) 柴田善雅『中国占領地日系企業の活動』(日本経済評論社、二〇〇八年)。
(4) 窪田宏「山西省における大倉財閥」(大倉財閥研究会編『大倉財閥の研究—大倉と大陸—』〈近藤出版社、一九八二年〉所収)。
(5) 内田知行『黄土の大地 一九三七〜一九四五 山西省占領地の社会経済史』(創土社、二〇〇五年)。
(6) 萩原充「戦時期の大冶鉄鉱と対日供給」(富澤芳亜・久保亨・萩原充編著『近代中国を生きた日系企業』〈大阪大学出版会、二〇一一年〉所収)。
(7) 高木陸郎(中日実業公司副総裁)「鉄・石炭・特殊鋼」(『アジア問題講座 第六巻 経済・産業篇(三)』〈創元社、一九三九年〉所収)二五頁。
(8) 北支那開発株式会社『北支那ニ於ケル経済建設ノ現状(其ノ一)』(一九三九年一一月)三六〜三七頁。
(9) 北支那開発株式会社『北支開発事業の概観 昭和十七年版』(一九四二年)二頁。
(10) 高木陸郎「鉄・石炭・特殊鋼」(前掲)二五頁。
(11) 北支那開発株式会社『北支那資源読本 鉄鉱』(一九四三年)四〇〜四一頁。
(12) 風来坊(岸元吉)『青島及山東見物』(山東経済時報社、一九二二年)一三九〜一四〇頁。なお、一九一九年九月一二日の金嶺鎮鉱山の様子を、当時民政署に勤務していた泉対《せんつい》信之助が記述しているので紹介しよう。

約三十分ばかりで金嶺鎮の鉄鉱に着く、そこに居合はせた苦力に案内させて一《ひと》まづ鉱山の事務所に行つて見る、事務室の一番奥の所に、丸々と肥えた金縁眼鏡を掛けた人が一生懸命事務を執つて居る、名刺を通ずる、千住工学士である。すこし後へ戻つて鉄鉱を採掘する現場を見る、百人ばかりの苦力が、崩し掛けた山の中腹にうようよして居る、鶴嘴で鉄を掘る、二人づヽ之を畚《もつこ》に入れて相肩でかつぐ、それを一輪車に入れて運ぶ、レールの所でトロに入れる、汗を流してるものもあり、無意識にサボつてるものもある、大人もあり子供もあり、豚毛もあり、毬栗もある、たゞもう訳もなくうようよして居る。

（泉対信之助『青島二年』帝国地方行政学会、一九二二年、三〇二・三〇七頁）

(13) 富澤芳亜「占領期の淄川炭鉱」（本庄比佐子編『日本の青島占領と山東の社会経済　一九一四―二二年』〈東洋文庫、二〇〇六年〉所収）二二八～二二九頁。

(14) 小島精一編『日本鉄鋼史（昭和第二期篇）』（文生書院、一九八五年〈原本は日本鉄鋼史編纂会編、一九四九～五三年〉）四七四頁。

(15) 以下の記述は、大倉鉱業株式会社山西事業部企画班長福久茂技師の報告。大倉鉱業株式会社『山西鉱業資源調査書』（一九三九年）二六～三一頁。

(16) 同右、二九頁。

(17) 太原製鉄所に関する内田知行の研究では、「経営および規模拡大の最大の隘路は鉄鉱石の取得にあった」とされ、鉄鉱石は省内いたるところに埋蔵されていたものの、「山西式ポケット鉱床」と称されるきわめて薄く不均一な鉱層であったため大量採掘には適さなかった、とされている。内田知行、前掲書、一九八頁。

(18) 以下の記述は、大倉鉱業株式会社山西事業部企画班長福久茂技師の報告。大倉鉱業株式会社『山西鉱業資源調査書』（前掲）二三～二四頁。

(19) 同右、二四頁。

(20) 同右、一九～二二頁。

(21) 同右、二一～二二頁。

(22) 北支那開発株式会社業務部「石景山製鉄所・太原製鉄所・陽泉製鉄所沿革概要」（一九三九年九月）（北支開発会社『石景山・太原・陽泉三製鉄所沿革概要』〈大倉財閥資料、72.1/6、東京経済大学所蔵〉三八～四一頁）。

(23) 同右、三八～四一頁。

(24) 内田知行、前掲書、一七八頁。

(25) 矢野信彦（山西産業株式会社常務取締役）『山西省経済の史的変遷と現段階』（山西産業株式会社、一九四三年）九七～九八頁。

(26) 北支那開発株式会社業務部「石景山製鉄所・太原製鉄所・陽泉製鉄所沿革概要」(前掲)二五〜二六頁。
(27) 内田知行、前掲書、一七五頁。
(28) 株式会社興中公司『鉄の概念と北支製鉄事業の概況』(一九三九年)三二〜三三頁。
(29) 日本製鉄株式会社史編集委員会編『日本製鉄株式会社史　一九三四〜一九五〇』(一九五九年)八一一頁。
(30) 同右、八一一頁。
(31) 柴田善雅、前掲書、二三八〜二三九頁。
(32) 日本製鉄株式会社史編集委員会編、前掲書、八一八〜八二〇頁。なお、華中鉱業の生産高および輸送量は左の付表のとおりである。
(33) 萩原充、前掲論文。
(34) 柴田善雅、前掲書、四一三〜四一四頁。
(35) 同右、四一四〜四一六頁。
(36) 八木聞一(株式会社昭和製鋼所理事)の東亜経済懇談会重工業部会(一九四〇年一一月二八日開催)での発言。東亜経済懇談会『東亜経済懇談会第二回総会報告書　昭和十五年十一月』(一九四一年)四九三頁。
(37) 吉田健三郎(日鉄鉱業株式会社常務取締役)の東亜経済懇談会鉱工業を主とする懇談会(一九四一年一二月五日開催)での発言。東亜経済懇談会『東亜経済懇談会第三回報告書　昭和十六年十二月』(一九四二年)一六四頁。
(38) 矢部茂(満鉄地質調査所)・大木謙(満鉄地質調査所)「北支龍烟鉄鉱調査報告」(満鉄調査部『龍烟鉄鉱調査資料(支那立案調査書類第四編第二巻第一号其二)』〈一九三七年〉所収)七〜九頁。
(39) 同右、九頁。
(40) 同右、一〇〜一一頁。
(41) 同右、一一〜一三頁。
(42) 張新吾は休暇をとり厳智治の手により経営を試みるもかなわず、董事会は

付表　華中鉱業傘下鉱山の生産高　(単位：t)

年	生産高	輸送量
1938年	55,025	91,075
1939年	430,958	458,290
1940年	753,424	688,909
1941年	1,473,502	1,194,000
1942年	1,480,448	1,377,000
1943年	1,188,242	940,479
1944年	(495,802)	(222,968)
合計	5,877,401	4,972,721

註　(　)は合計から他の年の数値を引いて得られた数値。
出所　日本製鉄株式会社史編集委員会編，前掲書，818〜820頁。

張新吾を復職させ、張新吾は四銀行引受四〇〇万元の社債発行を計画、まずは利息一割にて一〇〇万元を借りようとしたが董事会の賛成を得られず、俸給すら払えず張新吾はまた辞任した。同右、一四頁。

(43) 同右、一四頁。

(44) 株式会社興中公司『龍烟鉄鉱関係事業引継調書』（一九三八年八月三一日）（東京大学社会科学研究所所蔵）四～五頁。

(45) 同右、七～九頁。

(46) 北支那開発株式会社業務部調査課『北支那ニ於ケル経済建設ノ現状（其ノ一）』（一九三九年）四〇頁。

(47) 興亜院政務部『支那関係主要会社法令及定款集』（一九四〇年）四五一頁。なお、龍烟鉄鉱株式会社の成立経過と資金調達、営業概況については、柴田善雅が明らかにしている。そのなかで柴田は、龍烟鉄鉱株式会社と北支那開発株式会社が円満な関係ではなかったことを明らかにしている。また、満洲国が龍烟鉄鉱の対満洲国輸出増をねらって満洲重工業開発株式会社の出資を申し出たことなど、注目すべき事実を明らかにしている。柴田善雅、前掲書、三五一～三五五頁。

(48) 興亜院政務部『支那関係主要会社法令及定款集』（前掲）四五三頁。

(49) 北支那開発株式会社『北支那資源読本　鉄鉱』（一九四三年）二九～三一頁。

(50) 「「北支ニ於ケル製鉄及礬土頁岩処理ニ関スル緊急措置事項」ニ関スル懇談資料」（一九四四年九月一七日）（『鉄、礬土頁岩の緊急措置』〈巽史料二〇七〉防衛省防衛研究所所蔵）。

(51) 「龍烟鉄鉱株式会社報告書」（龍烟鉄鉱株式会社『文書綴』一九四六年四月、閉鎖機関文書）。

(52) 北支那開発株式会社業務部調査課『北支那ニ於ケル経済建設ノ現状（其ノ一）』（前掲）四〇頁。

(53) 軍管理石景山製鉄所「軍管理石景山製鉄所概要」（一九四〇年九月）（山崎技師『昭和十五年九月北支生産拡充事業共同現地調査懇談会関係書類』筆者所蔵）。

(54) 陽泉製鉄所については、次のような状況であった。

陽泉鉄廠は山西省陽泉郊外にあり民国六年保晋公司の一分工場として設けられたものであります。事変中作業継続のま丶皇軍の占領する処となりましたが、その後原料不足のため休止し修理を加へまして本年六月十日作業を開始するに至りました。主たる設備としては日産二〇瓩熔鉱炉一基とそれに附帯する一切の設備であります。コークスは野焼窯四五基で石炭の水洗装置を持つて居ります。原料は近くに散在して居る褐鉄鉱（鉄分五四％）を掘り蒐めて工場に運んで居ります。……近所には大きな炭田がありますが、無煙炭が主で粘結性のある石炭は無い様であります。只今は井陘、正豊の石炭を原料として居りますが平太線が未だ広軌になりませんので石家荘迄運搬したものを積替へて搬入してゐる有様です。……鋳物工場ではパイプの製作が出来る様になつてゐます。汽車の窓から見ますとこの鉄飢饉の際颯爽として白煙を空に吐いて居る姿は言ひ知れぬ力強さを吾々に感じさせるものがあります。製品は太原に送り軍需品を作りつゝあります。

（株式会社興中公司『鉄の概念と北支製鉄事業の概況』〈前掲〉三二頁）

生産実績については、一九三八年上半期までについて下記のようであった。

イ、製品出来高

銑鉄（十二年十一月ヨリ十三年三月二十三日迄）　一、九九六瓲四八一

茶器茶碗類（六月ヨリ）　二八、八〇〇個

ロ、販売高

銑鉄販売高

接収管理前ノ生産銑鉄ストック約二、二〇〇瓲、管理中生産分約二、〇〇〇瓲合計約四、二〇〇瓲ニ付昭和十三年八月日本製鉄株式会社ト契約ヲ締結、同九月ヨリ搬出ヲ開始セリ（略）

（株式会社興中公司『山西省製鉄関係事業引継調書』〈一九三八年八月三一日〉〈東京大学社会科学研究所所蔵〉七～八頁）

なお、解学詩によれば、一九二九年二八三七トン、三一年五五六二トン、三四年一月～七月三六八〇トンという生産実績を有していた。解学詩『満鉄与華北経済　一九三五～一九四五』（社会科学文献出版社、二〇〇七年）二一五頁。

(55)　太原製鉄所については、次のような状況であった。

太原鉄廠は山西省の北郊に在り、閻錫山の山西モンロー主義により銑鉄及鋼材生産を目的としたものでありますが、工事既に八、九分通り出来た時今回の事変となつたのであります。鉄鉱は太原付近の褐鉄鉱、寧武の褐鉄鉱（鉄分五〇％）定襄及静楽の赤鉄鉱（鉄分六〇％）五台地方等所々に点在して居りますが、纏つた鉱量のものはない様であります。石炭は無尽蔵にありますがその内粘結性のものは主として軒崗鎮、西山炭等で之を混用する予定になつてゐますが、治安の関係上未だ輸送が円滑に行はれてゐませんので只今はそれ等の野焼コークスを集めて居ります。……工場主要設備としては四〇瓲熔鉱炉一基（鋳物銑鉄向）、一二〇瓲熔鉱炉一基（平炉銑用）、ターボ送風機三台、コークス炉（ヘンゼルマン式のもの三十六基日産二四〇瓲能

力)、硫安、タール、ベンゾール工場等があります。製綱設備としては三〇瓲平炉二基、一切の付属装置が完備しております。

（株式会社興中公司『鉄の概念と北支製鉄事業の概況』〈前掲〉三二一～三二三頁）

(56) 興亜院華北連絡部経済第二局鉱山室「北支製鉄所設備進捗状況及生産状況調」（一九四〇年九月九日）（山崎技師『昭和十五年九月北支生産拡充事業共同現地調査懇談会関係書類』前掲）。

(57) 「北支製鉄五ヶ年計画」の概要を紹介すると、生産目標として石景山製鉄所は銑鉄において四一年度五万五〇〇〇トン、四二年度五万五〇〇〇トン、四三年度一四万三〇〇〇トン、四四年度一四万三〇〇〇トン、四五年度五万五〇〇〇トンと設定されていた。四五年度の数値が小さくなっているのは、鋼材生産にシフトしているからであり、鋼材の生産目標は四四年から設定され、四四年度七万トン、四五年度一四万トンであった。「北支製鉄五ヶ年計画」は、石景山のほか陽泉、太原、新郷、天津、土法銑にそれぞれ生産目標が設定されており、それらすべての合計は銑鉄において四一年度一七万七〇〇〇トン、四二年度一八万七〇〇〇トン、四三年度二九万五〇〇〇トン、四四年度四三万三〇〇〇トン、四五年度五七万トンであり、鋼材については同期間に二万六〇〇〇トン、四万トン、四万トン、一八万トン、三九万トンとされていた。四四年度、四五年度には石景山と天津（後述）の両製鉄所が銑鋼一貫生産を行うこととされている。興亜院経済第二局鉱山室「北支製鉄五ヶ年計画」（一九四〇年九月九日）（山崎技師『昭和十五年九月北支生産拡充事業共同現地調査懇談会関係書類』前掲）。

(58) 軍管理石景山製鉄所「軍管理石景山製鉄所概要」（前掲）。

(59) 温鋭光責任編輯『日偽時期煤礦坑的故事――山西煤礦萬人坑発掘記事』（商務印書館、一九九五年）。

(60) 東亜経済懇談会重工業部会（一九四〇年一一月二八日開催）での発言。東亜経済懇談会『東亜経済懇談会第二回総会報告書』（前掲）四五八～四五九頁。

(61) 小島精一編（日本鉄鋼史編纂会編）『日本鉄鋼史（昭和第二期篇）』（前掲）四七二～四七三頁。小島の記述は手塚正夫著『支那重工業発達史』（大雅堂、一九四四年）二三九～二四四頁に依拠している。

(62) 興亜院華北連絡部経済第二局鉱山室「北支製鉄五ヶ年計画」（一九四〇年九月九日）（山崎技師『昭和十五年九月北支生産拡充事業共同現地調査懇談会関係書類』前掲）。

(63) 同右。

(64) 中村隆英、前掲書、二七七～二七九頁。柴田善雅、前掲書、二八〇～二八一頁。

(65) 北支那製鉄株式会社『昭和二十一年九月　第七回営業報告書』(閉鎖機関文書、国立公文書館つくば分館所蔵)。
(66) 本社建設局北支班→八幡製鉄所経理部成品課「北鉄石景山直送鋼材分譲ニ関スル件」(一九四三年七月三〇日)(『鋼材関係書類　自昭和十八年七月至昭和二〇年六月』閉鎖機関文書、国立公文書館つくば分館所蔵)。なお、本文書は日本製鉄株式会社の罫紙に書かれており、作成者の「本社建設局北支班」は、日本製鉄株式会社内の組織であったと思われる。
(67) 産業機械統制会資材部鋼材課→日本製鉄株式会社「北鉄石景山熔鉱炉用機器用鋼材ニ関スル件」(一九四三年八月二日)(『鋼材関係書類　自昭和十八年七月至昭和二〇年六月』前掲)。
(68) 株式会社高田商会→北支那製鉄株式会社業務課(一九四三年七月二四日)(『鋼材関係書類　自昭和十八年七月至昭和二〇年六月』前掲)。
(69) この経緯は次のようである。
四月五日商工大臣官舎ニ於テ関係庁ト協議ノ結果日鉄輪西製鉄所旧工場第一熔鉱炉(公称能力三五〇瓩)ヲ移設シ尚資材ヲ節約スル為大谷重工業株式会社大阪工場ニ於ケル建設用手持資材及未稼働設備等ヲ可及的ニ利用スルコトト決定相成候条案ノ一ヲ以テ通牒シ案ノ二ヲ以テ通知相成可然哉
(「北支那製鉄株式会社石景山製鉄所移設第二熔鉱炉ニ関スル件」〈一九四三年四月五日〉〈三A一二―一三・昭四七通産『雑・雑類・金属局・昭和十八年』国立公文書館所蔵〉)
(70) 北支那製鉄株式会社石景山製鉄所「石景山製鉄所拡充計画現況」(一九四五年九月一日)(三A一四返赤一四〇一八『旧陸海軍関係』国立公文書館所蔵)。
(71) 中村隆英、前掲書、三〇五~三〇七頁。
(72) 解学詩、前掲書、二二二~二二三頁。解は、満州中央銀行調査部『大陸小型熔鉱炉の概況』(『大陸小型熔鉱炉的概況』と表記)(一九四四年六月)を典拠としているが、筆者は未見である。
(73) 青島製鉄株式会社は四三年一一月四日、北支那開発と日本鋼管が折半出資する形で設立された。柴田善雅、前掲書、二八一頁。
(74) 北支那製鉄株式会社石景山製鉄所「石景山製鉄所拡充計画現況」(前掲)。

第三章　綿花生産と流通

はじめに

日中戦争期・太平洋戦争期に中国占領地に求められた資源には、石炭、鉄鉱石、礬土頁岩などの鉱産資源とともに綿花、羊毛などの農畜産資源も含まれていた。とりわけ一九三七〜四〇年の外貨獲得を重要課題としていた段階においては、中国占領地からの綿花供給は外貨節約の意義を有しており、第三国輸入が期待できなくなり外貨獲得がほぼ意味を失った一九四〇年代においては第三国輸入に替わるものとして、中国産綿花はますますその重要性を増したのである。

ところで、華北占領地支配に関するさまざまな政策文書、計画のなかに綿花の増産は重要項目として必ず登場しているが、そのことの意義は戦時経済研究のなかで十分に位置づけられてこなかった(1)。山崎志郎は、日中戦争開始後の輸入為替許可の段階から一九三八〜四一年度の各期の物資動員計画の形成過程、計画内容、実績を詳細に明らかにしている。このなかで「紡績用綿花」「紡績綿」は重要物資として必ず登場し、日米戦争開戦にいたるまでは第三国輸入が見込まれていたこと、華北綿花に関しても重要視されていたことが示されている(2)。

本章では農産資源のなかでも最も重要な位置にあった中国産綿花の問題をテーマとして、戦時期における農林資源開発の具体的事例の一つとして検証することにしたい。そのさい、中国産綿花の日本における重要性は、対日供給

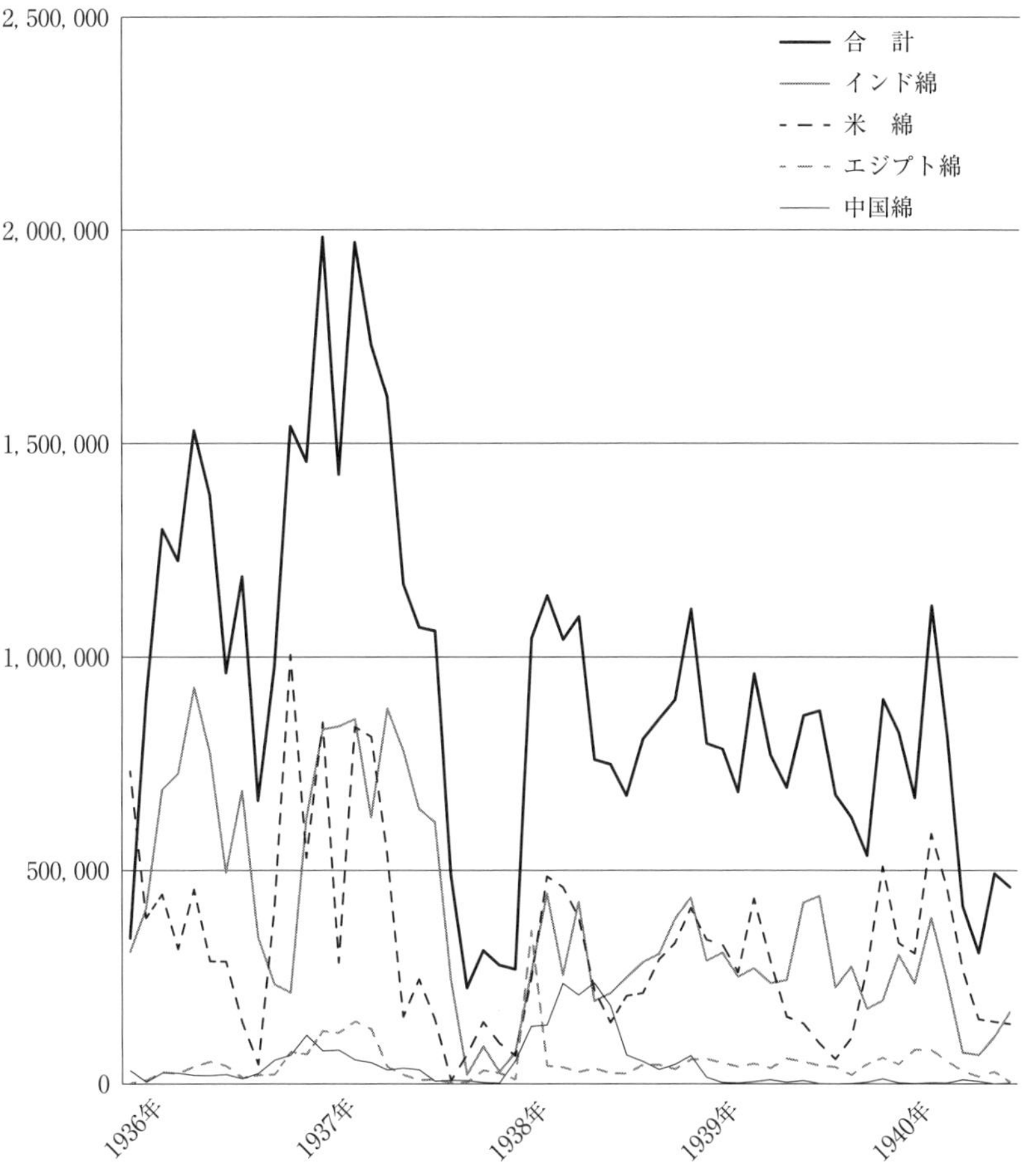

図10　綿花輸入数量（単位：ピクル）

出所　日本棉花同業会・輸出綿糸布同業会・日本綿糸布輸出組合連合会『棉花綿糸綿布月報』第455〜486号（1938年１月〜40年８月号）。

（日本内地への輸出）にとどまらないこと、すなわち、中国占領地支配にとって重要な役割を与えられたことに注目したい。

一　中国綿花への期待

1　統計的分析

日本の綿花輸入について、図10「綿花輸入数量」を作成した（二一九頁参照）。綿花輸入は、日中戦争期（一九三七～四一年）には低水準で推移しているが、その輸入先はアメリカ、英領インド、エジプト等のいわゆる第三国（外貨決済を必要とする外国）に依存している状況は変わらなかった。外貨による支払を要しない、円ブロック地域である中国からの輸入は、一九三八年に急増したものの、以後、きわめて低い水準となる。これは、三八年前半が対円ブロック貿易が急増したことを背景として中国からの綿花輸入も増大したものと思われる。その後はこれに対する是正措置としての輸出入リンク制が強化され、第三国貿易が復調し対中国貿易は抑制されるにいたる。(3)

1942年	1943年
1, 883, 100	1, 534, 519
2, 329	170
59, 346	3, 297
22, 004	19
—	—
4, 373	—
—	—
3	82
46, 603	11
10, 525	14
—	284
—	—
—	—
—	—
590	6, 085
2, 028, 873	1, 544, 481
213, 832, 520	265, 443, 229
157, 410	9, 934
3, 197, 398	214, 305
1, 574, 148	837
—	—
209, 741	—
—	—
217	7, 548
4, 278, 738	759
961, 829	1, 227
—	34, 795
—	—
—	—
—	—
70, 525	584, 677
224, 282, 526	266, 297, 311

表33　綿花輸入高

	1938年	1939年	1940年	1941年
〔数量〕（単位：100斤）				
中華民国	1, 432, 414	1, 080, 594	771, 349	929, 831
タ　イ	258	—	1, 137	1, 951
緬　甸	78, 421	112, 532	134, 478	78, 046
英領インド	3, 096, 085	3, 399, 459	2, 361, 428	2, 184, 366
イラン	—	104, 864	10, 545	—
イラク	60, 838	39, 027	40, 791	88, 715
シリア	19, 309	22, 078	—	—
アメリカ	3, 248, 976	2, 872, 822	2, 766, 453	470, 669
ペルー	13, 059	108, 271	183, 232	809, 729
ブラジル	833, 254	1, 341, 871	918, 979	1, 081, 770
エジプト	404, 720	577, 779	407, 467	167, 187
アングロ，エジプシアン，スーダン	3, 259	38, 125	888	0
ケニヤ・ウガンダ・タンガニーカ	95, 955	356, 309	123, 893	69, 846
白領コンゴ	—	13, 140	—	162
その他	56, 141	11, 456	8, 707	59, 074
合　　計	9, 342, 689	10, 078, 327	7, 729, 347	5, 941, 346
〔価額〕（単位：円）				
中華民国	71, 789, 624	46, 802, 291	91, 327, 507	111, 594, 085
タ　イ	12, 944	—	59, 017	110, 886
緬　甸	2, 631, 019	3, 879, 810	6, 713, 229	3, 163, 884
英領インド	113, 330, 529	121, 344, 795	115, 374, 177	94, 064, 404
イラン	—	5, 983, 920	599, 698	—
イラク	3, 324, 933	2, 089, 978	2, 300, 650	4, 248, 184
シリア	1, 087, 703	1, 193, 462	—	—
アメリカ	166, 413, 676	146, 639, 782	177, 448, 975	33, 343, 117
ペルー	1, 120, 467	6, 095, 280	11, 848, 481	56, 442, 777
ブラジル	41, 365, 613	68, 250, 665	54, 125, 386	59, 253, 967
エジプト	27, 529, 202	37, 092, 955	34, 814, 797	16, 961, 562
アングロ，エジプシアン，スーダン	201, 053	2, 211, 562	112, 448	14
ケニヤ・ウガンダ・タンガニーカ	5, 217, 996	19, 144, 340	8, 365, 124	5, 694, 383
白領コンゴ	—	697, 322	—	11, 351
その他	2, 298, 580	548, 008	505, 516	6, 894, 279
合　　計	436, 323, 339	461, 974, 170	503, 595, 005	391, 782, 893

資料　大蔵省『日本外国貿易年表』（1939〜43年）。

それでは、太平洋戦争期（一九四一～四五年）には、どうなるのか、表33「綿花輸入高」を作成した。この表から数量ベースで中国の占める比率を算出すると、三八年一五・三％、三九年一〇・七％、四〇年一〇・〇％、四一年一五・七％、四二年九二・八％、四三年九九・四％と推移しており、太平洋戦争期には、日本にとって中国が唯一の綿花供給国となっていることがわかる。アメリカは四一年に、英領インドは四二年に輸入量を激減させ、それ以後輸入杜絶状態となっている。結果として、中国のみが綿花供給国となったわけだが、ここで注目したいことは、四〇年代に中国からの輸入量が増大する傾向にあったことである。すなわち、三八年という円ブロック貿易が最も盛んだった年の実績（数量）一億四三二四万斤に対して、四二年にはこれを凌駕する一億八八三一万斤、四三年には少し減ったものの一億五三四五万斤を記録しているのである。本章は、この問題を重視し、日中戦争開始後、中国綿花の生産と日本への供給がいかにして可能になったのか、という問題を考察することにしたい。

2　日中戦争期の期待

第三国貿易を重視していた日中戦争期において中国綿花は、第三国貿易を補完する役割ながらも、供給量が増大することを期待されていた。たとえば、一九三九年一二月に開催された東亜経済懇談会の場において[4]、日本綿業はこれまでアメリカ綿花、インド綿花に依存してきたが、中国から綿花を輸入することになれば中国農民の生活向上にも資することになるので、輸入綿花のうち約半分を中国から輸入することを日本・満洲国・中国の国策とすべし、との見解が表明されていた[5]。

東亜経済懇談会の前身に当たる日満支経済懇談会（三八年一一月二二日開催）において農業技術者の立場から安藤広太郎（農林省農事試験場）は、日本は綿花を一三～一四億斤輸入しているが中華民国からは五〇〇〇万斤にすぎない、華北では綿花を一〇万町歩栽培しており、今後これを二〇～三〇万町歩に拡大することにしている、と政策を説明した上で、「斯うして今日日本が使用して居る棉を或る程度中華民国から供給して戴くことが出来、其の結果中華民国の農村が市場になり、日本の工業に依つて資金を得ると云ふことになる」(6)と期待を表明した。岸信介（満洲国産業部次長）は、日中戦争前の「非常に無理迄して満洲で棉花の増殖を図る」政策を批判し、満洲では「食糧其の他の中支、北支方面で要求せらる、農作物」を作り、「北支、中支方面から棉花等其の方面に適して居る物を作つて戴いて満洲が貰ふ」という満洲国、中国との分業を提唱した(7)。

これに呼応して、日本が華北に樹立した傀儡政権たる中華民国臨時政府の謝子夷実業部商工科長は「日本の方では大蔵省の統計に依りますれば、年に七億一千余万元の棉花を外国から輸入して居ります。将来我々が良く提携する以上、専ら支那から棉花を取るやうにして戴きたいのであります」(8)と中国綿花の売り込みを図っている。日中戦争によって、中国綿花輸入が従来以上に増大することが期待され、予想されていたのである。

しかし、第Ⅰ部第三章で述べたように、ドイツのヨーロッパ制覇を契機として、日本はそれまでの貿易と外交関係を英米依存であったと「反省」し、英米依存からの脱却、すなわち第三国貿易重視から東亜共栄圏重視への転換が主張されるようになった。八月の松岡洋右外相による「大東亜共栄圏」発言に始まり、九月の日独伊三国同盟調印、一〇月の日満支経済建設要綱の閣議決定などの一連の事態を、時の政府は「外交転換」と称しており、重要な画期と位置づけていた（本書第Ⅰ部第三章）。

これを綿花輸入という観点から見るならば、中国綿花への期待がこれまで以上に高まることになったのである。外交転換以後の綿花輸入の見通しについて、大日本紡績連合会理事長の白石幸三郎が四一年一二月五日開催の東亜経済懇談会席上で体系的に説明している。白石によれば、東亜共栄圏諸国は、従来、綿花の約八割を共栄圏外から輸入していたが、四一年度下半期から国際情勢が激変し第三国からの綿花輸入が途絶えてしまった、それゆえ「纖維資源の第三国依存から脱却せざるを得ない」という。[9]

白石は、東亜共栄圏の綿花需要を地域内住民の衣料需要から算出している。それによると、「日本の内地・朝鮮・台湾・樺太・南洋群島に於ける住民の一年の一人当りの綿布消費量は二二・四平方ヤード、満洲国が九・四平方ヤード、中国が三・八平方ヤード」、「仏印は六・三平方ヤード、泰国が一一・六平方ヤード、蘭印が一一・九平方ヤード」と見積もられ、それに要する綿花は「日・満・支三国だけを見ますと……一千六百五十万ピクル……更に仏印・泰・蘭印を加へますと……一千八百万ピクル」とされていた。[10]これに対して四〇綿花年度（四〇年九月～四一年八月）における華北・華中・満洲国・朝鮮の綿花生産高は「大体七百二十万ピクル」[11]にすぎず、東亜共栄圏の衣料需要を満たすにはほど遠い状況である、とされている。

3　中国綿花の用途

戦時経済史研究において綿業については、外貨獲得手段としての輸出入リンク制または紡績企業の多角経営化[12]が注目されてきたが、綿糸・綿製品の需要という観点からは注目されてこなかった。なぜならば内地では綿製品の消費規制が強化され、紡績工場・綿織物工場の縮小・転廃業が行われていたことから、綿糸・綿製品需要は限りなく縮小したものと考えられていたからである。[13]しかし、満洲国および中国の日本軍占領地をも視野に入れると、その事情は異なったものになる。

まず、物資動員計画上の位置づけを表34「物動計画（綿花）」により検討しよう。四一綿花年度（四一年九月～四二年八月）の実績は、中国合計で四五四万担の綿花が供給可能とされ、これを対日二一四万担、現地二二四万担、満洲二二万担に振り向けていた。軍・民比率は、軍需一三八万担、民需三二二万担となる。すなわち、この時点では現地が日本内地より多く、民需が軍需より多かったわけで、「現地民需」が最大の需要となっていた。翌四二綿花年度（計画）では対日二九二万担、現地二〇四万担、満洲一七万担となり、軍・民比率は軍需一五七万担、民需三五五万担であり、現地が日本内地を下回るが、民需は軍需よりも多くなっている。綿花の需要として、大陸（現地）および民需の存在をも視野に入れる必要を示しているといえよう。

軍需として重要であったことは、これまでの戦時経済史研究でもふれられてきたが、たとえば商工官僚・美濃部洋

表34　物動計画（綿花）　（単位：担）

			1941綿花年度（実績）	1942綿花年度（計画）
〔供給〕	北支		2,245,000	2,735,000
	中支（上海）		1,630,000	1,610,000
	中支（漢口）		665,000	780,000
	供給高計		4,540,000	5,125,000
〔需要〕	紡績用	対日軍需	1,000,000	1,234,000
		対日民需	800,000	1,373,000
		小計	1,800,000	2,607,000
		現地軍需	230,000	200,000
		現地民需	1,948,000	1,804,000
		対満民需	200,000	150,000
		小計	2,378,000	2,154,000
		合計	4,178,000	4,761,000
	製綿用	対日軍需	130,000	112,000
		対日民需	207,500	199,000
		小計	337,500	311,000
		現地軍需	20,000	25,000
		現地民需	45,000	13,000
		対満民需	20,000	15,000
		小計	75,000	53,000
		合計	412,500	364,000
	需要高計		4,540,000	5,125,000

註　一部に合計が合わないところがあるが，計は修正せずに原資料のままとした。

資料　JACAR（アジア歴史資料センター）Ref. B06050466100総務局経済部「昭和十八棉花年度ニ於ケル棉花需給状況」（外務省記録『各国ニ於ケル農産物関係雑件　綿及綿花ノ部　中国ノ部』外務省外交史料館）。

次の次の説明は参考になる。

買付機構及ビ買上価格ヲ合理化シテ出来ルダケ百二十万「ピクル」出スヤウニ努メヨウ、是ハ非常ニ結構ナコト思ヒマスガ、実ハ吾々ノ方ハ其ノ棉デ作リマスモノハ大体軍需品デアリマシテ、棉ノ価格ガ高クナッテ来レバ、随テ軍需品ノ価格ヲ高ク買上ゲテ戴カナケレバ、事実問題トシテ軍需品ノ生産ハ出来ナイト思フ(14)。

中国綿花が軍需であるために、買付価格を引き上げるわけにはいかない、ということが説明されている。表34に示したように、「大体軍需品」というのは実態とは異なるが、後にふれるように中国綿花の買付価格（収買価格）は上方硬直的であったことの要因として、軍需品であるという事情があったようである。

他方、民需とはどのようなものなのか。満洲国の農業政策を説明した次の資料が華北の実情をも物語っているのではないかと思われる。

綿糸布「バーター」モ十七年度ノ蒐荷対策ノ一ツトシテ新ニ取上ゲラレタ方策デアリマス。コノ綿糸布「バーター」或ハ生必（生活必需品…引用者）物資「バーター」ハ北支ニオキマシテハ既ニ実施サレテヲリ、……（満洲では…引用者）十七年度ニハ新ニ出荷一噸ニ対シテ綿布十五平方「ヤール」、タオル一枚、綿糸一架、靴下一足ヲ公定価格ヲ以テ配給スルコトトシタノデアリマス。コノ為政府デハ興農部ト経済部トノ間ニ慎重ナ協議ガ行ハレ、十七年十一月カラ十八年三月迄ノ間全満各都市ニ於テ綿布ノ配給ヲ停止シテコノ蓄積綿布ヲ以テ計画的ニ農村ニ配給スルコトトシタノデアリマス(15)。

満洲国と華北において、農産物を蒐荷するために、その交換物資として綿布や綿製品が配給されているのである。このことは「北支ニオキマシテハ既ニ実施サレテヲリ」とあることから、華北の日本軍占領地で先行して行われていたこともわかる。満洲国では、農産物蒐荷をより強化するために、各都市への綿布配給を停止してまで、農民への配給

表35　華北紡績工場の原棉消費高　　（単位：担）

省	工　場　名	所在地	1938年			1939年		
			地場棉	外棉	計	地場棉	外棉	計
河北省	公大第六廠	天津	—	—	168,500	127,680	36,725	164,405
	公大第七廠	天津	—	—	83,370	42,898	22,616	65,514
	裕豊廠	天津	—	—	120,850	99,587	33,462	133,049
	天津紡	天津	—	—	57,800	45,713	3,383	49,096
	裕大紡	天津	—	—	102,000	58,656	2,456	61,112
	双喜紡	天津	—	—	—	8,792	1,161	9,953
	岸和田紡	天津	—	—	—	—	—	—
	上海紡	天津	—	—	—	5,545	3,246	8,791
	北洋紗廠	天津	—	—	92,380	49,972	15,257	65,229
	恒源紗廠	天津	—	—	93,960	48,411	11,375	59,786
	達生製綿廠	天津	—	—	18,440	8,896	—	8,896
	唐山肇新廠	唐山	—	—	75,600	56,078	6,968	63,046
	大興紗廠	石門	3,229	—	3,229	10,214	—	10,214
	計		—	—	816,129	562,442	136,649	699,091
山東省	大日本紡	青島	1,124	—	1,124	27,656	46,431	74,087
	内外綿	青島	268	—	268	30,317	46,497	76,814
	日清紡	青島	4,873	—	4,873	33,820	34,823	68,643
	豊田紡	青島	—	—	—	23,599	25,463	49,062
	上海紡	青島	3,776	538	4,314	31,785	54,465	86,250
	公大第五廠	青島	—	—	—	11,934	48,253	60,187
	富士紡	青島	—	—	—	9,886	21,177	31,063
	同興紡	青島	965	681	1,646	29,686	43,294	72,980
	国光紡第二	青島	30,344	4,040	34,384	25,119	29,118	54,237
	国光紡第一	青島	—	—	—	—	—	—
	魯豊紗廠	済南	41,440	—	41,440	19,259	—	19,259
	成通紗廠	済南	51,162	—	51,162	19,060	—	19,060
	仁豊紗廠	済南	15,813	—	15,813	13,411	—	13,411
	厚徳貧民工廠	済南	2,625	—	2,625	2,625	—	2,625
	計		152,390	5,259	157,649	278,157	349,521	627,678
山西省	太原紡織廠	太原	1,500	—	1,500	6,578	—	6,578
	楡次紡織廠	楡次	28,125	—	28,125	57,453	—	57,453
	新絳紡織第一廠	新絳	2,153	—	2,153	13,962	—	13,962
	新絳紡織第二廠	新絳	—	—	—	—	—	—
	計		31,778	—	31,778	77,993	—	77,993
河南省	慶益紗廠	彰徳	16,605	—	16,605	31,437	—	31,437
	萃新紡廠	汲県	12,599	—	12,599	26,280	—	26,280
	鉅興紡廠	武陟	—	—	—	1,278	—	1,278
	計		29,204	—	29,204	58,995	—	58,995
総	計		—	—	1,034,760	977,587	486,170	1,463,757

資料　満鉄北支経済調査所『昭和十五年度北支主要物資需給調査参考資料　第一編 棉花』（1941年）。

が行われようとしていたのである。華北においては、おそらく連銀券などよりも綿布、綿製品の方が農産物蒐荷に効果を発揮したものと推測できる。内地では、綿布、綿製品の新規製造、消費は規制されていたが、満洲国、華北占領地においては重要な交換物資だったのである。

現地紡績の実情を表35「華北紡績工場の原棉消費高」により検討しよう。現地紡績工場は、天津、青島に集積しており、主に「地場棉」を用いて紡績を行っていた[16]。山東省の場合、日中戦争前の一九三六年には地場棉一四六万九四五担、外棉一一万九二五〇担であり、九二・五％が地場棉であった[17]。ところが表35によると三九年には地場棉二七万八一五七担、外棉三四万九五二一担と逆転している。これは後述するように、中国産綿花の作付減・出廻り減のための一時的な現象であろう。同年の四省合計欄の地場棉は九七万七五八七担、外棉は四八万六一七〇担なので、地場棉が外棉を上回って供給されていたことがわかる。日中戦争期においても中国現地紡績工場は、中国産綿花を主たる原料として操業していたのである。

戦時期には日本国内における綿製品使用制限政策にもかかわらず、東亜共栄圏全体としての綿製品需要は膨大であり、中国産綿花の位置づけも現地紡績業にとってきわめて重要なものとなっていたのである。

二　中国綿花の生産・流通の実績

1　日中戦争・太平洋戦争下の生産・流通量の減少

華北四省（河北省、山東省、河南省、山西省）の綿花作付面積と繰綿生産

（単位：作付面積は市畝，繰綿生産高は市担）

河　南　省		山　西　省	
作付面積	繰綿生産高	作付面積	繰綿生産高
3, 416, 958	975, 080	1, 207, 997	399, 880
3, 770, 943	1, 220, 318	1, 655, 419	717, 488
825, 963	286, 713	984, 170	301, 503
3, 030, 273	960, 205	1, 911, 996	640, 370
3, 158, 100	640, 950	2, 287, 141	629, 049
2, 585, 044	648, 153	457, 428	150, 171
490, 781	131, 740	362, 100	83, 258
1, 193, 713	320, 255	350, 671	69, 262
1, 371, 063	443, 363	575, 111	153, 639
1, 989, 312	540, 340	771, 332	181, 438

高を表36にまとめた。四省合計の欄を見ると、日中戦争期は作付面積の減少が著しく、とくに一九三八年、三九年の減少は顕著であった。しかし、その後は下げ止まり、三九年から四二年にかけて作付面積は急増しているのである。四省合計の四二年の作付面積は、ピーク時（三七年）に対し六七・一％に当たり、表示した最初の年である三三年に対しては九〇・八％まで回復していたのである。とりわけ河北省においては三六、三七年水準は回復できていないものの、三三年水準は凌駕していることに注目したい。繰綿生産高も作付面積とほぼ同様の推移を示していた。

三八～四〇年における綿花生産の減少および停滞の原因は何だったのだろうか。たとえば三九綿花年度（三九年九月～四〇年八月）の新綿花収穫予想を当時の日本の新聞は「北支四省新棉収穫予想は春期における旱魃に引き続く水害により二重の天災を蒙り最近の第二回予想は百三十二万ピクルと第一回予想に比し三割三分強の減少を示してゐる」(18)として、三九年春季の旱害に加えて水害が襲ってきたために収穫が激減した、と報じていた。

三九綿花年度後半の状況を見ると、大きな天災は免れたのだが、今度は流通面に隘路が生じていた。現地の綿花商の談話を報じた日本の新聞記事によると「現在奥地に退蔵されてゐる原棉は昨年の総収穫高たる百三十五万ピクルの一割五分」と予想され、これらの大部分は「農民の手を放れて

表36　華北4省綿花作付と繰綿生産高

	4　省　合　計		河　北　省		山　東　省	
	作付面積	繰綿生産高	作付面積	繰綿生産高	作付面積	繰綿生産高
1933年	15,204,283	4,854,089	5,642,008	1,725,225	4,937,320	1,753,904
1934年	17,684,275	6,915,467	7,195,275	3,385,292	5,062,638	1,592,369
1935年	9,290,802	3,560,220	5,820,757	2,385,941	1,659,912	586,063
1936年	20,187,249	6,768,706	9,613,083	3,031,258	5,631,897	2,136,873
1937年	20,571,307	5,712,129	9,551,379	2,811,773	5,574,687	1,630,357
1938年	12,011,609	3,462,738	6,181,792	1,691,390	2,787,345	973,024
1939年	5,184,907	1,549,648	2,570,093	781,306	1,761,933	553,344
1940年	6,828,577	1,796,822	3,858,554	1,070,897	1,425,639	336,408
1941年	10,712,814	3,035,722	5,225,893	1,344,045	3,540,747	1,094,675
1942年	13,799,176	3,905,707	6,158,269	1,840,846	4,880,263	1,343,083

資料　華北棉産改進会調査科『華北四省棉田面積及繰綿生産量累年統計』(1943年)。

鉄道沿線の華人棉花商或は日本人洋行筋の掌中にある」のだが、綿花買付公定価格が一般商品物価に比し甚だ低いために売り渋りされている、と説明していた[19]。

これらを総括した満鉄北支経済調査所の調査報告は次のように問題点を指摘している。

イ、旱、水害

ロ、市場関係ノ悪化

(1)価格（貨幣モ含ム）乃至収買政策ノ不適正

(2)輸送、交通関係ノ悪化

ハ、治安ノ悪化

ニ、穀物自給（補給ヲ含ム）力低下ト穀物ノ相対的価格昂騰ニヨル綿作ノ不利

ホ、耕種、肥培、管理ノ粗放化[20]

そして、当局のさまざまな方策も効果が薄い、としてその打開策として「棉花生産ノ事変前復帰ハ勿論増産ヘノ方向ハ、穀物自給力ノ回復維持ヲ俟ツテ始メテ可能ナルモノ」と結論づけていた[21]。資料中には「価格（貨幣モ含ム）乃至収買政策ノ不適正」とはっきり書かれているように、買付価格が低すぎることが問題とされていたのである。

日本（および傀儡政権）側の行政機関、新聞、業者からは買付価格（収買価格）を引き上げなければ買付量が増えないとの指摘が続出していた。たとえば張水淇（北京市社会局長）は東亜経済懇談会席上で「……棉花・羊毛及び皮革が皆価格が制限されて居りますから、其の結果輸出が止まつてしまつて生産が皆減少して、闇取引が非常に激烈になる結果になつて居りますから、一般の物資の生産の増加をする為に価格の制限を手加減することを希望致します[22]」と述べている。また、四一年の状況について笹岡茂七（棉花共同購入組合）は「棉を高く買つてやれば幾らでも出て来る、

この間値を上げたら奥地に持つて居つたのを皆吐出して、去年どの位あつたといふ数字を超越したものが出て来た。……中には古々棉でいつのか判らんのがある」[23]と証言している。しかし、華北インフレへの対応および軍需品としての用途もあったことから、価格の低位性はその後も解消されなかったようである。

2　食糧問題の深刻化――一九四〇年代

綿花収買価格の低位性は、綿作農家の経営を直接圧迫するにいたった。綿花はじめ主要農作物の畝当収支を比較した表37を作成した。なお、畝とは面積の単位で、〇・六七反（六・七アール）に当たる。表37の右欄の畝当収支を見ると、綿花だけがマイナスとなっており、他作物に比べて、綿花生産が経済的に最も不利だったことが示されている。また、表38「作物別生産費」によると、綿花は畝当人力、畜力、生産費が高いため、表示した作物では唯一収益がマイナスとなっているのである。しかも綿花のみが自家消費率が低く（＝商品化率が高い）、低価格による農家経済への打撃は大きかったものと思われる。農家にとって綿花生産の経済的メリットは失われていたのである。

表37　綿花の畝当収支（1943年）

品目	調査村数	畝当収支の平均と分布
綿花	24村平均	−12.28　(+) 8 村，(−)16村
小麦	17村平均	+24.93　(+)13村，(−) 5 村
粟	23村平均	+70.16　(+)21村，(−) 2 村
高粱	21村平均	+12.52　(+)12村，(−) 9 村
玉蜀黍	19村平均	+79.19　(+)16村，(−) 3 村
豆類	22村平均	+24.54　(+)13村，(−) 9 村
甘藷	4 村平均	+134.47　(+) 4 村，(−)なし

資料　華北棉産改進会『華北棉作農村臨時綜合調査中間報告』（1943年 6 月）。

一九四〇年代には、日増しに進行するインフレにより農家には、価格の引き合わない綿花よりも自給的な食糧作物を志向する傾向が強く見られるようになった。四二年の状況を華北棉産改進会は次のように説明している。すなわち従来から綿作農村では食糧の大部分を購入していたが、インフレにより食糧のほとんどが入手できなくなり、綿実、草根、木皮までも食用に供するありさまで、今後、農家は自給経済を志向し綿花の減産は必至である、というのである[24]。綿作農民が綿花

表38　作物別生産費

	綿花	小麦	粟	高梁	玉蜀黍	豆類	甘藷
畝当人力(人)	9.2	3.8	5.1	5.4	4.6	4.9	13.40
畝当畜力(頭)	1.9	1.7	1.7	1.7	1.5	1.9	2.8
畝当生産費(円)	86.40	75.80	72.10	60.69	67.98	57.80	157.91
自家消費率(%)	20.60	80.30	89.40	88.00	85.40	90.30	83.3
畝当収益(円)	−12.28	24.93	70.16	12.52	79.19	24.54	134.47

資料　華北棉産改進会『華北棉作農村臨時綜合調査中間報告』(1943年6月)。

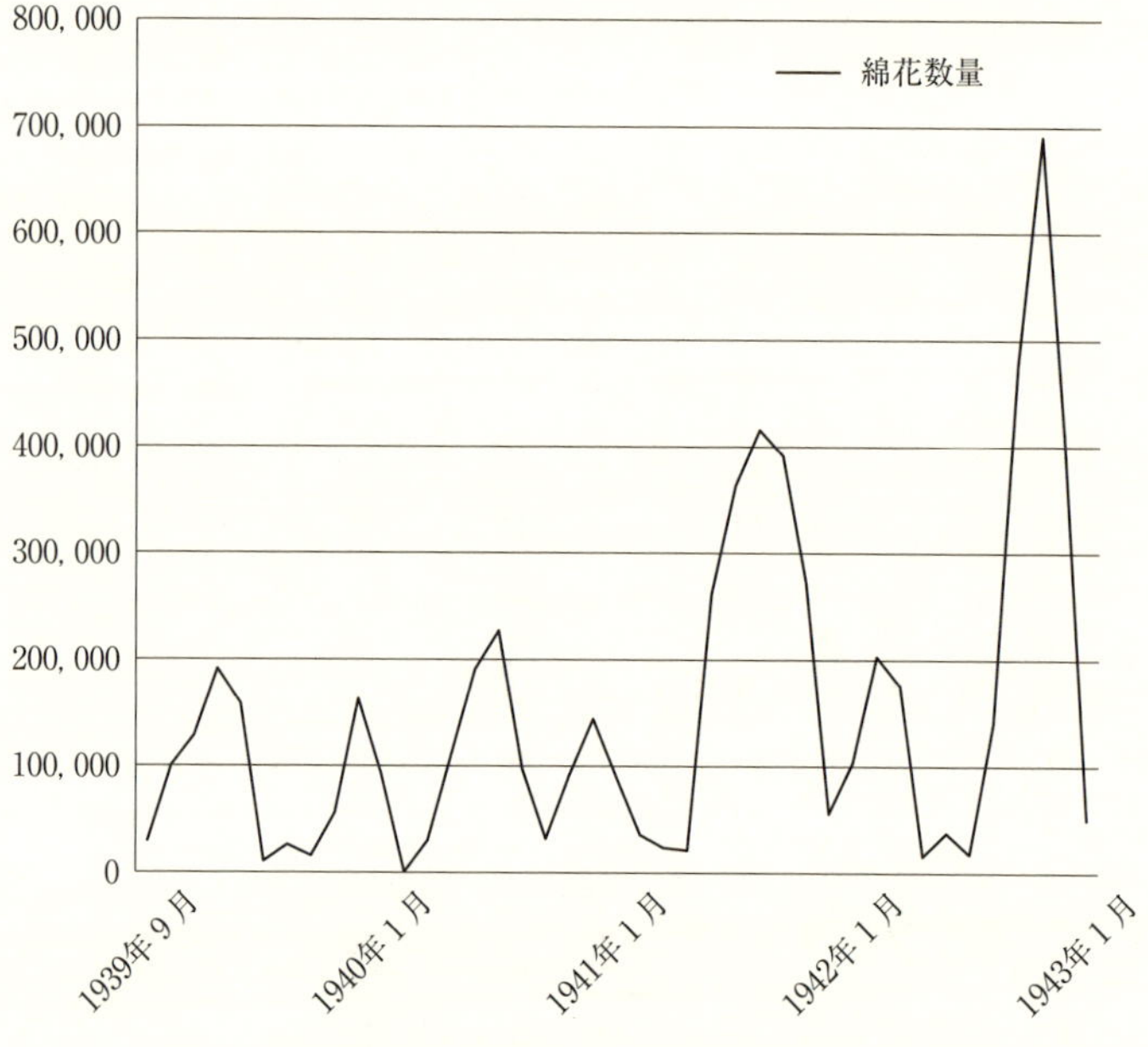

図11　華北綿花買付実績(紡連北支出張所調査)(単位：担)

資料　JACAR(アジア歴史資料センター)Ref. B06050466500「棉花生産重点県ヲ中心トシタルブロック開発実施要領」(外務省記録『各国ニ於ケル農産物関係雑件 綿及 綿花ノ部 中国ノ部』外務省外交史料館)。

から食糧作物へと作付を転換していったことにより、綿花作付面積は減少することになる。四三年六月一日現在の調査によると華北四省の綿花作付面積は前年に比べて三〇・二%減少し、収穫面積は二五・五%減少したという。(25)

ところが、こうした綿花生産をめぐる経済環境の悪化にもかかわらず、日本側の綿花買付実績は、まったく異なる様相を呈していた。図11「華北綿花買付実績（紡連北支出張所調査）」を見ていただきたい。これにより三九綿花年度（三九年九月〜四〇年八月）から四二綿花年度（四二年九月〜四三年八月）途中までの三年五ヶ月間の月別買付数量が判明するが、一見して買付数量が年々増加していったことがわかる。これを綿花年度ごとにまとめてみると、三九綿花年度＝一〇〇万一二〇五担、四〇綿花年度＝一一〇万一六八七担、四一綿花年度＝二三一万五一五八担、四二綿花年度（五ヶ月）＝一七六万五六三七担という結果であった。とりわけ四二綿花年度五ヶ月の実績が、三九、四〇綿花年度一年間の実績を上回っていることは注目すべきであろう。

日中戦争期から太平洋戦争期にかけて、綿花生産をめぐる経済的条件は悪化の度を増していたにもかかわらず、日本側の買付実績は好転していた。経済合理的な説明は困難であり、なんらかの権力（暴力）作用を視野に入れなければならないと思われる。その前提として、次節では綿花買付をめぐる日本側の体制について検討することにしたい。

三　綿花収買機構の再編

1　日系商社の進出

日中戦争期に起きた華北綿花流通機構の最大の変化は、日系商社が農村部に進出したことであった。これを表39にまとめた。北支綿花協会石門支部（石門は石家荘が改名したもの）に所属する日本商社が支店、出張所を石門を含むどの地域に展開していたかを示すものである。不明が七一件あるが、これらは日中戦争期のいずれかの時点であると推測される。日中戦争開始前（表の明治、大正、一九三六年以前）には天津に三軒、青島に二軒、済南に一軒、計六軒があったにすぎなかった。日本商社は開港場あるいは商埠地を中心に設置されており、近代日中関係史においてこれが一般的な姿であったと思われる。ところが、日中戦争開始後、保定、彰徳などの地方都市にも進出するようになり、一九三九年には一気に九ヶ所が新設されている。毎年の新規設置数も三八、三九年には多く、結果として四三年時点において一三九の支店、出張所が置かれるにいたったのである。

これに伴い末端の村落における綿花流通機構も変貌を遂げている。従来、農民に近い位置にある流通組織であった花行、花店、軋花店、花販などは、その機能上の相違がなくなり、商社の下請化が進行していった。国立北京大学附設農村経済研究所(26)による河北省邯鄲県河辺張荘の調査（大橋英育担当）によると、次のような変化が確認された。三三年ごろより綿作の普及に伴って河辺張荘にも三戸の「小販子」ができた。彼らは軋花機（綿花を圧縮する機械）二、三台を備える「軋花販」と称すべきもので、農家から実綿を収買し、これを繰綿として散貨のまま他村の「花店」に売却していた(27)。三六年には更なる綿作の発達によりこれら軋花販のうち二戸が合併して軋花機および打包機を備えた「花店」の形態をとるにいたった。しかし三七年、三八年には日中戦争勃発と水害のため、綿花生産、綿花作付が激減したことが報告されている。「軋花販」は、実棉を繰綿に加工する機能を有する産地綿花商であり、「花店」は、近隣の農村から繰綿を集める産地問屋的な存在とみなすことができよう。

日中戦争開始後の状況は次のとおりである。三八年にはまず彰徳に日系各商社が進出し、綿花収買機構の再建が始まった。これに対応して河辺張荘の綿作も三〇〇畝にまで回復し、四二年には六〇〇畝まで回復した。河辺張荘の花店も三九年に一戸、四一年にもう一戸新設され、日中戦争前から続いて

不明	計
1	16
7	13
7	8
6	8
4	8
3	8
5	7
3	7
5	7
3	5
3	5
1	4
2	4
2	4
3	4
3	4
1	4
2	3
10	20
71	139

(1943年)。

表39　北支棉花協会石門支部加入日本商社の支店，出張所

	明治	大正	1936年以前	1937年	1938年	1939年	1940年	1941年	1942年	1943年
石　門				1	9	2	1	1	1	
天　津	1	1	1	2	1					
済　南		1								
青　島	1	1								
新　郷								2	1	1
保　定					3	1	1			
北　京				1	1					
彰　徳				1	2					1
徐　州						1				1
唐　山						1		1		
芝　罘						1				1
邯　鄲							1	1	1	
太　原								1		1
開　封						1			1	
徳　県						1				
海　州						1				
順　徳							1	1	1	
濰　県										1
その他				1	2	2		2		3
計	2	3	1	6	18	11	4	9	5	9

資料　国立北京大学附設農村経済研究所（鞍田純執筆）『日支事変勃発後の華北農産物流通過程の動向』

いた二戸と合わせて四戸となった。これら村内の花店は、県城（県の中心都市。この場合は邯鄲）にある「花行」を通じて「日系商社の収買網に入った」のである。日系商社も四一年秋には県城・邯鄲に出張所を設け、ここに県城を中心とする日本側の綿花収買機構が確立した。[28] このように綿作地である河辺張荘に「花店」ができるとともに、県城には「花行」があったが、これは日系商社の収買機構の末端に位置づけられたのである。

　三八年に彰徳に日系商社が進出した時点では「京漢線地区棉花協会」（日本側の綿花商社の組織）が結成され、邯鄲県へは出張買付が盛んに行われていた。そして四一年秋には県城である邯鄲に日系商社が進出し、このことは表39の数値とも一致している。この結果、日中戦争期の邯鄲県河辺張荘の綿花流通機構は、「農民は生産棉花を実棉のまゝ村内の花店に売る、集市は

経ない。……この形は事変前後に変化ない。変化したのは邯鄲県城にまで洋行の収買店舗が進出し、この中央市場からの省接の大収買網と農村の棉作農家との交易段階が短縮し明確になつたことである」と総括されているのである。[29]

2　棉産改進会系合作社

日系商社の農村進出を梃子とする綿花流通機構の改編と並んで、もう一つの変化は合作社の普及である。戦後日本の社会科学では、合作社は、社会主義中国の人民公社の前身として認識されている。[30]しかし、合作社は、元来、国民政府期に盛んに設立され、華北の日本軍占領地では日本側・傀儡政権側の指導下でさらに増加しているのである。華北占領政策の中心課題が合作社の設立・普及であった。日本国内では、日中戦争開始後に合作社という語が知られるようになった。その経緯と意味を中国通ジャーナリスト、太田宇之助は次のように解説している。

支那に於ける合作という言葉は今では頗るポピュラーになつてゐるが、近年に出来た新語であつて、英語のCooperationラテン語のCo operareに相当し、以前には「協会」、「協済会」、「協作社」或は「組合」などと訳されてゐたこともあつたが、近年「合作」に自然統一されるに至つたものである。[31]

近年、中国近代史研究において国民政府期の合作社が研究対象となってきているが、日中戦争開始までで分析を終える傾向がある。[32]本章では、華北の日本軍占領地区の合作社について、いくつかの事実を明らかにしたい。

日本側が作らせた合作社には後述するように、いくつかの系譜（系列）があったが、そのうちの一つである華北棉産改進会の指導による合作社の普及状況について、表40にまとめている。[33]華北四省合計の欄を見ると、合作社数は九五四から二五九七へ、社員数は三万四四五六人から九万三四四七人へと増えていることがわかる。綿花農民を組織している合作社なので、棉田面積が掲げられているが、これも三八万五〇〇〇畝から八四万四〇〇〇畝へと順調に伸びていた。

省ごとに観察すると、まず合作社数および社員数では河北省が一九三九年には四省の過半を占めていたが、四〇年以降山東省に追い越されること、山西省、河南省は少ないこと、が指摘できる。他方、出資金および棉田面積では河北省が一位を維持し、山東省はこれに次ぐ地位にあった。河北省において合作社が多かった理由は、国民政府期に河北省棉産改進会が活発に事業を展開した実績があり、この地盤を引き継ぐ形で日本側合作社が設立されていたからである(34)。

このような棉産改進会系合作社の数は、いったいどの程度の普及率とみなせばよいのだろうか。棉産改進会系合作社の組織率を表41に掲げている。

表40　華北棉産改進会指導棉花生産運銷合作社の状況

		1939年	1940年	1941年
〔河北省〕	社数	569	885	991
	社員数	18, 727	30, 577	34, 518
	出資金(円)	59, 999	94, 405	104, 393
	払込済出資金(円)	40, 993	70, 400	77, 598
	棉田面積(市畝)	252, 096	393, 670	418, 436
〔山東省〕	社数	385	922	1, 135
	社員数	15, 729	38, 264	44, 766
	出資金(円)	32, 594	78, 574	91, 216
	払込済出資金(円)	31, 462	76, 253	88, 158
	棉田面積(市畝)	133, 300	239, 970	277, 367
〔山西省〕	社数	—	22	146
	社員数	—	496	1, 679
	出資金(円)	—	1, 094	3, 418
	払込済出資金(円)	—	608	1, 200
	棉田面積(市畝)	—	2, 854	6, 689
〔河南省〕	社数	—	128	325
	社員数	—	6, 824	12, 484
	出資金(円)	—	17, 846	33, 857
	払込済出資金(円)	—	18, 611	27, 896
	棉田面積(市畝)	—	74, 172	141, 325
〔合　計〕	社数	954	1, 957	2, 597
	社員数	34, 456	76, 161	93, 447
	出資金(円)	92, 593	191, 919	232, 884
	払込済出資金(円)	72, 455	165, 872	194, 852
	棉田面積(市畝)	385, 396	710, 666	843, 817

資料　華北棉産改進会調査科『民国三十年度華北棉産改進会事業概要』(日文, 1942年)。

戸数は、棉産改進会系合作社が業務区域とした村落の全戸数である。米棉とはアメリカ綿花のことで、国民政府期以来、棉産改進会はアメリカ綿花の種子を普及することを中心的な事業としており、日本側の手に移ってからも米棉普及事業は継続して行われていた。三九年と四一年を比べると、合作社業務区域の戸数がほぼ倍化していることに

表41　華北棉産改進会指導合作社の組織率（河北省）

		1939年	1941年
〔合作社業務区域〕	戸数	73, 301	141, 400
	耕田面積計(畝)	1, 727, 571	3, 038, 072
	耕田面積１戸平均(畝)	23. 6	21. 5
	棉田面積計(畝)	471, 575	749, 209
	棉田面積１戸平均(畝)	6. 4	5. 3
	米棉比率(%)	94. 4	91. 7
〔合作社社員〕	社員数	18, 576	34, 518
	耕田面積計(畝)	698, 134	1, 275, 852
	耕田面積１戸平均(畝)	37. 6	37. 0
	棉田面積計(畝)	250, 605	418, 436
	棉田面積１戸平均(畝)	13. 5	12. 1
	米棉比率(%)	97. 0	96. 7
〔組織率〕	戸数比(%)	25. 3	24. 4
	耕田面積比(%)	40. 4	42. 0
	棉田面積比(%)	53. 1	55. 9

資料　華北棉産改進会調査科『華北棉産改進会業務概要』（日訳，1939年），華北棉産改進会調査科『民国三十年度華北棉産改進会事業概要』（日文，1942年）。

注目したい。棉産改進会系合作社が設立されるべき区域（日本側が掌握している区域）が拡大しており、合作社の組織率を見るときには、分母に当たる総農家戸数が変動（増加）していること（日本側の掌握している村落数が増加していること）に注意が必要である。合作社業務区域が約一・九三倍になっているのに対し、合作社社員数は一・八六倍にとどまり、戸数で見た組織率は三九年の二五・三％から四一年の二四・四％へとやや減少していた。もっともこの間の業務区域における棉田面積がさほど増えなかったため（新たに日本側が掌握した区域に相対的に棉田が少なかったため）に、棉田面積における合作社社員の耕作する棉田比率は五三・一％から五五・九％へと拡大していた。すなわち業務区域の棉田の過半は棉産改進会系合作社の掌握するところとなったのである。

さて、表40による棉産改進会系合作社数の増加と表41による棉産改進会系合作社組織率の停滞（戸数比約二五％、棉田比約五〇％）はどのように整合的に理解すればよいのだろうか。まず、綿作農家は村落総農家のうち一部であるということ、棉産改進会系合作社はあくまでも綿作農家を組織しているということ、組織率の分母に当たる棉産改進会の業務区域は拡大を続けているということ、この三つを踏まえると、地域を拡大することにより、一定の組織率で合作社数（社員数）が増大した、という現象を反映したものと考えられる。日本の産業組合は、一九三〇年代に内包的拡大（村落の全戸加入、全層加入）を果たしていたのと対照的に、棉産改進会系合作社は外延的拡大を果たしていた。これは、それ以前、すなわち明治・大正期の日本の産業組合の拡大傾向と類似の現象であるといえよう。

合作社の普及によって、農産物流通の経路がいかに変化したのか、山西省解県の事例を紹介することにしよう。日中戦争前、解県には集市（中心的な市場）はなく、河南省などから客商（行商人）を迎えて中継的取引が行われ、商業それ自体は盛んであった。日中戦争が始まると、「外界から遮断」され、とくに四一年九月から県単位経済封鎖が実施され、公定価格が強化されると市場での農産物取引はまったくなくなってしまった。綿花を扱う花店も日中戦争前は二十数戸（すべて穀物を取り扱う糧坊を兼業していた）を数えたが戦争により一戸も存在しない状況となった。(35)

しかし、県合作社が設立されると、次のように状況が変わったのである。すなわち旧来の糧坊や花店の機能および地位を県合作社が継承することになった。農家あるいは農家から綿花を買い集めた花販子は、繰綿と棉実とを別々に各自随意の容器に入れて、馬車に乗せ、最寄りの「県連出張所」（県合作社の出張所）に搬入する。県連出張所では即時格付け検査と検斤（検量）を行い荷受けし、等級別に散貨の形で駅や出張所所在地の綿花倉庫に入れる。代金は直ちに現金にて農民に支払う。入庫した散貨の綿花はここで「半締」され一五〇斤の俵にされる。代金の現金払いが可能となった理由は、県合作社が綿花協会より綿花収買資金を無利子で前渡しされているからである。県合作社は「解県駅貨車乗渡建値」でもって荷造り費用、運搬費をも合作社が負担する形で綿花協会に売り渡すのである。(36)

県合作社は県内各所に出張所を設けており、これら合作社を通じて綿花が農民から最終的に綿花協会（日本側集荷機関）に渡されていること、県合作社は綿花協会からの収買資金融資を受けて綿作農民に出荷時すぐに現金で代金を支払っていることがわかる。(37) これはあたかも日本の産業組合の販売事業のような共同販売を実現している事例だが、これが占領下華北において一般的な事例だったのだろうか。内山雅生の『中国農村慣行調査』分析および現代中国農民からの聞き取り調査によると、日本占領下において綿花の品種改良が行われたこと、日本人または日本人配下の中国人が農薬や肥料を前貸しし、綿花の収穫後に返済したこと、などが明らかにされている(38)。これらはまさに華北棉産改進会および棉産改進会系合作社の事業を意味していると思われるのである。

3　華北合作事業総会の設立

このような、合作社設立・指導方針は、占領当初から日本軍がもっており、各方面から占領地区における合作社設立が進められていた。軍による合作社指導方針の一例として「合作社普及初期工作要領」（一九三九年）を見てみると、合作社設立の前段階として「合作社ノ萌芽的団体タル互助社」を組織すること、互助社には種子・肥料・農薬・食糧・油・マッチなどの消費物資を「投与」し、組織化をはかる、とされている(39)。

ところで、日本軍占領地には、新民会が組織され占領地支配の基本的組織として活用されていた。新民会は、経済事業を行うために合作社を組織していた。これを新民合作社と呼んでいる。新民会と合作社との関わりは「新民会設立後、合作社ニ関スル一切ノ運営ヲ臨時政府ヨリ新民会ニ委譲ヲ受ケ(40)」たことから始まっている。

新民合作社については、その実態が不鮮明であり、批判も多かったために、新民会厚生部合作科は一九四〇年五月一六日から半月にわたって新民合作社の実態調査を行った。三班六名の科員が冀東津海地区、保定、冀南、予北地区、山東地区と二特別市一市二九県を詳細に調査し、その結果を「新民合作社中央会報告」（四月一九日付印刷）として作成した。そのなかでは「中央会創立当初機構は徒らに厖大にして、事業は之に伴はざる結果、人員は漸次減少した。組織系統確立せず地方との有機的関連無き為、資金偏在その他事業の無統制を招来した。合作社の組織運営大綱確立せず、目前に継起する事象の処理に没入せる結果、現在の実質的事業としては、資金の事務的処理並に合作社の一般的宣伝を挙げ得るのみである」ときびしく批判している。そして四〇年四月一日現在の「事変前の貸付に関するもの」(国民政府期合作社による貸付残高)一三〇万一四二六・八二元に対し「事変後の貸付に関するもの」(新民合作社による貸付残高)を加えても一四五万六六二六・八二元と微増したにすぎないことを指摘している。(41)

新民合作社の事業不振という事態に直面して、日本側合作社を統一する機運が生じてきた。その経緯は次のとおりである。日中戦争前、各省合作事業委員会、華洋義振会、棉産改進会など各種の機関の指導下に発達していた華北の合作社は、日中戦争後、新民会と華北棉産改進会の二つの機関に属することになった。これを統一するために四一年一〇月、華北合作事業総会が設立され、華北の合作社は一元的に再編されたのである。(42)

このことが、華北における綿花買付に、いかなる影響を与えたのか、については分析できていない。今後の課題としたい。(43)

日中戦争開始後、華北における綿花流通機構は大きく変化し、日系商社は農村部に進出し、合作社が増え、日本側に綿花を集めるしくみそのものは強化されていった。食糧危機、価格の不利、収支悪化(赤字)という最悪の状況に置かれた綿花生産が、それにもかかわらず収買量を増やしていったことについて、占領行政と日本側綿業関係者によるさまざまな働きかけ、および「経済外的」な要因をも考慮しなければならないことを示唆している。

おわりに

戦時期における綿花という農林資源の有した意義について、本章で明らかにしたことを述べておきたい。まず、綿花を原料とする綿布は、日本国内における民需は厳しい消費規制のもとに置かれていた。これは綿花が第三国輸入に依存していたことにより、外貨不足のために輸入が規制されたこと、ステープル・ファイバー（ス・フ）、人絹（レーヨン）などの人造繊維が綿布をはじめとする天然繊維の代替品として生産可能であったことによっている。しかし、

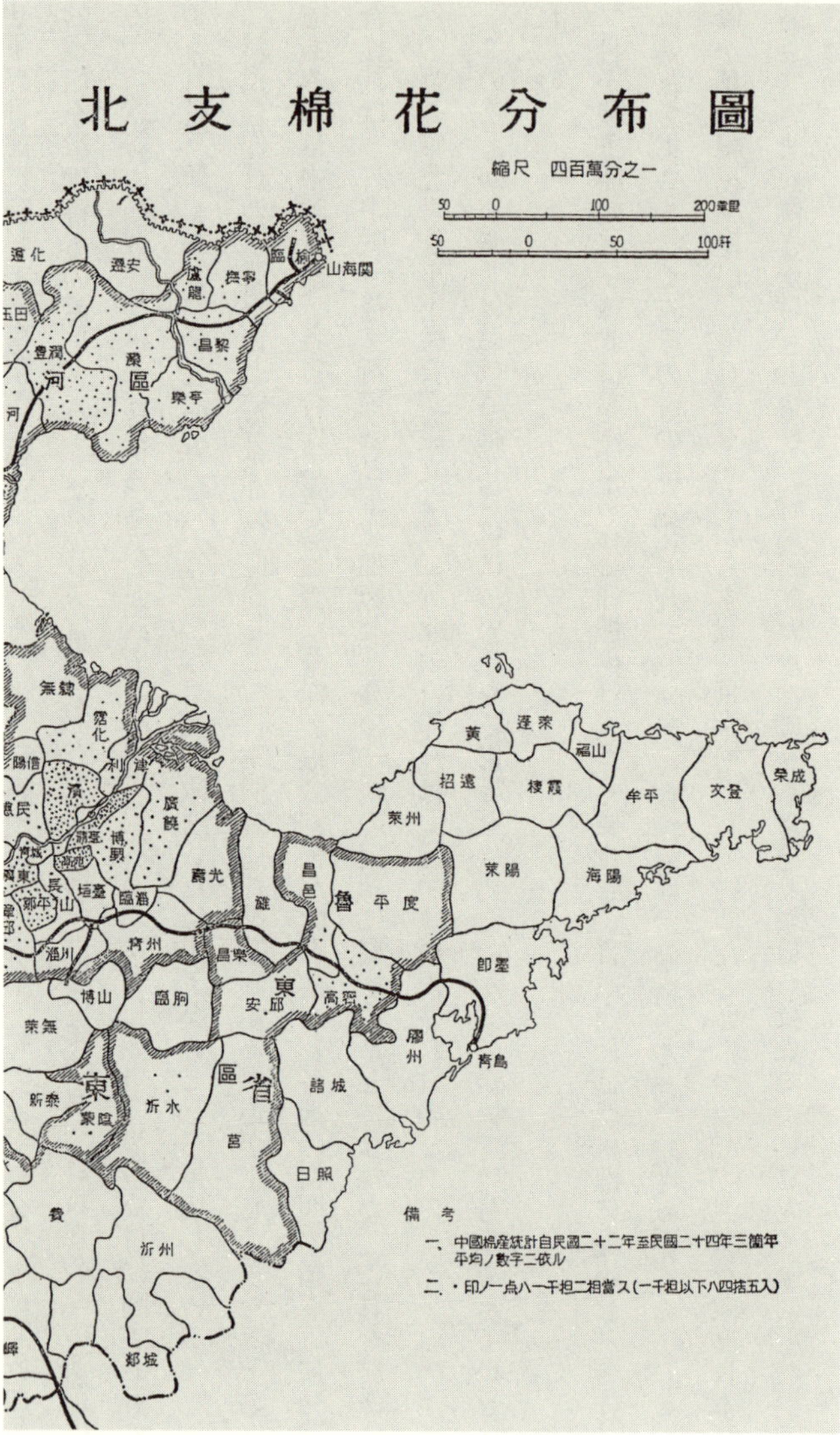

ける綿花産地分布図

当ス（一千担以下ハ四捨五入）」と記されている。

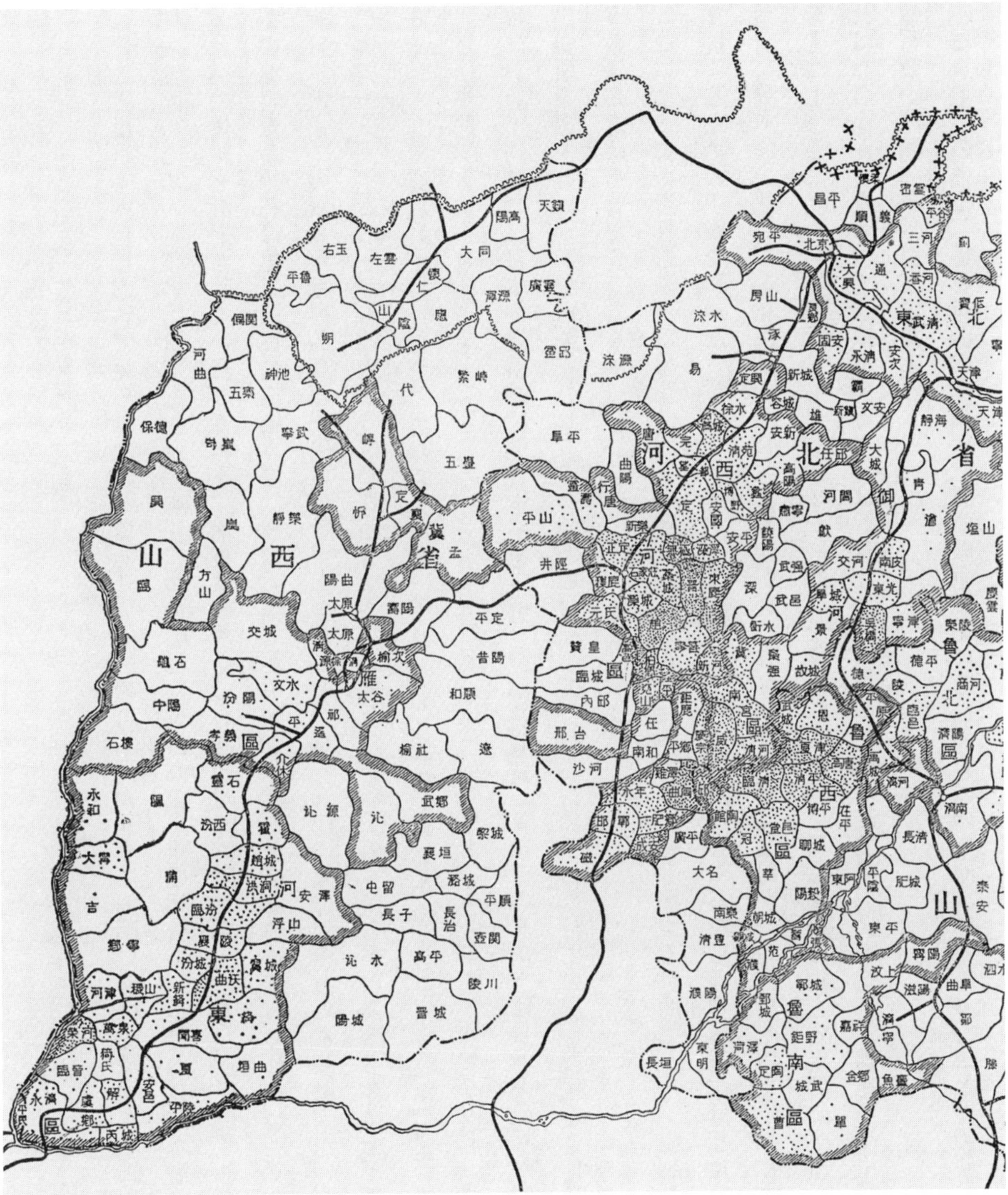

図12　華北にお

註　備考には「一，中国棉産統計自民国二十二年至民国二十四年三箇年平均ノ数字ニ依ル／二，・印ノ一点ハ一千担ニ相

資料　南満洲鉄道株式会社調査部編『北支棉花綜覧』（日本評論社，1940年）。

このことは日本内地において見られたことであり、中国の日本占領地や満洲国においては綿布、綿製品は依然として住民支配のための必須の物資であった。綿花については物動計画上も重要物資の一つであり、軍需に加えて「現地民需」への供給も計上されていたのである。綿布は軍需品であると同時に民需品としても重要視されていたのであり、その原料たる綿花は第三国貿易途絶以降はほぼすべてが中国・華北および華中に求められたわけである。

日本占領下の華北が世界的な綿花生産地帯であったことから、人口の大部分を占める農民支配のために、綿花生産を復興・拡大することが占領政策の中心課題となった。また、紡績工場も従来から天津、青島など華北の主要都市に在華紡として発展していたので、これらの復興により華北において綿花生産・綿糸生産・綿布生産（在華紡の多くは兼営織布部門を有す）を期待することができたのである。ここで注目すべきことは、日本占領下、戦災からの復興過程において紡績では日本企業系が民族資本系を圧倒し、綿花収買（買付）のルートは日本系商社が県城にまで支店・出張所を出すという形で再編成されたことである。そして、日本占領下の農村では綿作農民を合作社に組織するという政策が進められたのである。

このように、農林資源たる綿花は、日中戦争下の華北において農民を掌握する目的であり、製品たる綿布は農民を掌握するための手段であった。しかし、華北の農業経営という観点からみるならば、綿花作付と食糧農産物作付との競合（後者への移行）、綿花生産の経営収支悪化が進行していた。華北農民が、食糧農産物を中心とする自給農業に回帰してしまうことを日本側は最も恐れていた。綿花を増産するためには食糧農産物も安定的に生産され供給されなければならなかったわけで、換言するならば、華北農業の復興と日中戦争以前にも増した綿花商品生産の発展が華北占領行政の課題であったといえよう。

こうしてみると、農林資源の確保が、日中戦争における占領行政の中心課題であったことが理解できる。そもそも満洲国も中国も人口の大半を農民が占める農業社会であった。満洲事変および日中戦争により本国の数倍に当たる広大な農業社会、膨大な農民を支配下に置いた日本帝国は、これまで経験したことのないようなスケールの新たな農業問題を突きつけられることとなったのである。

註

(1) 戦時期の中国占領地に関する先駆的研究を行った小林英夫は、「華北における物資蒐集状況」、「華中における物資蒐集状況」の項で、一九四三～四四年時点における綿花収買の状況を取り上げ、日本側の収買が困難だった理由を食糧農産物との競合と中国共産党解放区(辺区)への流出に求めているのは注目できる。ただし、分析している時期が限られており、全貌は未だに解明されていない。小林英夫『大東亜共栄圏の形成と崩壊』(御茶の水書房、一九七五年)四九七～五〇四頁。中村隆英は、華北占領期の各種計画文書を分析しており、これらの資料中に綿花について記されていることがしばしばあるが、中村の本文での言及はきわめて少ない。農業生産および綿花生産高が示された箇所においても叙述は食糧生産部門に力点が置かれる。中村の主たる関心が華北経済支配と日本の戦争遂行との関わりにあるので、直接的な軍需物資ではなかった綿花は分析対象とはならなかったのだろう。中村隆英『戦時日本の華北経済支配』(山川出版社、一九八三年)。

(2) 山崎志郎『物資動員計画と共栄圏構想の形成』(日本経済評論社、二〇一二年)。

(3) 高村直助「綿業輸出入リンク制下における紡績業と産地機業」(近代日本研究会編『年報 近代日本研究9 戦時経済』山川出版社、一九八七年)、寺村泰「日中戦争期の貿易政策—綿業リンク制と綿布滞貨問題—」(近代日本研究会編、前掲書)、本書第I部第二章参照。

(4) 東亜経済懇談会は一九三八年一一～一二月に開催された日満支経済懇談会を契機として、常設の中枢機関を設けて継続的に懇談会を開催するという趣旨のもと、三九年七月一〇日に創立総会が行われた。会長には財界実力者の郷誠之助を据え、日本本部長には日本商工会議所の会頭八田嘉明、顧問には現職商工大臣、農林大臣が並ぶほか池田成彬、賀屋興宣、結城豊太郎など前・元大蔵大臣が並んでいる。また、日本経済連盟会、各地主要商工会議所、各地主要銀行集会所、カルテル組織(業界団体)、各種組合中央会といった経済団体を網羅しており、当時の民間経済界を代表する構成であるといえるだろう。毎年一一～一二月に総会・大会を大規模に開催しつつ、問題ごとの懇談会をたびたび開催した。本書第I部第一章参照。

（5）『中外商業新報』一九三九年一二月七日。
（6）日満支経済懇談会事務局・社団法人日満中央協会編『日満支経済懇談会報告書』（一九三九年）七一頁。安藤広太郎については、本書第Ⅰ部第一章註(19)参照。
（7）同右、七三頁。
（8）同右、七六頁。
（9）農業（繊維）を主とする懇談会議事録、一九四一年一二月五日開催（東亜経済懇談会『東亜経済懇談会第三回大会報告書』〈一九四二年〉三三二頁）。
（10）同右、三二三頁。
（11）同右、三二四頁。
（12）渡辺純子「戦時期日本の産業統制の特質―繊維産業における企業整備と「一〇大紡」体制の成立―」（『土地制度史学』第一五〇号、一九九六年）。
（13）この点に関しては、渡辺純子『産業発展・衰退の経済史―「一〇大紡」の形成と産業調整―』（有斐閣、二〇一〇年）の「第二章「一〇大紡」の戦時多角化」のなかに「第三節　植民地投資」の項があり、主要紡績会社それぞれについて、大陸における支店、出張所、繊維事業、非繊維事業がすべて網羅されている。これによると、一〇大紡の大陸進出は時期的には日中戦争開始以後、地域的には日本軍占領下の中国が圧倒的に多く、事業内容は繊維事業および非繊維事業（機械工業、化学工業、鉱業など）双方が見られることがわかり紡績企業の「戦時多角化」の実態を明らかにしたものとして注目できる。ただし、節の表題が「植民地投資」となっているが、むしろ「占領地投資」と称する方が実態に即しているように思われる。
（14）企画院『日満支経済協議会議事速記録　昭和十四年十一月』三五二頁。
（15）華北綜合調査研究所緊急食糧対策調査委員会『満州ニ於ケル食糧蒐荷機構ト蒐荷対策―満、北支食糧事情ノ比較研究ノ為ニ―』（一九四三年）（解学詩監修『満洲国機密経済資料　第十三巻　農業生産と農産品の買い入れ（上）』本の友社〈復刻〉、二〇〇一年）。
（16）華北四省の紡績工場の精紡機錘数は一九三七年八月に一二五万五八五三錘であったものが、四一年一二月には一二〇万四〇四〇錘となっており、日中戦争による被害からかなりの程度回復していたことがうかがえる。その内訳を見ると、中国民族資本系が三四万九六四錘から八万五〇九六錘に激減し、これに替わって軍管理がゼロから二二万三三七二錘に増加している。四一年一二月の日本資本系、日華合弁、軍管理を合わせた精紡機錘数は全体の九二・九％を占めており、中国民族資本を駆逐して日本資本が大部分を制覇したことがわかる。甲集団参謀部編『北支那資源要覧』（一九四二年）。

（17）表25の資料による。
（18）『中外商業新報』一九三九年一〇月八日。
（19）『中外商業新報』一九四〇年五月三一日。
（20）満鉄北支経済調査所『昭和十五年度北支主要物資需給調査参考資料　第一編　棉花』（一九四一年四月）二頁。
（21）同右。
（22）軽工業部会、一九四〇年一一月二八日、東亜経済懇談会『東亜経済懇談会第二回総会報告書』（一九四一年）五一八頁。
（23）「支那棉花問題座談会」（『大日本紡績連合会月報』第五八四号、一九四一年六月）。
（24）華北棉産改進会『華北棉作農村臨時綜合調査中間報告』（一九四三年六月）一頁。
（25）華北棉産改進会調査科『民国三十二年度（第一次）華北四省棉田面積及棉花産額估計表（日文）』（一九四三年）。
（26）国立北京大学とは、北京大学を日本側が接収し教員、学生を日本から送り込んで運営したものである。農学院および農村経済研究所は東京帝大農業経済学教室在籍者、出身者が中心となって設立・運営されていた。詳細は田島俊雄「農業農村調査の系譜―北京大学農村経済研究所と「齊民要術」研究―」（末廣昭編『岩波講座「帝国」日本の学知　第六巻　地域研究としてのアジア』岩波書店、二〇〇六年）参照。
（27）国立北京大学附設農村経済研究所（鞍田純執筆）『日支事変勃発後の華北農産物流通過程の動向』（一九四三年）一四六頁。
（28）同右、一四七頁。
（29）同右。
（30）百科事典の記述を参照すると、「日本の協同組合にあたる中国の、労働者、農民あるいは住民が連合して組織した経済組織。合作社の主要形態には農業生産合作社、供銷（購買、販売）合作社、信用合作社、手工業生産合作社、運輸合作社などがある。旧中国においても、アメリカ系統、国民党、東北、華北における日本、そして解放区における共産党によって種々の合作社が存在したが、以下代表的な事例として新中国の農業生産合作社について述べる。人民共和国成立直後から農村では土地改革が実施され、地主的土地所有制をうち破り農民が土地を所有して小農経営を行った。その後、社会主義的改造の方針の下に協同化が進められ、互助組、初級農業生産合作社、高級農業生産合作社の段階を経る。（以下略）」とされ、日本占領下の合作社が存在したことはふれられているが、具体的な説明は社会主義中国に関するもののみとなっている。『世界大百科事典』（平凡社、一九八八年）。

(31) 太田宇之助「合作社運動」（『アジア問題講座　経済産業篇（三）』創元社、一九三九年）三八九〜三九〇頁。

(32) 飯塚靖「一九三〇年代河北省における棉作改良事業と合作社」（『駿台史学』第一一二号、二〇〇一年）、同『中国国民政府と農村社会―農業金融・合作社政策の展開―』（汲古書院、二〇〇五年）。

(33) 華北棉産改進会とは河北省棉産改進会を引き継ぎながら華北四省を対象として日本側が設けた農事指導機関で一九三九年二月六日に設立された。設立時の幹部は理事長に殷同（中華民国臨時政府建設総署督弁）、副理事長に三原新三（農学博士）、常務理事に張水淇、山田金五という顔ぶれで、理事には中国人としては華北四省の建設庁長らが、日本人としては紡績業界人が名を連ねていた。華北棉産改進会の指導下に各県、各村に合作社が組織された。役員名は財団法人日本棉花栽培協会編『財団法人日本棉花栽培協会事業概要　昭和十四年十二月』、華北棉産改進会調査科編『民国三十年度華北棉産改進会事業概要（日文）』（一九四二年）による。

(34) 田辺栄一（華北棉産改進会）「北支棉産状況と改進事業」（紡織雑誌社編『大陸と繊維工業　創立三十周年記念出版』紡織雑誌社、一九三九年）。

(35) 国立北京大学附設農村経済研究所、前掲書、一六八頁。

(36) 同右、一六九頁。

(37) 県連とも表記される。村落の合作社を単位合作社とみなし、その県レベルの連合体という意味である。しかし、実際には村落の合作社は実態がなく、県連合会が日本軍特務機関や宣撫班の指導下に活動したものと思われる。

(38) 内山雅生『日本の中国農村調査と伝統社会』（御茶の水書房、二〇〇九年）。

(39) 「昭和十四年五月　合作社普及初期工作要領」（作成者・作成年不明）、北海道大学附属図書館所蔵「高岡・松岡旧蔵パンフレット」（中国六八）。

(40) 原澤仁麿『中華民国新民会大観』（公論社、一九四〇年）四〇頁。

(41) 華北合作事業総会（福田政雄著）『華北合作社運動史』（一九四四年）一三八〜一三九頁。

(42) 国立北京大学附設農村経済研究所、前掲書、一五八頁。

（43）　実は綿作地帯でも軍の直接指導による綿花収買が行われており、笠原十九司『日本軍の治安戦―日中戦争の実相―』（岩波書店、二〇一〇年）がその一端を明らかにしている。また、笠原が依拠した文献である村上政則『黄土の残照―ある宣撫官の記録―』（鉱脈社、一九八三年）には山西省祁県に宣撫官として赴任した村上が日夜綿花収買に奔走している様子が詳細に描かれている（本書第Ⅱ部第四章参照）。

第四章　華北農村掌握と農業政策

はじめに

前章で明らかにしたとおり、綿花増産政策を実行するさいの桎梏となり、華北農民にとって重大な問題となったのは綿花と食糧作物（穀類等）との競合問題であった。また、必要物資を日本側に供出させるための農民掌握や繰り返し発生する旱害や洪水への対応も占領行政の重要な課題であった。これまでの日中戦争史研究では、注目されてこなかったが、日中戦争により日本は広大な農村地帯、膨大な農民支配という課題を負ったために、占領地行政のなかで農業政策・農民政策はきわめて大きな位置を占めていたのである。

最近、日中戦争期日本占領地の農業・食糧問題について弁納才一が重要な研究成果を発表している。まず汪精衛政権の一次史料である「汪檔案」を駆使して江蘇省、浙江省の米生産・流通の問題と南京市、上海市、杭州市の食糧不足の実態が明らかにされた(1)。また、「日中戦争期には日本側によって華北を中心に数多くの農村実態調査が実施され」ており、これらを活用することによって日中戦争下日本占領地の農村経済の実態に迫る研究を発表している(2)。対象とした山東省では、日本の侵略によって小麦の流通ルートが遮断され、戦争による直接的な破壊に加えて自然災害によって穀物生産が減少したこと、日本による低価格強制により出廻り量が減り、ますます穀物価格は高騰を続けたことなど、日本占領地一般にもあてはまるような現象を明らかにした。当時の華北綜合調査研究所緊急食糧対策調査委員会の報告書などを効果的に使っており、参考になった。

本章では、占領下の農業政策がいかなるものであったのか、とりわけ農村の側から見て占領下の農業問題はいかなるものであったのか、を考察する。また、日本側の華北農村掌握がどの程度のものであったのか、また、戦時期華北農村の特質について考察することにしたい。

一　農産物増産政策の展開

1　農産品の重要性

戦時期華北の資源といえば、石炭・鉄鉱石が筆頭にあげられる。研究が十分とはいいがたいものの、満洲開発で十分満たされなかった日本は、満洲以上に資源が豊富な華北に進出する、という脈絡で日中戦争が語られることが普通である。しかし、同時代の資料を検討すると、石炭・鉄鉱石の他に綿花・羊毛・小麦その他の食糧農産物の増産が繰り返し強調されていることがわかる。華北資源開発の中で農業部門の位置付けは高く、そのなかでも地元住民の食糧となる穀物の増産・増収が課題となっていた。太平洋戦争中に作成された、華北資源開発を総括した文章では「北支産業開発ニ付テハ地下資源中特ニ石炭ノ増産ト農産資源中特ニ食糧作物ノ増産トヲ二大重点トシテ」いるとされ、農業部門の課題としては、

……北支農耕地ノ生産力低キハ品種、耕作法、土壌、肥料、水利施設等ニ欠陥アル外、水害頻発スル結果ト推定セラル、モ、単ニ農業水利ヲ改善シ灌漑ヲ充分ナラシムルノミニテモ其ノ反当収量ヲ倍増セシムルコト決シテ困難ナラザルハ専門家ノ意見一致スルトコロナリ、農産物増産ノ可能性茲ニ有ス(3)

と、日本側は、華北農業の低生産力、水害頻発などの問題点を認識した上で、治水事業によって克服されるとの見通しを抱いていた。たとえば、華北政務委員会は一九四二年二月に「治水大工事五箇年計画」を策定し、工事費一億五〇〇〇万円をもって洪水処理、灌漑普及、水運強化、水力発電促進、工業用水確保等の「綜合水利建設」を行うことを決定した[4]。農産品の品目としては綿花、小麦がとくに重視され、興亜院華北連絡部は「北支産業三年計画」を作成し、綿花、小麦増産の年次別数値目標、資金配分計画を掲げていたし[5]、四〇年には綿花増産による小麦減産を補うために小麦反収増を図る「北支那小麦改良増産計画」が策定された[6]。

太平洋戦争期には、綿花をはじめとする華北農産品を日本内地に運ぶことが困難となり、占領地においては中国の自給、華北の自給が政策目標とされた。これに伴い食糧作物である穀物の増産がより一層重視されるにいたった[7]。日本側は、これまで華北の物資不足を補ってきた対英米をはじめとする第三国貿易が途絶したこと、日本からの対華北物資供給も今後ますます窮屈になること、を理由として「北支ノ自給化」は必至であると考えていた[8]。華北棉産改進会が四二年に行った調査によると「棉作農村」では食糧は平年でも一割から五割不足し、四二年度は三～八割の不足であること、耕作面積が二三畝（一般の市畝は一畝＝六・七[アール]＝〇・六八反）の農家では綿作比率が一〇％にすぎないにもかかわらず食糧自給率は六七・八％にとどまること、甘藷の作付けが年々増加していること、綿花と小麦は季節的に競合していること、従来肥料として用いられた豆粕、綿実粕が食用に転換していること、などの現象を把握し「何トイツテモ棉作ハ食糧作物ニハ及バズ殊ニ絶対的ニ食糧ノ入手不可能ナ地方デハ忌避サレ減畝ハ免レナイデアラウ」と結論づけている[9]。

軍側の現状認識も「匪区ニ於ケル労働力ノ不足、肥料、農具、役畜ノ不足、八路軍ニ依ル棉作制限ト農民自身ノ自給化ヘノ欲求、燃料ヘノ要求カラスル棉花ヨリ高梁、玉蜀黍ヘノ作物転換等ノ事変下ニ於ケル悪条件ヲ考慮スレバ、棉花ノ増産出廻ノ促進モ決シテ容易ナ業デハナイ」として悲観的見通しを述べながら、唯一「若シ南方カラノ食料ノ供給ヲ前提トスレバ」綿花生産も有望だ、との結論にいたっていた。(10)

綿花増産政策を進めるなかで判明した華北における綿花と食糧作物の相克という問題は、太平洋戦争期、「北支ノ自給化」が迫られるに伴い、ますます深刻になっていたものと考えられる。

2　太平洋戦争期の綿花増産政策

一方、綿花増産政策は太平洋戦争期においても続行されていた。もはや綿花は日本紡績業のための対日供給ではなく、中国占領地における農民掌握を目的とした宣撫物資、交換物資として華北綿花を用いて在華紡が生産した綿布・綿製品がますます重要なものとなっていたのである。綿花を農民から集めるために、太平洋戦争期には、綿花消費者である綿紡績企業・綿花商社による綿作農村の直接掌握が進められた。

たとえば財団法人華北綿業振興会、北支棉花協会による農村開発・指導案たる「華北棉作地帯開発実施要領（案）」（一九四三年二月八日）が作成されている。(11)同要領の「趣旨」は、綿花生産に関する施策を有効に行うために「今後ハ資本ト熱意ト実力トヲ有スル紡績及棉花商ヲ選定動員シテ地区別ノ開発担当者タラシメ棉花ノ生産、蒐荷、繰棉等一貫的ノ運営ト担当地域内棉作地ノ経営ト之ニ付随スル農村ノ福祉増進工作ニ企業家ノ創意ヲ活用セントス」(12)という方針を提起していた。具体的には、華北を一八地区に分かち、それぞれ二地区をもって一ブロックとして全体を九ブロックに編成し、各ブロックの生産量を定めた。各ブロックに、それぞれ日本側の担当業者を「紡績並ニ棉花商ノ双方ヨリ選定配置シ」各地域における綿花の蒐荷・収買のみならず地域内の生産と改良に必要なさまざまな恒久的施設を作らせる、というのである。九ブロック、一八地区および生産量は左記のとおりである。(13)

〔ブロック〕	〔地区〕		〔生産量〕
1	彰徳	曹州	四五万担
2	邯鄲	高密	四六
3	石門北部	開封	四一
4	石門南部	滄県	四三
5	徳県	新郷	四〇
6	保定	唐山	三七
7	臨清	北京	三五
8	済南	天津	四二
9	順徳	張店	五七

これと関連して在華紡の団体である在華日本紡績業同業会北支支部が作成した「棉花増産実行案」（一九四三年二月八日）は以下のような内容であった。

一　要領

華北棉業振興会並ニ華北棉産改進会及華北合作事業総会等ト緊密ナル連絡ヲトリ当支部会員各社ニ於テ実行可能ナル部門ヲ担任シ重点的ニ実施スルモノトス

（一）北支棉産地区ヲ若干地区ニ分チ各社ハ各其地区ヲ分担シ、地区内ニ於ケル開発、栽培、繰棉並ニ収買ヲ自主的ニ実施スルモノトス

（二）優良種子確保ノ見地ヨリ地域内ニ於ケル改進会ノ採種圃ニ対スル収買及繰棉作業ヲナスモノトス

(三) 栽培及収買ヲ適切且有効ナラシムル為メ必要ニ応ジ自家製品其他食料、日用雑貨等棉農ノ必要物資ヲ直接配給スルモノトス

一 事業

1. 直営農場経営
2. 契約栽培実施
3. 収買業務
4. 必需品配給業務
5. 繰棉工場経営
6. 開墾事業
7. 其他附帯事業

一 奨励施策

1. 作付促進
   作付督励班
   植棉奨券配布
   食糧貸与
2. 播種用種子配布
3. 特殊指導村設定
4. 技術員養成

5．棉警設置

6．重点県ニ於テ甘藷其他代用食糧増産奨励

（以下略）(14)

綿紡績企業各社が華北棉産改進会（日本側の綿作指導機関）および華北合作事業総会（綿作農民で組織した合作社の連合体）と連絡をとりつつ綿作農村の地区を分担し、当該地区内における綿作農民への食糧を含む必需品供給、種子配布、収買（綿花の買付）、繰綿さらには直営農場の経営や開墾まで行うというのである。

太平洋戦争期、華北占領地における綿花増産政策は、日本側紡績会社および日本側綿花商社が直接地域を担当し、綿花増産に結びつく可能性のあるあらゆる農業奨励策を行う、というものであった。この施策が、どの程度実行されたのか、あるいはどの程度効果があったのかについては不明である。ただし、増産政策が、単なる蒐荷・収買強化にとどまらず、末端農村および農業経営に降りて農業生産を直接掌握するものであったことは注目すべきだろう。

3　村における増産・収買の実態

綿花増産政策が末端の村において、どのように行われていたのか、断片的ではあるが実態を検証しよう。華北棉産改進会は、一九四一年度には県公署（県の行政機関）、新民会（日本側が組織した民衆組織）、鉄路愛護村当局（華北交通株式会社が設定し、工作対象とした沿線村）との連絡の上、工作区域内の村長、棉作勧導員、合作社理事等との会議を開催し、綿花増産運動に対する理解を得ること、一般農民に対しては、綿花作付を勧誘するチラシを配付し宣伝に努めること、棉産改進会職員は綿花推広面積（作付を広げた面積）、農家の自家保存種子量および必要種子量などを各村荘ごとに実地調査を行うこと、そして計画面積に達しない村荘を督励するとともに不足する場合には他の村荘に追加

割当を行う、などの事業を行った。[15]

戦時下に満鉄北支経済調査所慣行班が行った支那慣行調査においても、棉産改進会が無償で優良種子（アメリカ綿）の前貸を行い、農民から綿花を買い付けていることが明らかにされている。一九九〇年代に内山雅生が同一農村（寺北柴村）に聞き取り調査を行った結果、棉産改進会の下に農民から出た「棉警」と呼ばれる人がいて各農家に肥田粉（化学肥料）や噴霧器などを配ったり綿花畑を見回ったりしたこと、棉産改進会には二人の日本人と一人の通訳がいたこと、棉産改進会と新民会とは別組織で人間も違っていたこと、など詳細に証言している。[16]「棉警」は先に紹介した在華日本紡績同業会北支支部「棉花増産実行案」（一九四三年二月八日）の「奨励施策」の5に掲げられているので、これが具体化されたと見てよいだろう。

華北棉産改進会側の資料に依拠すると、綿花増産政策の主体は華北棉産改進会であるかのような印象をもつ。しかし、日本軍関係者の回想から見るならば軍の関与という側面も無視できないことがわかる。[17]軍は県公署レベルを完全に掌握している場合、県長に対して食糧収買割当を課した。山西省祁県の宣撫官・村上政則の回想によると、その後、度々楡次特務機関の食糧供出督励会議に招集された。中国人の県長、日系の県顧問と合作社顧問三十数人は、会議の度に憂うつな顔で出席した。というのは特務機関長の多田金次郎大佐は、非常に癇癪が強く、怒ると割に色白の顔が満面朱を注いだようになり、こめかみにはミミズのような青筋が出て、仁王さまのような恐ろしい形相になった。そうして、そんな顔でいつもどなられるのが、最も成績の悪い祁県代表の私達三人である。気の弱い、善良な曹県長は、真っ青になって震えていた。[18]

ある日の食糧供出督励会議の場で村上宣撫官（祁県合作社連合会顧問）が祁県の割当目標が他県に比し過大であると発言すると、多田特務機関長が激高し「たかが中国人の三十万人や五十万人、餓死させたからといって、それがどうしたというのだ。貴様はわれわれに協力しない部落の家一軒でも焼いたことがあるのか、われわれの言うことを聞かない農民を一人でも殺したことがあるのか。貴様は中国人になめられてしまっているのだ。……」と叱りつけた。村上は多田を怒らせたことは反省しつつも、割当を完遂できないことをS経済班長に相談すると特務機関から強制収買督励班を出すことになった。二日後にS経済班長率いる数人の下士官と兵士が曹県長、村上らの案内で最も供出成績の悪い部落（中国における村）に着くと、見せしめに四人の村人の耳を切り落とし、供出をさせた。[19]この日のできごとは笠原十九司の研究[20]にも引用されている。

なお、この一件は、その後村上が祁県の割当が過大であることを示す実態調査報告書を特務機関に提出して改めて麦類、雑穀、綿花割当の削減を求めたところ、多田特務機関長が折れて削減を言い渡し、曹県長が涙して感謝した、ただちに曹県長は村長会議を招集し「こんな寛大な処置を受けて減量されたのに、完納出来なかったら、これ以上の恥辱はない。君達の命を換えても完納するよう、固く命令する」と宣告し、村長たちも「はい、命にかけても完納します」と誓ったという結末で終わっている。[21]村上の認識では、S（同書で「特に名を秘す」と匿名で表記されたのは精神病を患った同僚とSのみ）の残虐行為は戦争犯罪であり、自己の経験した占領地支配のなかの「逸脱行為」であった。しかし、日常的に行われる厳しい収買は日本側、中国側（傀儡政権）ともに許容するものだったのである。

4　食糧問題の深刻化と域内自給構想

華北における食糧不足については、省ごとに自給自足を図るという方向が示された。山東省を例に満鉄北支経済調査所がまとめたレポートによれば、食糧問題の解決には当該地域の人口を年齢別、性別に把握し食糧絶対需給量の算定をした上で、各県を食糧余剰県、不足県、平衡県に分けて省内で需給バランスをとるという方策を提示している。[22]

この延長線上に華北綜合調査研究所による緊急食糧対策調査が華北一五地区を対象に一九四三年春に行われ、詳細な調査報告書が同年に刊行されている。(23) このなかの済寧地区調査の例を見ると、調査は四三年四月二五日〜五月七日にかけて行われ、調査者は都市調査班として重原昌人（華北交通資業局）、川上林成（小麦協会順徳支部）、小川敬二（華北綜合調査研究所）、穂積淳（華北交通済南鉄路局）、農村調査班として程大鈞（華北合作事業総会）、康文富（国立北京大学農学院学生）、これに内地から参加した山田雄三（東京商科大学教授）、小川一（東亜研究所研究員）が加わった。即チ豊概況として「尚コノ外ニ見逃シテナラナイ点ハ中共ニヨル政治経済的攪乱工作ノ蒐荷圏ニ及ボス影響デアル。即チ豊県、沛県、単県地区中共勢力ノ進展ハ農村自給化ヘノ傾向ヲ辿リツツアリ、之ガ出廻リ阻止工作ノ済寧市場ニ及ボス影響ハ看過出来ナイ」(24) としている。

新郷地区の調査は、同年四月二三日〜五月七日にかけて行われ、後藤文治（満鉄北支経済調査所）、小林清春（華北綜合調査研究所経済局）、横山幸雄（満鉄北支経済調査所）、白恩寿（満鉄北支経済調査所）、孫謙横（満鉄北支経済調査所）の五名が担当した。注目すべきは配給予定方針で「被配給者　政治的価値判断ニ基キ食糧ヲ供給スベキ人員ヲ左記三種ト予定ス」として「甲　行政員（新民会、合作社ヲ含ム）、県警察隊、警察、学校、病院、中央及省機関（郵政局、税務局等）」計一万六四五〇人、「乙　開発関係（鉄道、炭鉱、紡績等）」二万二五一人、「丙　皇協軍（廿一師、廿三師）」約一万人、「総計　基本人員四六、五〇〇人、家族ヲ合スレバ約一四〇、〇〇〇人」としている。しかし、四三年の需給見通しは「小麦ハ中央ノ指定ニ従ヘバ二ヶ月半分不足、雑穀ハ甲、乙、丙ノ人員四万ニ対シ辛フジテ賄フコトヲ得……其ノ家族マデヲ計算ニ入レルコトハ殆ンド不可能ナリ」ということであった。(25) 蒐荷がうまくいかない理由として「未曽有ノ旱魃」「指定買付人（三井物産、三菱商事、日東公司）ノ小麦収買ニ対スル非積極性並ニ指定買付人タル商社筋ト其ノ下請買付人タル糧行等ノ結ビツキノ薄弱ナルコト」が指摘されている。(26)

なお『緊急食糧対策調査報告書（済寧地区）』には済寧軍連絡部が行った四二年九月三〇日現在の「政治力浸透率調査」が掲載されている。同連絡部管轄下には二三県二万五二五三村があり、このうち「連絡村数」一万九九三六村、「納税村数」一万七〇四八村、「保甲村数」一万五一八六村、「政治力浸透率」六八％と記されている。政治力浸透率は納税村数の比率である。ただし、

納税比率ノミヲ以テ政治力ノ浸透ト見ルコトハ大キナ誤謬ヲオカスコトニナル。殊ニ接敵地区ニ於テハ敵側モ徴税ヲ行ツテ居リ、極端ナ地区ニ於テハ中共及ビ国民党軍、我方ト三ツノ徴税ガ行ハレテ居ル村（単県地区）モアル模様デアル（済寧憲兵隊談）。従ツテコノ浸透率表ハ我方ノ最大限ト見ルベキデアル[27]。

これと類似のことは村上政則の回想にも、

一人の村長が、日本側、八路軍側、中央軍側と掛け持ちで、村長会議に出席するわけにはいかない。昨日は八路軍の会議に出て、今日は日本軍側の会に来ていると分かれば、当然敵に通じていると疑われる。そんなわけで、一村には少なくとも三人以上の村長がいた[28]。

と語られていた。

研究史上、日本側の中国占領地支配は「点と線」の支配といわれる。確かに日本側が強固な支配を確立した地域は限定的であっただろう。ただし、実態は、より奥地の農村に支配を及ぼしながらも、それらの農村は日本側にのみ服したのではなく、国民政府側あるいは中国共産党側の働きかけや支配を受ける存在であった。中国農村の支配は三つの勢力が重層的に行っていた、という可能性がある。興亜院も「実際ニ於テハ占領地区ト雖物資ノ獲得其他経済的自由ヲ得サル地区アリテ或ハ之ヲ匪区ト称シ得テモ敵地ト何等異ナラサル地方アリテ現状トシテハ華北ヲ以テ占領地区及非占領地区ト区別シ両者ノ物資交流ヲ明カニスル能ハサル状況ナリ[29]」と農村支配が限定的かつ重層的であるという

理解を示していた。

もっとも、「両者の物資交流」の存在は当時の占領当局も周知のことであった。『緊急食糧対策調査報告書（新郷地区）』は「事変後ノ今日尚此ノ地区ガ黄河ヲ隔テテ敵地区ト相対峙シ、大行山脈ニハ尚重慶残存軍ノ蟠踞、蠢動シ東部冀南平野中部地区ニ於テハ我方ノ行政力浸透度未ダ比較的薄弱ニシテ……」という状況であるため物資が敵地区に流出したり、逆に敵地区から入ってくるとして物資名、数量が記載されている[30]。「獲得ノ要領」にも「（イ）権力、行政力ヲ行使シテ管内ヨリ吸収ス、（ロ）敵地区ノ食料獲得、（ハ）管外ヨリ移入」というように封鎖線を越えた物資流入はあてにされていたのである[31]。これについては、辺区（共産党支配地域）の側を分析した最近の研究によっても抗日根拠地である大行山脈では共産党の方針として交易方針がとられ、日本軍の封鎖線をかいくぐってさまざまな物資が流出入していたことが明らかにされている[32]。

農産物蒐荷を強化するために日本側は紡績企業、商社に直接地方を担当させ責任を持たせる蒐荷体制をとるとともに、県の掌握を強め、省別の食糧自給計画を策定した。しかし、県から下の村レベルに対しての日本側の浸透力は限定的であった。さらに、各村に対しては国民政府・共産党・日本側傀儡政権の支配が重層的に行われていた。このため、敵地区に重要物資が流出する一方で、敵地区から物資が流入していた。戦時華北の農村支配は、このようなイメージで捉えることが可能ではないだろうか。

なお、戦争末期にいたる時期の華北占領地における食糧需給を明らかにした平井廣一の研究によれば、仏印、タイ米輸入の途絶や華中からの移入の激減により、華北への米供給の一部は日本、朝鮮が担うことになった、という[33]。「北支ノ自給化」は果たせなかったものと思われる。

二　農家調査に見る華北農業経営

1　華北における農家の階層区分

戦時中に満鉄北支経済調査所慣行班が行った支那慣行調査は、戦後、中国農村慣行調査刊行会編『中国農村慣行調査』第一巻～第六巻として岩波書店から刊行され、法社会学、中国史の古典的研究文献となっている。一九七〇年代

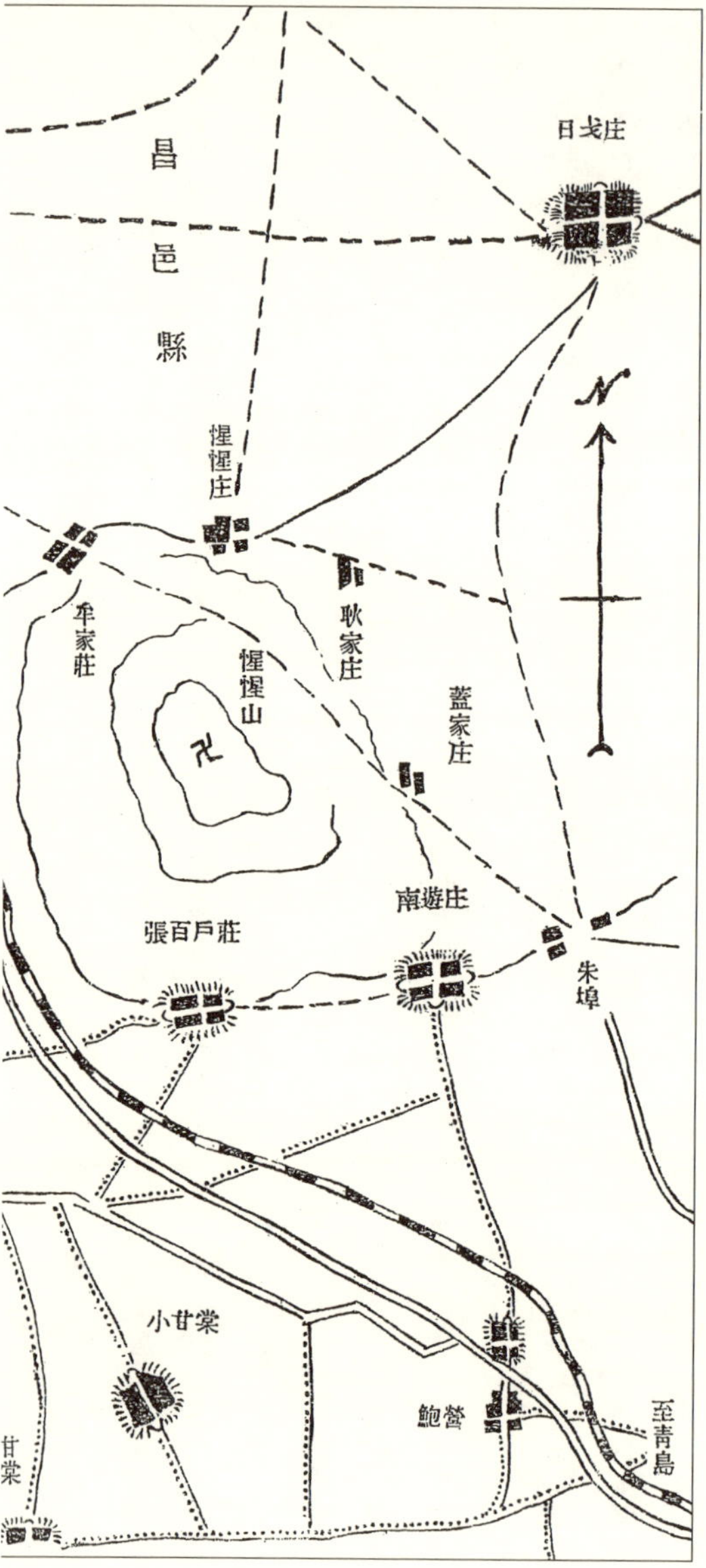

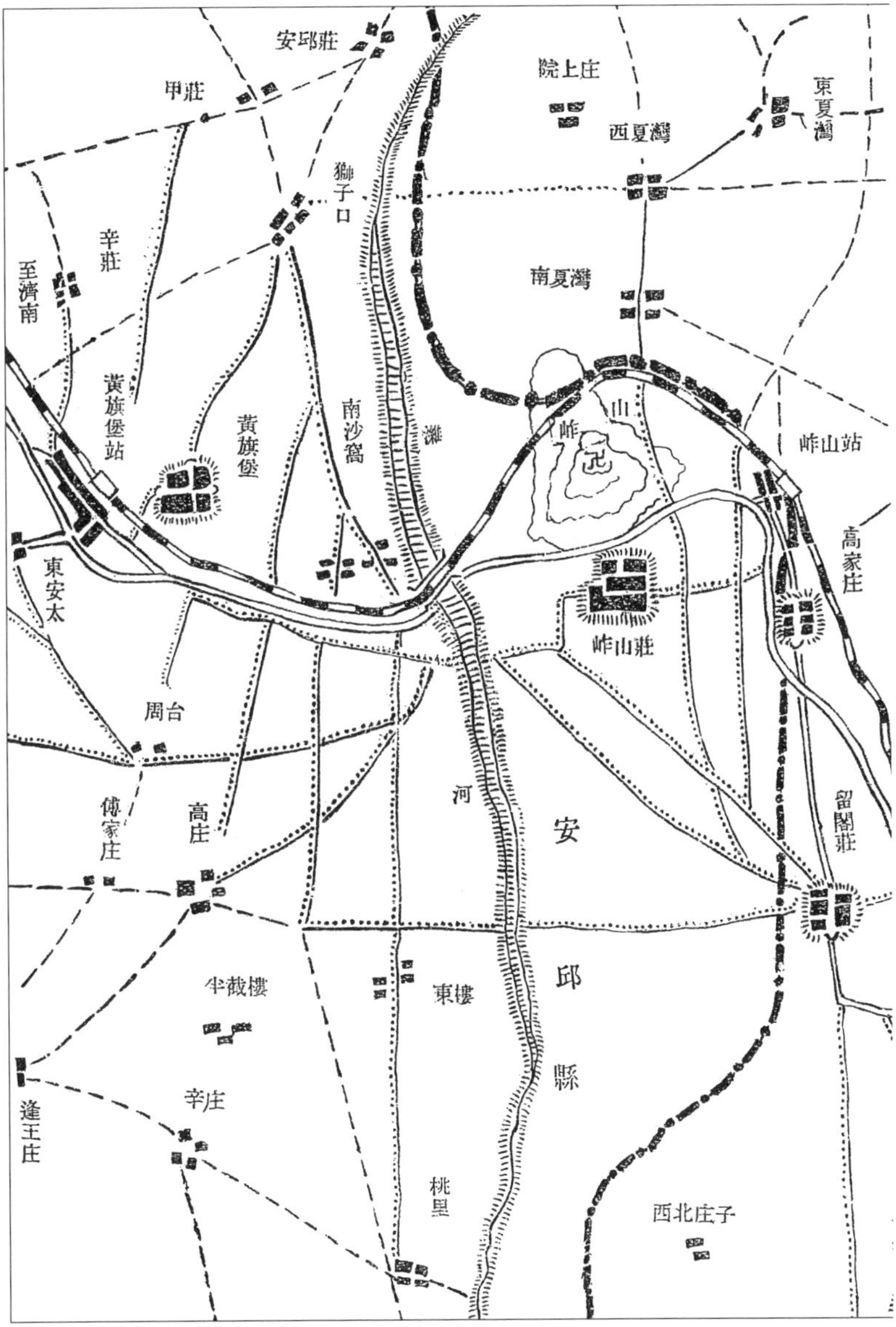

図13　岞山莊付近略図

資料　華北交通株式会社『鉄路愛護村実態調査報告書　膠済線岞山愛護区（安邱県）岞山莊』(1940年)。

以降には慣行調査の結果に依拠して戦時下華北農業経営のあり方が実証的に分析されるようになってきている。

ただし、満鉄慣行班による調査は面接調査方式をとり、農民の述べた回答をそのまま文章化して報告書を作成したものである。これに対して、ほぼ同時期に華北交通株式会社は個票調査方式による農家調査を行っていた。日本本国においても、この時期に農家を対象とした個票調査を行った事例は少なく、画期的なことである。さらには、刊行された報告書には個票の数値データが農家の個人名とともにそのまま掲載され、さまざまな調査指標に関して個票を再

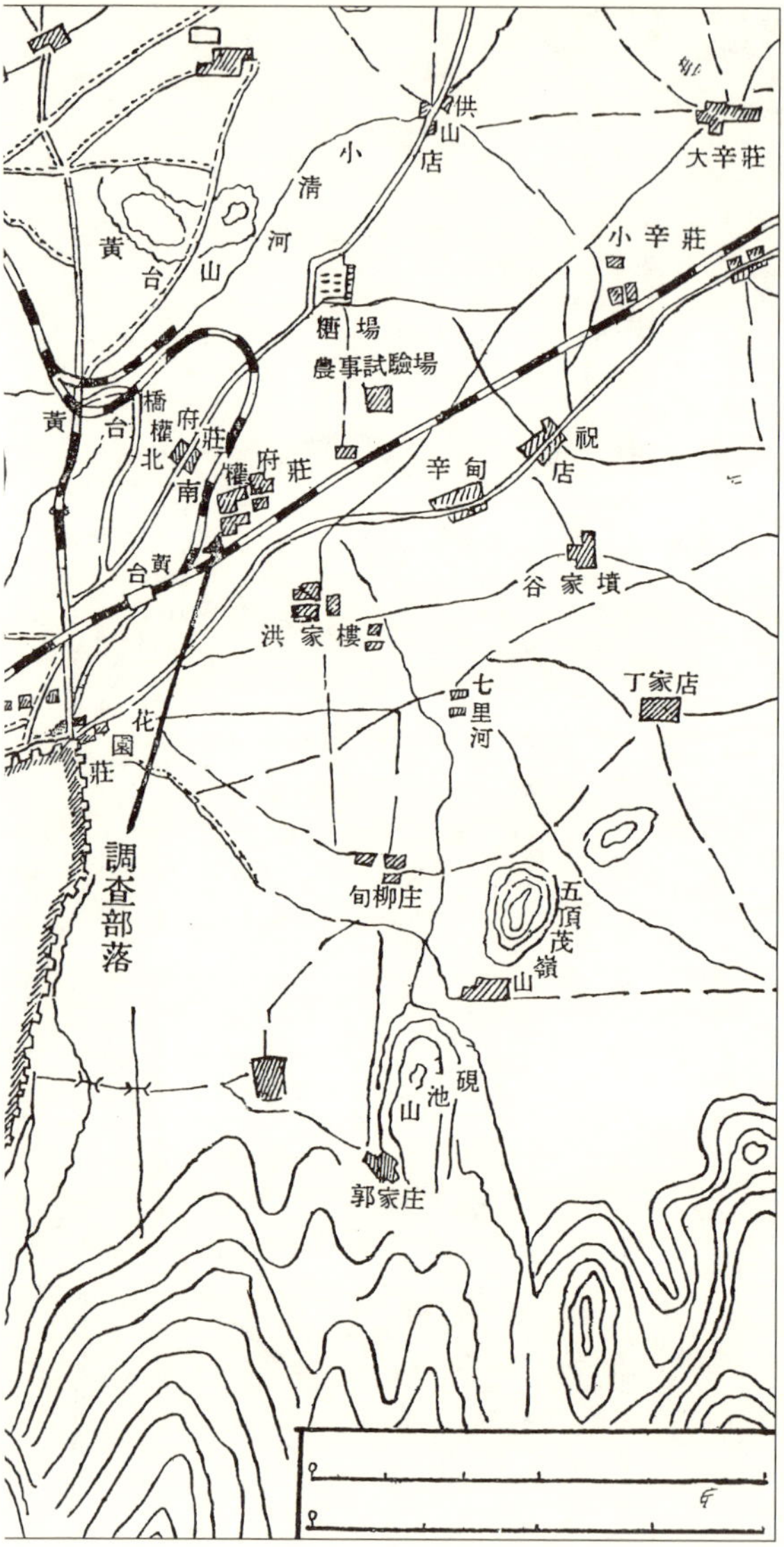

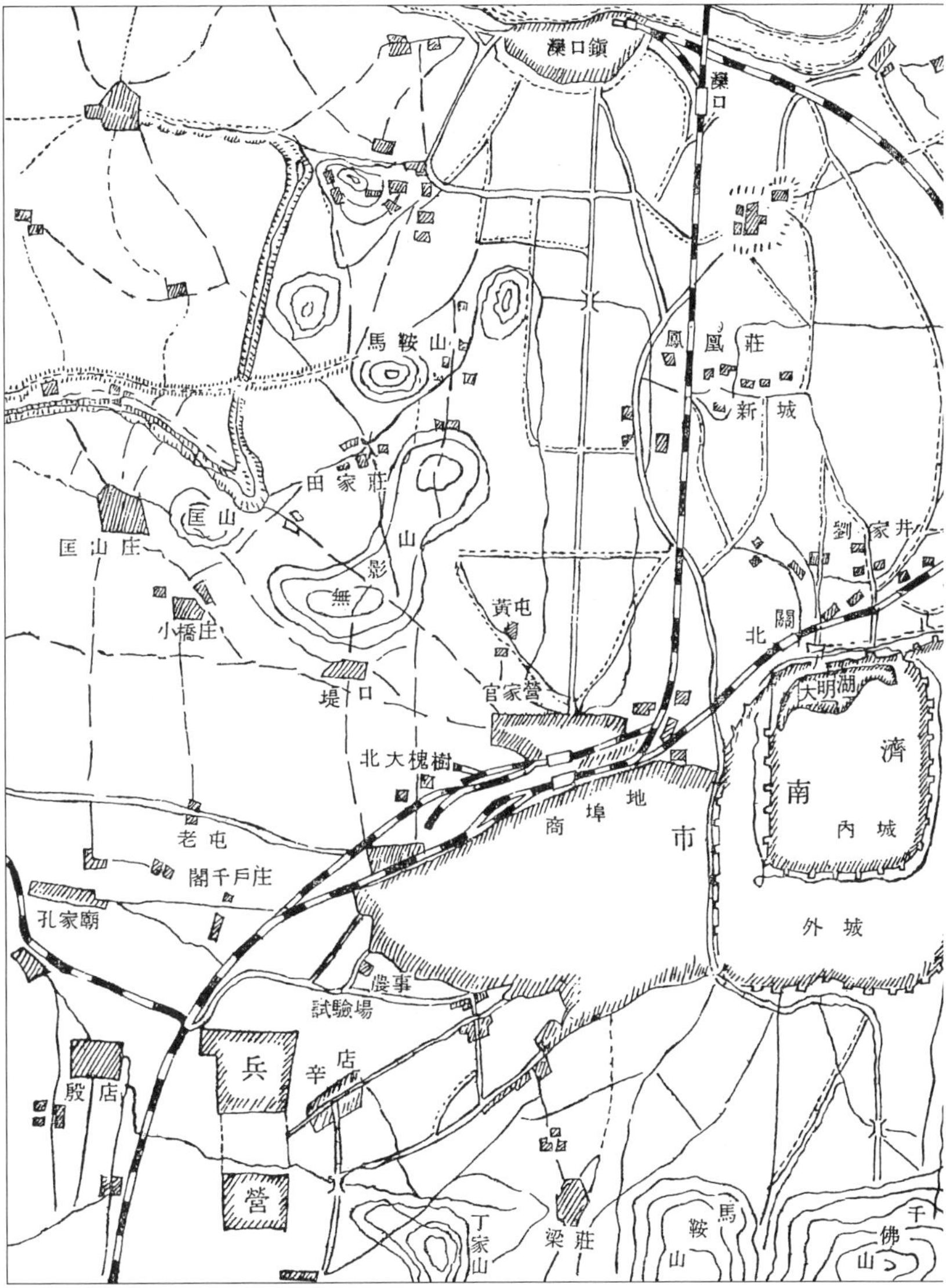

図14　南権府荘近郊図

資料　華北交通株式会社『鉄路愛護村実態調査報告書　膠済線黄台愛護区（済南市近郊）南権府荘』(1940年)。

集計した集計表が多数掲載されている[34]。そこで本章では、華北交通による農家調査に依拠して戦時下華北農業・農村の実態の一部を提示することにしたい。なお、日中戦争期山東省農村における農業経営を分析した先行研究として陳祥[35]によるものがある。それによると、山東省農業の特徴として経営規模の極度の零細性、換金目的の商品作物の導入、都市近郊においては兼業の多さが指摘されており、本章の対象地域の特徴とも合致している。

華北交通が多数行った農家調査のうち、今回は山東省安邱県峠山荘（二六二～二六三頁、図13参照）と山東省済南市南権府荘（二六四～二六五頁、図14参照）の二ヶ所を取り上げる。華北農村の多くの村では小作地率が低く、自作農が過半を占めるケースが見られた。これでは自作農・自小作農・小作農という土地所有をめぐる農家の階層区分が意味をなさないので、調査者は代わって農家収入における農業依存率の大小による階層区分を提示した。今回紹介する二つの村の調査では、左記のような階層区分が行われていた。

専農…総粗収入の五〇％以上を自家農業経営に依存するもの。
兼農…総粗収入の五〇％未満二〇％以上を自家農業経営に依存するもの。
農外…総粗収入の二〇％未満を自家農業経営に依存するもの（副農）、また全然農業を経営しないもの（非営農）[36]。

以下の叙述では農外の下位区分に当たる副農と非営農の区分は煩雑になることを避けるために用いず、専農・兼農・農外の三区分を用いることにする。なお、「総粗収入」および「自家農業経営」収入は、個票調査の項目に詳細な収入データが採録されていることから分析が可能になったものである。図15は南権府荘の個別農家配置図である。調査対象農家には番号が付してあり、この農家番号にしたがって一覧表が末尾に多数掲載されているのである。

調査村の階層別農家数を表42に掲げた。これによれば安邱県峠山荘においては専農が大部分（七三・〇％）を占めており、表示していないが二〇〇軒の農家すべてが自作農であった。なお、峠山荘の全戸数は四七六戸であったが、調

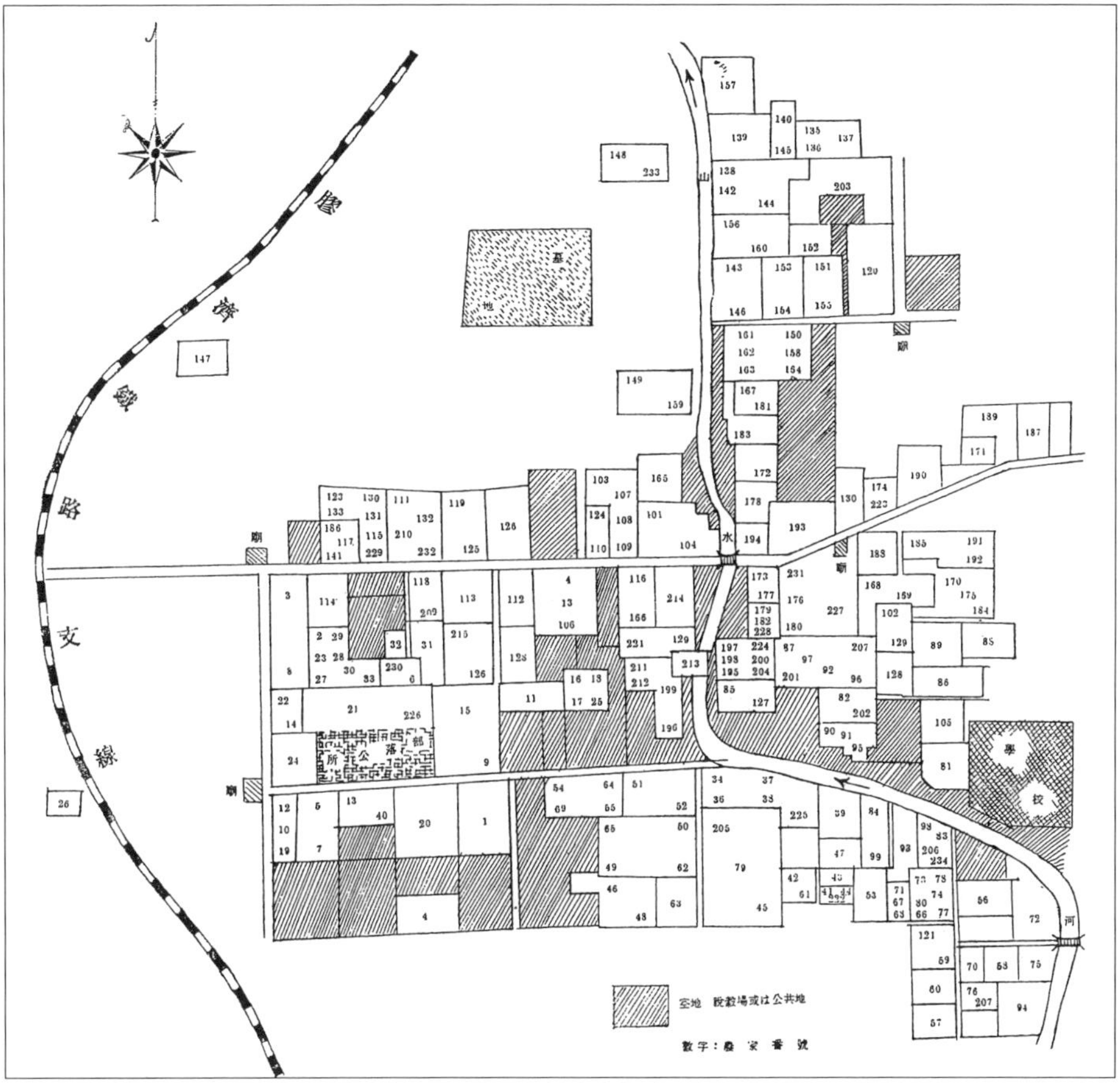

図15　南権府荘個別農家配置図

資料　華北交通株式会社『鉄路愛護村実態調査報告書　膠済線黄台愛護区（済南市近郊）南権府荘』(1940年)。

表42　農業依存度別戸数（安邱県岞山荘，済南市南権府荘）

総粗収入に対する農業粗収入の割合	農家階層	安邱県岞山荘		済南市南権府荘	
100%	専農	31		17	
90%以上100%未満		14		8	
80%以上90%未満		23		5	
70%以上80%未満		23		8	
60%以上70%未満		28	146	10	57
50%以上60%未満		27	(73.0)	9	(25.7)
40%以上50%未満	兼農	9		18	
30%以上40%未満		12	28	14	43
20%以上30%未満		7	(14.0)	11	(19.4)
20%未満	農外	12	26	18	122
非営農		14	(13.0)	104	(55.0)
計		200	200 (100.0)	222	222 (100.0)

出所　華北交通株式会社『鉄路愛護村実態調査報告書　膠済線岞山愛護区（安邱県）岞山荘』（1940年），華北交通株式会社『鉄路愛護村実態調査報告書　膠済線黄台愛護区（済南市近郊）南権府荘』（1940年）。

表43　経営規模別戸数（安邱県岞山荘，済南市南権府荘）

調査地	農家階層	非営農	2畝未満	2畝以上4畝未満	4畝以上6畝未満	6畝以上	計
岞山荘	専農	—	41	79	22	4	146
	兼農	—	24	4	—	—	28
	農外	14	12	—	—	—	26
	計	14	77	83	22	4	200
南権府荘	専農	—	4	23	16	14	57
	兼農	—	27	14	2	—	43
	農外	104	17	1	—	—	122
	計	104	48	38	18	14	222

出所　表42に同じ。

査票は無作為抽出した二〇〇戸に配付された。済南市南権府荘においては農外が過半（五五・〇%）を占めている。この違いは、岞山荘は大都市から離れた農村であるのに対し、南権府荘は人口約五〇万人の済南市近郊農村であることに起因している。表43に岞山荘・南権府荘の経営規模別戸数を掲げた。なお、岞山の一畝は一六・八アール＝一・六九反、南権府荘の一畝は一五・四アール＝一・五五反となる。この地域の畝は華北に多く見られる畝の約二・五倍の大畝である。表43によれば峠山荘の経営規模はきわめて零細で、最多階層は二畝以上四畝未満であり、これを日本の反に換算すると三・三八反以上六・七六反未満となる。ちなみに六畝以上は日本の反では一〇・一四反以上に該当する。南権府荘では非営農が最多であり、これを除いた農家（一一八戸）のなかでは二畝未満が最多で、二畝以上四畝未満がこれに次いでいる。峠山荘に比べて六畝以上が相対的に多く分布しているものの、全体として零細規模であることには変わりない。

表44　兼農・農外の兼業先および職業（安邱県峠山荘）

兼農の職業		農外の職業	
雇農	12	雇農	6
織布	1	農労，貸家	1
織布，農労	1	農労，織布工，農業	1
織布，保線区員，農労	1	農労，鉄匠	1
保線区員	3	織布	1
保線区員，保線工	1	饅頭製造販売，農労	1
出稼送金	2	饅頭製造，出稼送金	1
出稼送金，農労	1	焼餅製造販売，農業，農労	1
饅頭製造	2	駅雑役夫，農労	1
駅雑役夫	1	出稼送金	1
駅雑役夫，織布	1	峠山街商店員，出稼送金	1
駅雑役夫，商務会	1	乞食，農業，農労	2
作物監視，左官	1	乞食，農業	3
		乞食，農業外被傭労働	1
		乞食，織布工	1
		乞食，農労	2
		乞食	2
計	28	計	26

註　農外の各職業の数値を足すと27になるが，原資料のままとした。
出所　華北交通株式会社『鉄路愛護村実態調査報告書　膠済線峠山愛護区（安邱県）峠山荘』（1940年）。

峠山荘における兼農の兼業先および農外の職業を検討しよう。兼農の兼業先としては「雇農」が最も多く、次いで「織布」、「農労」、鉄道関係、出稼などが見られる。農外では兼農にはない「乞食」が合わせて一一人と最多で、次いで「雇農」が多い。農外の職業として表記されている「農業」は農業労働者を意味している。このことから農外という階層区分はあくまでも「農家とみなせない」という意味であり、実際には表44に見られるように「雇農」、「農労」、「農業」などの表記で農業労働に従事している者が多いことがわかる。他との兼業を含めると農外の職業は二六人中二〇人が農業労働者である。峠山荘の階層構成は専農、兼農、農外に区分されたが、農外の実態は農業労働者であったと見てよいだろう。また、兼農二八戸の兼業先は「雇農」一二戸のほか「農労」が三戸あり、合わせて一五戸が農業労働を兼業としており、兼業先として最多であった。

華北交通の農村調査は、階層区分に専兼別という基準を設定したことは卓見であったが、農外という範疇設定およびネーミングは「農業を業とする者はすべて農家（農業経営者）である」という日本式の先入観の所産であろう。中国農業を理解するためには、職業としての農業労働者という範疇を考えることが重要である。

2　農産物商品化と農業経営

峠山荘では作付面積の大きい順（%は全耕地面積に対する作付比率）に小麦（五五・〇%）、粟（三五・二%）、大豆（三二・八%）、甘藷（一七・〇%）、高粱（五・七%）、落花生（五・六%）、玉蜀黍（一・五%）となっており、綿花は生産していなかった。表45に示されるように商品化率が高いのは落花生、煙草、緑豆でこれらは農家階層による差も小さかった。また、二畝未満の専農や兼農、農外といった零細農家および農業依存度の小さい農家では落花生、煙草という商品作物に集中する傾向が見られた。調査者が行った農民からの聞き取りによると、落花生は四〇年ほど前から栽培が始まり不毛の地とされていた河岸の砂地にできるので短期間のうちに普及したという。煙草は五、六年前から栽培が始まったもので、英米煙草株式会社が隣村に普及奨励していたものが伝わったという。[37] このことは、峠山荘では商品生産の担い手は必ずしも専農あるいは相対的に経営規模の大きい農家ではなく、零細農や収入を農外に依存している階層も商品生産の担い手であることを示している。また、兼農や農外では小麦・粟・高粱などの食糧作物を選好せずに商品化を目的として落花生、煙草を選好しているということは、食糧を購入しなければならない世帯が多いことを

表45　階層別農産物商品化率（安邱県岞山荘）　　（単位：%）

農家階層		小麦	粟	大豆	甘藷	高粱	落花生	玉蜀黍	緑豆	煙草	合計
専農	6畝以上	21.9	—	39.7	—	—	72.0	—	—	—	23.7
	4～6畝	10.5	1.6	11.8	3.3	6.0	96.9	16.7	100.0	100.0	14.2
	2～4畝	6.4	2.9	8.9	1.4	0.5	90.8	—	—	—	9.3
	2畝未満	2.1	1.6				91.7	—	81.7	—	4.4
	計	7.5	2.3	*1.1	1.5	4.5	90.9	0.9	66.7	100.0	10.4
兼農	2～4畝	—	—	—	—	—	—	—	—	100.0	10.0
	2畝未満	—	—	—	—	—	84.5	—	—		4.4
	計	—	—	—	—	—	84.5	—	—	100.0	5.5
農外	2畝未満	—	—	—	—	—	88.1	—	—		13.8
計		6.9	2.2	10.3	1.4	4.3	90.1	0.8	66.7	100.0	10.2

註　*は数値の誤りと思われるが，原資料のままとした。
出所　表44に同じ。

示唆している。

表46によれば、農産物販売額は専農が圧倒的に多いが、同一階層内部では二~四畝という零細規模農家の販売額が多くなっていたことに注目したい。満鉄による農家調査により山東省では貧農ほど商品作物（換金作物）の栽培に熱心だ、との調査結果が知られており[38]、岞山荘の事例はこれを裏づけるものである。

表47によると南権府荘では、多様な蔬菜類を生産していたが、岞山荘に見られた落花生、煙草は見られない。また、商品作物生産の担い手はほとんどすべてが専農であり、兼農、農外の農産物販売はごくわずかであった。表48に階層別の耕地利用度をまとめている。穀類から蔬菜類まで多種多様な作物を作付するため、耕地利用度は兼農、農外

表46　階層別農産物販売額（安邱県岞山荘）

農家階層		販売額計（元）
専農	6畝以上	281.00
	4～6畝	595.20
	2～4畝	955.70
	2畝未満	128.50
	計	1,960.40
兼農	2～4畝	28.72
	2畝未満	47.8
	計	76.52
農外	2畝未満	42.25
計		2,079.17

出所　表44に同じ。

表47　階層別農産物販売額（済南市南権府荘）　（単位：元）

	小　麦	粟	芥　菜	蒜	人　参	馬鈴薯
専農	126.00	21.00	1,078.80	1,011.60	258.00	79.15
兼農			81.55		20.00	
農外	42.00				20.00	
計	168.00	21.00	1,160.35	1,011.60	298.00	79.15
	胡瓜	葱	大根	南瓜	茎稈類	計
専農	72.00	25.00	1.20	9.50	64.00	2,746.25
兼農			18.00		30.88	150.43
農外					5.70	67.70
計	72.00	25.00	19.20	9.50	100.58	2,964.38

出所　華北交通株式会社『鉄路愛護村実態調査報告書　膠済線黄台愛護区（済南市近郊）南権府荘』（1940年）。

表49　農産物商品化率
（済南市南権府荘）

作物	生産量	販売量	商品化率
小麦	66,490	2,050	3.1
粟	64,865	300	0.5
玉蜀黍	1,460	—	—
高粱	200	—	—
黍	130	—	—
黄豆	7,340	—	—
黒豆	5,298	—	—
青豆	600	—	—
芥菜	87,800	86,400	98.4
蒜	55.5	49.7	89.5
人参	26,790	17,950	67.0
葱	1,730	1,200	69.4
馬鈴薯	3,000	2,590	86.3
南瓜	2,850	1,450	50.9
大根	930	780	83.9
胡瓜	1,500	1,500	100.0
白菜	650	—	—
菠薐草	100	—	—
茄子	190	—	—
芸豆	50	—	—

註　数量の単位は斤。ただし，蒜は梁。
出所　表47に同じ。

表48　階層別耕地利用度
（済南市南権府荘）

農家階層		耕地利用度
専農	12畝以上	171
	8～12畝	164
	6～8畝	182
	4～6畝	188
	2～4畝	192
	2畝未満	200
	計	182
兼農	4～6畝	200
	2～4畝	188
	2畝未満	196
	計	193
農外	2～4畝	183
	2畝未満	200
計		197

註　耕地利用度は作付面積／耕地面積×100。
出所　表47に同じ。

においてもきわめて高く、経営規模が小さいほど高い傾向が見られた。

表49に南権府荘の「農産物商品化率」を掲げた。南権府荘では穀類、豆類はほとんど商品化されず、もっぱら蔬菜が商品作物として市場向けに生産された。とくに芥菜《からしな》は地元農民は南権府荘の特産であると称しており、葉と根を鹹菜（xiancai＝漬物）とするので、済南城内の漬物屋に販売している。

なお南権府荘では芥菜の害虫駆除法として中雛（若鶏）を一日放して自由に害虫を食べさせ、夕方に中雛を連れ帰るという農法が行われている。中雛は害虫駆除用に飼育されており、成長すると家畜市場にて売却される。蒜《にんにく》は小清河下流地方の蒜取扱商の手先が村に買付に来る。人参、葱、白菜、大根、胡瓜、南瓜などは菜市荘にある東菜市に出荷する。表47にある茎稈類は日本軍野砲部隊所属の馬の飼料用、寝藁用として売却されたものだが、通常は燃料用・飼料用として自家消費されている。(39) このように、都市近郊という条件を最大限に生かしつつ合理的な農法が行われていたのである。

3　食糧の確保

さて、農外収入に依存する世帯が相対的に多かった南権府荘における食糧購入の状況について、表50にまとめている。食糧自給率を比べると専農＞兼農＞農外の順になっており、専農の内部では自作＞自小作＞小作の順に並んでいた。専農であっても食糧が自給できておらず、食糧の購入を余儀なくされていることがわかる。

ちなみに、階層別に一戸当たり食糧購入量を算出すると、専農（自作）四三八斤、専農（自小作）七六六斤、専農（小作）六六六斤、専農（平均）五六六斤、兼農一一三五斤、農外一一四四斤、村平均九九九斤(40)となっている。表50の食糧自給率の格差とほぼパラレルな関係だが、専農において自給率が高い割に購入額も高いということは食糧を豊富に得

表50　階層別食糧自給率（済南市南権府荘）

（単位：％）

農家階層		食糧自給率	販売量を引かない場合
専農	自作	88	91
	自小作	70	70
	小作	62	62
	小計	79	80
兼農		38	38
農外		9	9
計		39	40

註　食糧とは小麦，粟，豆類，雑穀，穀粉類。食糧自給率は（1938年生産量＋受入現物小作料）－（販売量＋支払小作料＋種子＋飼料）／1938年度消費食料×100。
出所　表47に同じ。

ていることを示しており、専農、兼農と比べて格段に低い自給率である農外の購入額が兼農とほとんど変わらず、専農（全体）の約二倍にとどまっていることは、農外が得ている食糧が少ないことを示している。

峠山荘では日中戦争前は高価な小麦を販売し安価な高粱、粟等を購入し自家の食糧としていたが、戦時下において高粱等の入手が困難となったために小麦の自家消費が増えたという。(41) 穀物類の七〇％は峠山街の商人から購入し、その他は峠山荘の市（毎月二日、七日、一二日、一七日、二二日、二七日の六回）にて購入されている。(42)

華北交通は、満鉄調査部系の人材を獲得するとともに鉄道沿線の治安維持を鉄路愛護村の設定などを通じて自力で行うことを余儀なくされていた。個票による多数農家からのデータ収集と村幹部や有力農民への聞き取りを数多く行うことを可能にしたのは、社員と沿線住民との日常的な結びつきがあったからだと思われる。

華北交通による沿線農村を対象とした農家調査の結果、農家の階層区分は土地所有ではなく専兼別によることが有効であること、村内には農家に加えて多様な農業労働者が存在すること、農産物商品化の担い手は主に専農であること、兼農以下の零細農であっても商品作物（換金作物）志向をもつこと、専農であっても食糧を購入せざるをえないこと、などが明らかとなった。都市近郊の南権府荘はもちろんのこと、峠山荘においても高度な商品経済が発達しており、住民は商品経済を前提として生計を立てていたのである。

おわりに

第一節では占領当局側の政策文書を用いて綿花増産と食糧不足の矛盾を日本側も問題視し、綿花増産とともに小麦などの食糧作物増産を政策目標としていたこと、しかし、日本側は供出や配給を計画的に行うほどには農村を掌握していなかったことを示した。第二節では農業調査の結果、華北農民の換金志向は意外に強いこと、食糧を購入するためにも兼業をも含めた現金収入が必要であったことがわかった。村内の農外＝農業労働者層の存在も、雇用する側（おそらく専農）から見ると、賃金支払いのための現金需要をもたらすものとなっていただろう。華北農村は、日本の農村以上に現金需要＝換金作物志向が強かった可能性がある。

日中戦争下（太平洋戦争期）にいたっても農村の商品生産志向・現金志向・食糧購入志向は根強いものがあった。日本側による華北農村支配は、華北農村市場（これは県単位あるいは村単位に存在しているものと思われる）を掌握することを不可避としていた。華北特有の農業問題の焦点は、農業生産の再建・維持（水害・旱害の克服）に加えて、農家・農民の現金需要をいかに満たすか、という点にあったように思われる。

註

（1）弁納才一「なぜ食べるものがないのか」（弁納才一・鶴園裕編『東アジア共生の歴史的基礎　日本・中国・南北コリアの対話』〈御茶の水書房、二〇〇八年〉所収）。

（2）弁納才一「日中戦争期山東省における食糧事情と農村社会構造の変容」（『東洋学報』第九二巻第二号、二〇一〇年）。

（3）興亜院技術部長「北支産業開発ノ重点ニ関スル意見」（一九四〇年五月七日）（『北支産業開発三年計画』巽史料、防衛研究所防衛図書館所蔵）。

（4）甲集団参謀本部『北支那資源要覧』（一九四二年九月一日）（防衛研究所防衛図書館所蔵）七〇～七一頁。

（5）北支産業計画企画委員会第四分科（棉花、小麦）幹事「棉花、小麦開発三ヶ年計画表」（『北支産業開発三年計画』巽史料、防衛研究所防衛図書館所蔵）。

（6）興亜院華北連絡部経済第二局『昭和十五年七月北支那小麦改良増産計画』。

（7）中国史学会・中国社会科学院近代史研究所編、章伯鋒・庄建平主編『抗日戦争　第6巻　日偽政権』（四川大学出版社、一九九七年）。

（8）甲集団参謀本部、前掲書、五七～五八頁。
（9）華北棉産改進会『華北棉作農村臨時綜合調査中間報告』（一九四三年）。
（10）甲集団参謀本部、前掲書、一〇四頁。
（11）財団法人華北棉業振興会・北支棉花協会「華北棉作地帯開発実施要領（案）」（一九四三年二月八日）（外務省記録『各国ニ於ケル農産物関係雑件　綿及綿花ノ部　中国ノ部』外務省外交史料館）。
（12）同右。
（13）同右。
（14）在華日本紡績同業会北支支部「棉花増産実行案」（一九四三年二月八日）（外務省記録『各国ニ於ケル農産物関係雑件　綿及綿花ノ部　中国ノ部』外務省外交史料館）。
（15）華北棉産改進会『民国三十年度華北棉産改進会事業概要（日文）』（一九四二年）。
（16）内山雅生『日本の中国農村調査と伝統社会』（御茶の水書房、二〇〇九年）「第八章　綿花生産と棉産改進会」参照。
（17）宣撫官とは、占領軍と地域住民の間に立ち、占領地行政が円滑に行われることを任務とした軍人である。村上政則は宮崎県出身、宣撫官として山西省祁県で県合作社連合会の顧問の地位にあり、県長（中国人）とともに食糧作物・綿花の収買を督励する任務についていた。日中戦争での経験を回想録としたものが、村上政則『黄土の残照―ある宣撫官の記録―』（鉱脈社〈宮崎大学所蔵〉、一九八三年）である。
（18）同右（一九八三年）一六三～一六四頁。
（19）同右、一七〇～一七六頁。
（20）笠原十九司『日本軍の治安戦』（岩波書店、二〇一〇年）一六六～一六七頁。
（21）村上政則、前掲書、一八三～一八六頁。
（22）南満洲鉄道株式会社北支経済調査所『食糧自給自足確立ニ関スル一考察（山東省ヲ一例トシテ）』（一九四二年）。
（23）華北綜合調査研究所緊急食糧対策調査委員会『緊急食糧対策調査報告書　潞安地区』同開封地区、運城地区、蘇淮地区、済寧地区、益都地区、新郷地区、徳県地区、天津地区、石門地区、済南地区、青島地区、保定地区、帰徳地区、北京地区の計一五冊。
（24）華北綜合調査研究所緊急食糧対策調査委員会『緊急食糧対策調査報告書　済寧地区』（一九四三年）二頁。

(25) 華北綜合調査研究所緊急食糧対策調査委員会『緊急食糧対策調査報告書　新郷地区』(一九四三年) 二五～二六頁。

(26) 同右、三二～三三頁。

(27) 華北綜合調査研究所緊急食糧対策調査委員会『緊急食糧対策調査報告書　済寧地区』(前掲) 二六頁。

(28) 村上政則、前掲書、一一七頁。

(29) 興亜院政務部第三課『支那農産物ノ生産需給ニ関スル資料』(一九四一年)。

(30) 華北綜合調査研究所緊急食糧対策調査委員会『緊急食糧対策調査報告書　新郷地区』(前掲) 三七～四〇頁。

(31) 同右、二〇頁。

(32) 魏宏運「晋冀魯豫抗日根拠地における商業交易（一九三七―一九四五）」(姫田光義・山田辰雄編『日中戦争の国際共同研究1　中国の地域政権と日本の統治』〈慶應義塾大学出版会、二〇〇六年〉所収)。また、日本軍占領地における日本側の食糧徴発の実態についてはオドリック・ウー著、吉田豊子訳「河南省における食糧欠乏と日本の穀物徴発活動」(姫田光義・山田辰雄編、前掲書、所収) が詳しい。

(33) 平井廣一「日中戦争以降の中国占領地における食糧需給」(『北星論集（経）』第五一巻第一号、二〇一一年)。

(34) 一例をあげると、華北交通株式会社『鉄路愛護村実態調査報告書　膠済線黄台愛護区（済南市近郊）南権府荘』(一九四〇年) は、本文が一七六頁、付表が一三四頁あり、付表の冒頭八頁が農家番号、氏名、階級群別（専農・兼農・農外）、自小作別、経営面積、主職業の一覧表になっている。九頁から一三四頁にかけて調査項目ごとの一覧表となっており、それぞれの表の表側には一行ずつ農家番号が記され、すべての調査項目について各調査対象者の数値が掲載されている。つまり個票を復元できる構成になっているのである。これは、日本本国では、調査対象者の私有財産や生活水準レベルなどについてこの時代なりのプライバシー観念があったのに対し、中国占領地においては報告書が日本語で刊行されていることもあり、調査対象者たる中国農民のプライバシーはまったく配慮されなかったものと推察できる。

(35) 陳祥「戦時中華北農村の困窮と復興への見通し」(『環日本海研究年報』第一九号、二〇一二年)。

(36) 華北交通株式会社『鉄路愛護村実態調査報告書　膠済線黄台愛護区（済南市近郊）南権府荘』(前掲) 一五頁。

(37) 同右、八八頁。なお、中国山東省における煙草作については、深尾葉子「山東葉煙草栽培地域と英米トラストの経営戦略―一九一〇～一九三〇年代中国における商品作物生産の一形態―」(『社会経済史学』第五六巻第五号、一九九〇年)、曹建平「一九二〇、三〇年代中国関内における煙草企業の競争と煙草支場」（『たばこ史研究』第一三三号、二〇一五年）がある。曹によれば、山東省農家の煙草作は、英米煙草会社が種子供給、葉煙草収買、乾燥を一手に引き受けたことから、零細規模の農家にも普及していったことが明らかにされている。

(38)　柏祐賢『北支の農村経済社会』（弘文堂書房、一九四四年。後に『柏祐賢著作集　第二巻』京都産業大学出版会、一九八五年）、内山雅生『中国華北農村経済研究序説』（金沢大学経済学部、一九九〇年）。

(39)　華北交通株式会社『鉄路愛護村実態調査報告書　膠済線黄台愛護区（済南市近郊）南権府荘』（前掲）一三一頁。

(40)　同右、一三二頁。

(41)　華北交通株式会社『鉄路愛護村実態調査報告書　膠済線峠山愛護区（安邱県）峠山荘』（一九四〇年）一〇六頁。

(42)　同右、一一五頁。

終章　大陸経済建設の帰結

本書の序章において、日中戦争（一九三七〜四五年）は、特殊な戦争であったということを指摘した。それは、戦争の相手国が明確ではなく、しかも変化したこと、主要な作戦、戦場に関するキーワードが少ないこと、をその根拠としている。このわかりにくい日中戦争を理解するためには、戦争中に中国大陸において何が起きていたのか、何が行われていたのか、について事実に基づき実証的に検証する必要がある。日中戦争とは、いったいどのような戦争であったのだろうか。当時の人々の認識に立って考えると、日本が中国を占領した目的は中国の経済開発であった。それが、当時の人々がいうところの長期建設である。そこで本書は、日中戦争における長期建設、経済建設の実態を解明することを課題としたわけである。その結果、得られた結論は次のようなものである。

第I部においては、そもそも貿易国家として世界各国との貿易の拡大によって成長を遂げてきた日本が、なぜそれを放棄してしまったのか、という問題を検討した。日中戦争期（＝日中戦争段階、一九三七〜四一年）に外貨獲得を目的として行われた輸出入リンク制は、民間経済界のアイディアとして提案され、吉野商相期に始まり、池田蔵商相期にその制度を確立させた。繊維原料を輸入すべき第三国（外貨による決済を必要とする諸国・地域）も、繊維製品を輸出すべき第三国も、要するに英米圏であったために、輸出入リンク制を維持・拡大している限りは、ある程度の対英米協調を維持する必要があった。輸出入リンク制を行っている期間には、中国占領地、満州国との円ブロック貿易は抑制され、大陸行政当局および関西経済界からは、その抑制策の解除を求められ続けたが、あくまでも日本政府の基本路線は外貨獲得、第三国貿易重視であった。

輸出入リンク制の外貨獲得、輸出振興の効果を主要な商品別リンク制（綿業、羊毛、人絹）について分析すると、恒常的に抱えていた綿業収支赤字、羊毛収支赤字が解消したことにより、外貨節約は顕著であること、輸出振興（＝輸出額増大）も原糸輸出と織物輸出を合わせて評価すると日中戦争前水準を上回るかほぼ維持する水準であったことがわかった。つまり、輸出入リンク制は効果を発揮し、外貨獲得目的の輸出振興政策は順調に実行されていたのである。

ところで、外貨獲得の目的を同時代の人々の発言から忠実に復元してみると、「長期戦」としての日中戦争を遂行するという目的と並んで、「長期建設」を遂行する、という目的が掲げられていることに気づかされる。長期戦は、戦後の歴史学のなかで日中戦争を特徴づける用語として定着したが、長期建設という用語はほとんど忘れ去られた感がある。しかし、長期戦と並んで唱えられた長期建設の存在こそが、巨額の外貨を必要とした根拠であると同時に、実は、長期建設の進展それ自体が、結果として外貨獲得の必要（第三国貿易の必要）を低下させる、という関係にあったのである。そのことを決定的にしたのは一九四〇年春のドイツのヨーロッパ制圧である。ドイツがオランダ、フランスを占領したことをもって、日本政府は、蘭領インド、仏領インドシナは宗主国を失い「無主の地」となった、との見解に達し、南方への武力進出方針を固めていった。この年に英米との決裂を示すできごとは連続的に起きるが、経済政策全般にわたり影響が大きかったのは、同年九月の外交転換である。外貨獲得そのものが事実上放棄されるにいたり、輸出入リンク制の存在理由もなくなってしまったのである。

第一章でふれた名和統一の四一年一月の見解は、この時代の代表的なものであった。日本資本主義の英米依存構造を鋭く見抜いた名和であったからこそ、本来の国民経済は再生産が自律的に行われるべきである、との認識をもっていたはずである。四〇年以降の事態は、本来あるべき国民経済の再生産構造を構築する絶好の機会であった。太平洋戦争の開始により、それまでの長期建設は経済建設という用語に切り替えられ、内容的には継承されることになる。本書では、日中戦争期における大陸経済建設を長期建設、太平洋戦争期における大陸経済建設を経済建設と称し、区別するが、大陸経済建設それ自体は中国における日本軍占領地において継続して行われていたことに注目している。

第Ⅱ部においては、中国大陸において日本人の手により何が起きていたのか、長期建設、経済建設の実態はいかなるものなのかを検討した。華北炭鉱開発の特質として、第一に開発の自己目的的性格、第二に労働の暴力支配的「自由市場」的性格、第三に資材の自給自足的性格を指摘した。

開発の自己目的的性格とは、炭種・規模・電化・機械化・輸送手段の有無・対日供給の可能性がまったく異なる炭鉱をすべて同時進行的に開発しようとしたことに示されている。対日供給が見込めない山西省、蒙疆政権下の炭鉱でも新坑開発や電化が積極的に行われていた。これは、開発という行為それ自体が自己目的化したからであり、四二年までの生産量の伸びと四四年にいたるもさほど生産量が減少しなかったことは各地での新坑開発（土法採掘も含む）に負うところが大きい。

労働の暴力支配的「自由市場」的性格とは、基本的に把頭制（請負制、間接管理）が採用され、労働者募集も把頭に委ねられたことに示されている。したがって炭鉱会社は労働移動に悩まされ続けた上、把頭による暴力的な募集（連行）、採炭労働支配が行われたため、後に万人坑ができることにもつながった。

資材の自給自足的性格とは、高度な機械や油類が内地から供給されなかったのに対して炭鉱が必要とする燃料としての石炭や、坑内を支える坑木が自前で調達されたことに示されている。また、必要最低限の道具類――鍬、ツルハシ、ペンチ、モッコ、縄、火薬などは把頭の負担であった。手掘りを基本とする技術水準が、最低限の資材での採炭をかろうじて可能にしていたと評価できるだろう。炭鉱会社や日本側諸機関の開発への熱意は失われなかったが、開発による経済的成果はさまざまな条件により制約されていた。

華北鉄鉱石の最も重要な用途は現地製鉄の原料であった。石景山製鉄所が期待を集めて操業していたが、生産物は銑鉄ばかりで民需向けが多くを占めた。石景山製鉄所の銑鋼一貫生産への移行と新たな銑鋼一貫生産工場の建設を内容とする現地製鉄構想は、その立案段階において日本内地鉄鋼資本の思惑と中国占領当局の思惑が食い違い、さらに中国占領当局においても華北と蒙疆の対立がみられ、成案を得るまでに時間がかかっている。生産実績に目を向けてみると、太平洋戦争期のきわめて短い期間ではあるが、華北における銑鉄生産高は急速な増加を示した。ただし、銑鋼一貫生産工場は実現せず、銑鉄生産を支えたのは炭鉱、鉱山付近に簇生した小型熔鉱炉であった。長期建設のかけ声の一方で、華北の重化学工業化については、決断が遅かったことが指摘できる。

綿花を原料とする綿布は、日本国内における国民の使用は厳しい消費規制のもとに置かれていた。しかし、このことは日本内地に限ってみられたことであり、中国の日本占領地や満洲国においては綿布、綿製品は依然として住民支配のための必須の物資であった。戦争中、綿花生産をめぐる経済的条件は悪化の度を増していたにもかかわらず、日本側の買付実績は好転していた。経済合理的な説明は困難であり、なんらかの権力（暴力）作用を視野に入れなければならないと思われる。ここで注目すべきことは、日本占領下、紡績では日本企業系が民族資本系を圧倒し、綿花収買（買付）のルートは日本系商社が県城にまで支店・出張所を出すという形で再編成されたことである。そして、日本占領下の農村では綿作農民を合作社に組織するという政策が進められたのである。また、綿花の収買は日本側の強力な統制下に行われており、軍が村に出動して直接収買に当たることもあった。収買は日本軍による村民への残虐行為のいわば温床となっていたのである。

以上、石炭、鉄鉱石、綿花についてみてきたが、経済合理性や経済的効果を度外視して開発それ自体を自己目的化して続行したことが日中戦争経済史を貫く一つの特質であるように思われる。このような非合理的なふるまいがいつまでも続くはずはなかった。一九四五年になると、東京において大陸経済建設の根本的な見直しが検討される。大東亜省参事官巽良知が残した巽氏旧蔵資料により、四五年の大東亜省における新方針を検証してみよう。大東亜省が作成した「本邦経済ノ大陸資源依存状況並ニ今後ニ於ケル大陸物資対日供給方針ニ就テ」（昭和二〇年二月一五日）は冒頭で次のように述べている。

戦局ノ動向ニ鑑ミ今後大陸物資ノ対内地輸送ハ愈々逼迫ノ度ヲ加フルモノト予想セラル、ヲ以テ……質及量ノ両面ヨリシテ特ニ確保ヲ必要トセラル、ハ塩及大豆ノ二品目ナリ（1）。

大陸―内地間の海上輸送がほとんど杜絶に近いという状況に直面し、大陸の資源としては満洲・大豆と華北・塩だけは絶対に獲得したい、という超重点主義が打ち出される。この場合の大豆と塩は食用ではなく、工業原料として戦争遂行に不可欠であり、大陸に依存しなければならないものとされていた。同文書は、これに続けて内地に代替原料がなく用途の緊要性に鑑み、確保を要する物資として燐鉱石、礬土頁岩（研削用、高級耐火材用）、マグネサイト、黒鉛、高品位マンガン、モリブデン、バナジウムをあげる。さらに、これらに次いで確保を要するものとして低燐銑、石炭（粘結炭、瓦斯発生炉用炭、無煙炭）、平炉用鉄鉱石、銑鉄、礬土頁岩（アルミ用）、綿花、油脂、石綿、雲母等をあげている。このように、塩と大豆を頂点として以下、各種物資を内地物資での代替可能性や用途の緊要度に応じて序列化したのである。本書で取り上げた石炭、鉄鉱石、綿花はいずれも下の方に位置づけられていることに注目したい。これを踏まえて同文書は「低下シツツアル総輸送力ノ枠内ニ於テ前述セル各種重要物資ノ繰上増送ヲ遂行センガ為ニハ主トシテ供給物資ノ大宗タル粘結炭供給犠牲ニヨル他ナカルベシ（2）」と上位の物資の輸送を優先するために、下位にある粘結炭輸送は犠牲にする、という考え方を提示したのである。このころ内地製鉄業はコークス原料の一定部分を華北の粘結炭に依存していた。粘結炭輸送の断念については「製鉄所ニ於ケル成品鋼材ノ滞貨状況、国内屑鉄蒐集状況等トモ睨ミ合セ機械的ナル鉄鋼生産第一主義ヲ清算シ前述セル質的不可欠物資ノ繰上取得ヲ計ル要アルベシ」(3)と大胆な提言を行っている。

続けて鉄鉱石についても四三年の内地製鉄所の製鋼用鉱石使用高は七七万五八三一トン、このうち華北からの輸入鉄鉱石が七〇万八五トン(九〇・三%)になっていることを示した上で、

之ガ供給停止ニ対シテハ

1. 内地鉱石増産施策ノ徹底
2. 製鋼方式ノ改変(例ヘバ電気製鋼ノ全面的強化等)
3. 屑鉄蒐荷ノ強化(4)

を提案している。

大陸物資の内地供給を限定したものについてのみ行うことになれば、大陸の資源開発は何を目的に行うことになるのだろうか。それは大陸自給体制の構築であった。「大陸自給体制強化ニ関スル具体方策(案)」(昭和二〇年五月三日、巽参事官起稿)によると「戦局ノ変転ニ対処シ満支ニ於ケル経済施策ニ根本的再検討ヲ加ヘ」ることとし、

1. 対日供給ノ激減乃至杜絶ニ基ク現地経済体制ノ再編
2. 現地自活力ノ強化、特ニ兵器弾薬現地生産能力(関連工業モ含ム)ノ飛躍的増強
3. 要確保地域の明確化(確保地域ノ強化ト確保地域外人員施設ノ撤去、転用)
4. 大陸物動ノ確立(大陸ニ関スル東京物動ハ大綱指示ニ止メ、鮮、満、北支ノ物動ハ原則トシテ例ヘバ新京ヲ中心ト

シテ現地ニ於テ運営シ……）[5]という大陸自給体制構築案が提起された。同文書の具体的項目部分では、石景山製鉄所は六〇〇トン炉増設計画および製鋼計画を再検討し小型製鉄所を中心とすること、山東省博山向け発電設備のとりやめ、華中から発電設備を華北に転用、現地施策の重点を弾薬の生産に置くこと、粘結炭は対内地供給から対朝鮮・満洲供給に切り替えること、「支那銑ノ対日供給ハ当分ノ間期待セラレザルヲ以テ、銑鉄ノ現地消化能力ヲ勘案シテ操業スベシ」などとされている。[6]本書第Ⅱ部第一章、第二章で明らかにした大陸経済建設の目的は、すべて転換し、大陸の資源・物資は現地で消費するほかなかったのである。英米依存からの脱却をはかり、日満支を中心とする東亜共栄圏構築にたどり着いた後に四五年段階には日満支の日が脱落し「大陸資源依存からの脱却」が叫ばれ、対日依存が不可能となった大陸側では大陸自給体制となった。これが大陸経済建設の最後の姿であった。

最後に、本書は日中戦争をテーマとする著書であるにもかかわらず、軍人・兵士が一部を除いてほとんど登場しないことを指摘しておきたい。換言すれば、日中戦争と大陸経済建設というテーマを追求した結果、軍人・兵士よりも非軍人・非兵士（文民あるいは民間人）の役割がきわめて大きかったといえるのであり、これこそが総力戦の特質を示しているものと考えてよいだろう。日中戦争は典型的な総力戦であり、国民（日本帝国臣民）はさまざまな形態で戦争に参加したのである。日中戦争という国民的体験は、戦後の日本社会の再建にも影響を与えたはずである。具体的には、大陸経済建設が戦後中国経済および戦後日本経済に与えた影響を検討する必要がある。前者は中国現代史として、今後、研究されることを期待したい。後者は日本現代史として、著者の今後の課題としたい。

註

（1）大東亜省「本邦経済ノ大陸資源依存状況並ニ今後ニ於ケル大陸物資対日供給方針ニ就テ」（昭和二〇年二月十五日）、『巽氏旧蔵

資料第六十一冊　支那鉱山業に関する調査研究資料、大陸への資源動員に関する協議関係資料』（東京大学社会科学研究所所蔵）。

（2）同右。

（3）同右。

（4）同右。

（5）巽参事官起稿「大陸自給体制強化ニ関スル具体方策（案）」（昭和二〇年五月三日）、『巽氏旧蔵資料第六十一冊　支那鉱山業に関する調査研究資料、大陸への資源動員に関する協議関係資料』（東京大学社会科学研究所所蔵）。

（6）同右。

あとがき

本書は、著者が二〇〇四年から取り組んできた研究テーマに関する既発表論文をもとに、それらを加筆修正するとともに書き下ろしの章を付け加えてできたものである。本書の構成と初出との対応は、以下のとおりである。

序章　書き下ろし

第一部

第一章　「日中戦争の貿易構想」（『道歴研年報』第六号、二〇〇六年）、「日中戦争期の東亜経済懇談会」（『北海道大学大学院文学研究科紀要』第一二〇号、二〇〇六年）

第二章　「日中戦争期の輸出入リンク制について」（『北海道大学文学研究科研究紀要』第一二五号、二〇〇八年）

第三章　「日中戦争期における長期建設」（『日本歴史』第七七四号、二〇一二年）

第二部

第一章　書き下ろし

第二章　「日中戦争の経済的特質―華北現地製鉄問題を中心に―」（『環東アジア研究センター年報』〈新潟大学〉第六号、二〇一一年）

第三章　「戦時期華北占領地区における綿花生産と流通」（野田公夫編著『日本帝国圏の農林資源開発―「資源化」と総力戦体制（Ⅱ）―』京都大学学術出版会、二〇一三年）

第四章　「戦時期華北における農業問題」（『農業史研究』第四八号、二〇一四年）

終章　書き下ろし

また、本書は以下の科学研究費補助金を得て行われた研究の成果である。

平成十六年度～十八年度科学研究費補助金基盤研究（C）「日中戦争期における貿易に関する研究」

平成十九年度～二十一年度科学研究費補助金基盤研究（C）「日中戦争と長期建設」

前著『大恐慌期日本の通商問題』（御茶の水書房、一九九九年）刊行後には戦時期貿易について研究を続けるつもりであった。右の科学研究費の研究課題「日中戦争期における貿易に関する研究」にも、そのことが反映している。しかし、当時の人々が書き記した文章を読み進めるうちに関心は貿易から経済建設に移っていった。『大恐慌期日本の通商問題』は日中戦争開始までの時期を扱っており、結論部分では、新市場をも含む多様な輸出市場をターゲットにした通商立国路線が、相次いで発生する通商摩擦の結果、「中国市場回帰」路線に変化していくことを指摘した。しかし、前著には、中国市場そのものの分析は欠いており、いわば唐突に中国市場が出てくる、という問題点も残されていた。

前著の刊行以後、日本と中国大陸との関わりに関心を抱くようになったのは、いくつかの契機があったからである。一つは、北海道大学百二十五年史の編さん（一九九八年～二〇〇三年）に関わったことである。戦前期の北海道帝国大学において、満洲国の誕生を機に卒業生の大陸における就職先が一気に拡大したこと（当時の学生に「卒業は失業の始まり」と揶揄された昭和恐慌期の状況が一変）、戦時期には研究の面においても黄金時代を迎え、学士院賞を含む数々の研究成果をあげたこと、などを知り、それまで抱いていた戦時期のイメージが大きく変わった。とりわけ日中戦争期（一九三七年～一九四一年）は、経済・政治・文化・科学技術などあらゆる分野において日本の成長期であり、北海道帝国大学の歴史により知ったことはそのひとこまだったのだ、という認識に到達した。二つ目には中国への資料調査を体験したことである。科学研究費基盤Ｂ（海外学術調査）「日中戦争下の中国東北農民と日本人「開拓団」との関係史、および残留帰国者の研究」（二〇〇六年度〜二〇〇九年度、研究代表者：寺林伸明）に加えていただき、ハルビン、長春の資料所蔵機関を訪問したことや黒竜江省鏡泊湖における聞き取り調査や中国側研究者との相互訪問による研究交流を通じて、日中戦争史研究を在日本資料および在中国資料に依拠して行うことの必要を感じた。とりわけ、日本側研究者としては、在日本資料については悉皆的に資料の所在を明らかにし活用するべきだろう、との認識に到達した。

中国における経済建設について研究を進める過程で、華北および蒙疆については資料が豊富にあり分析が可能であったのに対し、華中および華南についてはまったく研究が進まなかった。本来であれば、華中、華南占領地をも含めた全体像を提示するべきであったが、完成したものは華北に限定した日中戦争史となっている。ただし、弁解のようだが、現在は次のように考えている。日本占領地とはいっても、地域によって日本側占領権力の実効支配の実態は異なっており、とりわけ華中、華南における日本側占領権力はかなり弱体であった。日中戦争期の華中、華南を研究するには、日本史研究者が日本史の延長として取り組むのではなく、中国史研究者が中国史の一環として取り組むことが必要ではないか、と考えるにいたったからである。著者の力量でこの一二年間に達成することができたのが本書の内容である。

本書は、日本語資料に依拠した研究をまとめたものである。資料所蔵機関としては次の各機関に大変お世話になった。

日本貿易振興機構アジア経済研究所図書館、大阪市立大学学術情報総合センター、大阪商工会議所、大阪府立中央図書館、小樽商科大学附属図書館、外務省外交史料館、吉林省社会科学院満鉄資料館、京都大学附属図書館、京都大学経済学部図書館、京都大学農学部図書館、京都大学人文科学研究所図書館、国立公文書館、国立公文書館つくば分館、国立国会図書館、東京経済大学図書館、東京大学附属図書館、東京大学経済学部図書館、東京大学東洋文化研究所図書館、東京大学社会科学研究所図書館、東洋文庫、一橋大学附属図書館、一橋大学経済研究所図書館、一橋大学社会科学統計情報研究センター、防衛省防衛研究所図書館、北海道大学附属図書館、北海道教育大学札幌校図書館、三井文庫、山口大学東亜経済研究所、横浜国立大学附属図書館

本書は、吉川弘文館の若山嘉秀氏から既発表論文をもとにした論文集のご提案をいただいたことに端を発している。このような機会を与えてくださった若山氏および編集を担当された並木隆氏と歴史の森の関昌弘氏に感謝したい。

二〇一六年九月

白木沢旭児

索　　引

あ　行

か　行

さ　行

た　行

な　行

は　行

ま　行

や 行

ら 行

わ 行

著者略歴

一九五九年　宮城県に生まれる
一九八八年　京都大学大学院農学研究科博士後期課程退学
現在　北海道大学大学院文学研究科教授

〔主要編著〕
『大恐慌期日本の通商問題』（御茶の水書房、一九九九年）
『日中両国から見た「満洲開拓」―体験・記憶・証言―』（御茶の水書房、二〇一四年、共編）

日中戦争と大陸経済建設

二〇一六年（平成二十八）十二月十日　第一刷発行

著者　白《しら》木《き》沢《ざわ》旭《あさひ》児《こ》

発行者　吉川道郎

発行所　株式会社　吉川弘文館
郵便番号一一三―〇〇三三
東京都文京区本郷七丁目二番八号
電話〇三―三八一三―九一五一（代）
振替口座〇〇一〇〇―五―二四四番
http://www.yoshikawa-k.co.jp/

印刷＝亜細亜印刷株式会社
製本＝株式会社 ブックアート
装幀＝山崎　登

ISBN978-4-642-03861-4